HISTOIRE CRITIQUE

DU

SIÉGE DE PARIS

PAR

UN OFFICIER DE MARINE

AYANT PRIS PART AU SIÉGE

.... *Magis amica veritas.*

Récit des événements depuis le 4 septembre jusqu'à l'évacuation de Paris par les Allemands. —
Origine
DE L'INSURRECTION COMMUNEUSE

<table>
<tr><td>PARIS
E. DENTU, libraire-éditeur
PALAIS-ROYAL.</td><td>BRUXELLES
Ch. VANDERAUWERA, éditeur
RUE DE LA SABLONNIÈRE, 8.</td></tr>
</table>

1871

ENVIRONS DE PARIS ET SES FORTIFICATIONS

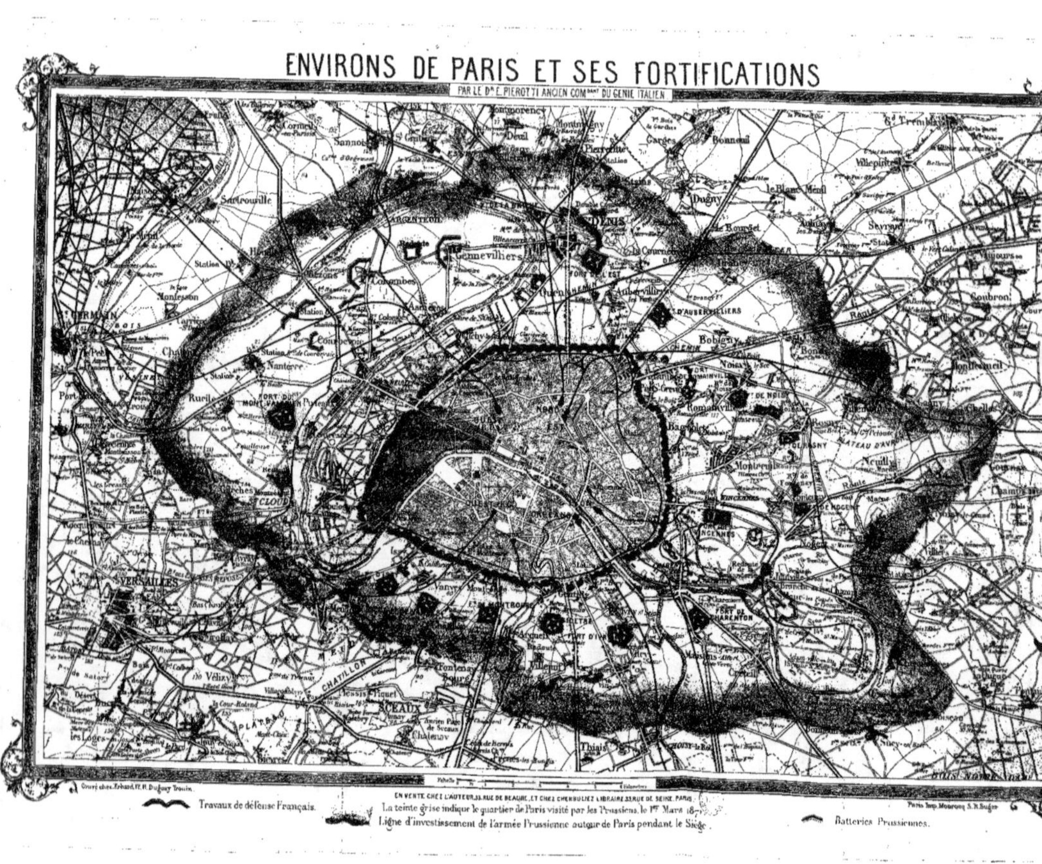

HISTOIRE CRITIQUE

DU

SIÉGE DE PARIS

PARIS. — TYPOGRAPHIE DE CH. VANDERAUWERA.

rue de l'Échiquier, 18

HISTOIRE CRITIQUE

DU

SIÉGE DE PARIS

PAR

UN OFFICIER DE MARINE

AYANT PRIS PART AU SIÉGE

.... *Magis amica veritas.*

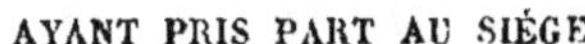

*Récit des événements depuis le 4 septembre
jusqu'à l'évacuation de Paris par les Allemands. —
Origine*
DE L'INSURRECTION COMMUNEUSE

PARIS	BRUXELLES
E. DENTU, libraire-éditeur	Ch. VANDERAUWERA, éditeur
PALAIS-ROYAL.	RUE DE LA SABLONNIÈRE, 8.

1871

DÉDICACE A L'ARMÉE FRANÇAISE

Soldats et marins de mon pays !

C'est à vous que je dédie ce livre. Je désire rendre hommage à votre courage et à votre héroïsme sans bornes au milieu de la terrible tempête que nous venons de traverser.

Conduits par la plus coupable imprévoyance un contre quatre au-devant d'un adversaire redoutable et préparé de longue main pour vous écraser, — trahis à Sedan par un souverain assassin de la France, — livrés à Metz par un ambitieux ayant voulu jouer au Monck, — stérilisés à Paris au milieu des plus cruelles souffrances par une fatale et inexplicable inertie, — sacrifiés en province aux maladives conceptions d'un tribun plus audacieux qu'habile, — enfin obligés d'anéantir, à travers des flammes inextinguibles, l'insurrection la plus criminelle et la plus monstrueuse dont l'histoire fasse mention,

Pas une seule fois, vous n'avez refusé de verser généreusement votre sang en répondant à l'appel de la patrie, qui criait au fond de vos cœurs : « A moi, mes fils ! à moi pour mon honneur, à moi pour ma délivrance, à moi pour mon salut. »

Aussi donc, merci à vous, mes amis, mes frères ! merci au nom de l'ordre, merci au nom de la société tout entière, et plus encore au nom de la France dont vous demeurez la plus pure expression.

D'autres, je l'espère, raconteront votre admirable dévouement dans la lugubre campagne de France. Pour moi, je viens dire ici avec mon âme votre calme héroïsme pendant le siége de Paris ; puis dans un autre ouvrage je signalerai votre indomptable courage contre les bandits qui, n'ayant de français que le nom, étaient devenus les plus mortels ennemis de la patrie.

Des écrivains de talent, de grands poëtes, guidés, comme ils le sont souvent, par l'intérêt de leur réputation, ont déjà célébré le siége de Paris, en proclamant la valeur d'une population dont ils tenaient avant tout à se ménager les applaudissements. L'un d'eux même, dévoré par la soif d'une fangeuse popularité, a osé élever la voix pour défendre les brigands que vous venez de châtier. Mais vous, soldats de l'armée française vous les véritables hommes de cœur et de dévouement, vous les humbles et les petits, aussi simples dans votre bravoure devant le danger que dans votre reconnaissance envers ceux qui publient vos mérites, nul parmi ces rhéteurs à la parole frelatée ne songera à vous rendre justice. J'ai souhaité, dans la mesure de mes forces, devenir le modeste historien de vos valeureux sacrifices.

Chers et dignes enfants de notre pays, vous demeurez seuls sa force, sa consolation, son espoir. Les moments sont encore solennels. Malgré la rébellion vaincue, la France est toujours sous les serres de trois aigles ne demandant qu'à s'en disputer les lambeaux. L'aigle de Prusse ne cesse de la guetter de son œil implacable, pour achever au besoin sa ruine, et écraser à jamais la nation qui n'est sa plus mortelle ennemie que parce qu'elle est la plus généreuse. A côté, l'aigle livide de la commune, chassé pour un moment de son aire, va chercher, en changeant de plumage, à dévorer de nouveau le cœur de la France. Enfin, l'aigle impérial ne se lasse pas de veiller, prêt à s'abattre impitoyable et farouche pour recueillir les épaves du naufrage. Et puis encore, il faut craindre d'autres compétitions, d'autant plus à redouter peut-être qu'elles se présentent avec un air plus noble et plus désintéressé.

L'avenir est donc encore bien sombre. Mais là où

le génie d'un seul ne saurait suffire, la vertu de tous triomphera. Oui, soldats de la France, vous resterez fidèlement armés pour le respect de la loi, pour le salut de la souveraineté nationale. Et afin de laisser à la patrie le temps de panser ses plaies profondes, vous maintiendrez haut et ferme cette souveraineté, aussi bien contre les pervers et les égarés qui prétendent placer la république au-dessus du suffrage universel, que contre les monarchistes de toutes bannières à vues étroites et égoïstes, qui voudraient sans plus ample informé décider du sort de la France.

Oui, mes bien-aimés compagnons, voilà votre rôle. Vous l'accomplirez dignement, je n'en doute pas ; et vous serrant autour du noble drapeau aux trois couleurs, glorieux encore au milieu de ses sombres crêpes, vous continuerez à prendre pour devise :

« DIEU, HONNEUR ET PATRIE. »

PREMIÈRE PARTIE

(De la révolution du 4 septembre au plébiscite du 3 novembre.)

CHAPITRE PREMIER.

Révolution du 4 septembre.

I

Dès le 3 septembre au soir, après la séance du Corps législatif où le comte de Palikao commença à soulever le voile sur le désastre de Sedan, la révolution était faite dans les esprits Toutefois, on aurait pu la conjurer, ou du moins sauver le seul pouvoir important à cette heure, c'est-à-dire la représentation nationale, dans la fameuse séance de nuit du samedi au dimanche. Il eût suffi pour cela aux députés d'accepter franchement la proposition qui ne fut adoptée que trop tardivement et sous la pression des événements dans la séance posthume du dimanche à 4 heures du soir, et qui se résumait ainsi :

Déclaration de la vacance du pouvoir; nomination

*par la Chambre d'un gouvernement anonyme de dé-
fense nationale ; annonce de la convocation d'une constituante dès que les circonstances le permettraient.*

Malheureusement, des considérations dynastiques
l'emportèrent sur un patriotisme sincère et éclairé. On
se sépara la nuit sans avoir rien décidé, sauf qu'on se
réunirait le lendemain à midi Mais lorsque le dimanche
au point du jour la population de Paris eût pu sonder
toute l'immensité de la catastrophe, la crise éclata à
l'état aigu, et il ne fallait plus songer à lutter contre le
flot de la révolution.

La séance de midi fut suspendue au bout d'une heure
et demie, pour soumettre aux bureaux l'examen des
trois propositions de Jules Favre, de Palikao et de
Thiers, ayant trait aux conjonctures du moment.

Cependant depuis le matin la garde nationale n'était
pas restée inactive; et à partir de onze heures une masse
de citoyens armés et équipés de toutes façons, accom-
pagnés de gens sans armes, de mobiles et de francs
tireurs, descendaient des divers quartiers de Paris,
même des plus tranquilles, sur la place de la Concorde.
A 3 heures, la Chambre, que gardaient seulement quelques compagnies de troupe, était envahie sans résistance par la foule aux cris de *« La déchéance ! Vive la
République ! »*

Les membres de l'extrême gauche saisissant l'occasion se transportèrent à l'hôtel de ville. Là ils consti-
tuèrent aussitôt un gouvernement; et afin d'écarter
toute compétition importune, ils posèrent en principe
que ses membres comprendraient exclusivement les
députés de Paris (1). Il fut convenu toutefois que le général Trochu serait adjoint au gouvernement, qu'il en
prendrait la présidence, et conserverait d'ailleurs le

---

(1) Emmanuel Arago, Crémieux, Jules Favre, Jules Ferry, Gam-

titre et le rôle de *gouverneur*; Jules Favre fut ensuite désigné comme vice-président.

Pendant l'orage, Trochu s'était tenu au Louvre pour voir venir les événements; là il déclinait, devant la sollicitation de plusieurs députés, la charge de protéger la Chambre. C'est seulement après cinq heures du soir, alors que la réussite de la révolution était assurée, qu'il se rendit à l'hôtel de ville pour accepter et exercer ses nouvelles fonctions.

Pendant que tous ces événements s'accomplissaient, le Sénat, réuni en séance solennelle depuis midi, se retirait prudemment vers trois heures et demie, après quelques puériles protestations de fidélité au Magnanime Empereur.

II

De son côté, l'Impératrice, prévenue que toute résistance devenait impossible, s'échappait des Tuileries à peu près à l'heure de l'envahissement de la Chambre. Elle montait aussitôt dans un modeste fiacre, et gagnait ensuite le bord de la mer dans un coche villageois suivant les uns, dans la calèche de son dentiste suivant les autres.

C'est de là qu'elle quitta cette généreuse France, qui durant près de vingt ans lui avait offert une splendide hospitalité, et à qui elle n'avait apporté en retour dans son inconsciente frivolité que d'irréparables malheurs. Car enfin elle avait été la cause première de l'expédi-

betta, Garnier-Pagès, Glais-Bizoin, Pelletan, Picard, Rochefort, Jules Simon. Quant à M. Thiers, également député de Paris, il refusa catégoriquement de s'associer à ses collègues.

tion du Mexique, et il paraît avéré aujourd'hui qu'elle fut la plus active instigatrice de la guerre contre la Prusse. Elle espérait raffermir ainsi en, faveur de la dynastie une popularité qui a toujours été artificielle, et qui depuis quelques années déclinait visiblement, malgré l'énorme majorité plébiscitaire du mois de mai, due bien plus à la haine des honnêtes gens contre les révolutionnaires qu'à leur sympathie pour l'empire. N'avait-elle pas en outre le secret dessein, en cas de victoire, de rétablir sur le trône d'Espagne le prince des Asturies ?

Du reste, l'Impératrice ne s'était pas contentée d'avoir compromis la France en poussant énergiquement au mois de juillet à la déclaration de la guerre. Toujours animée par le même égoïsme dynastique, elle signait quelques semaines après, en qualité de régente et de connivence avec son misérable époux, l'ordre insensé (1) à l'armée de Châlons d'aller se faire assassiner dans l'entonnoir de Sedan, sous le commandement putatif d'un maréchal dont l'héroïsme ne rachètera jamais la faiblesse de caractère.

Et d'ailleurs, pour en finir avec cette triste souveraine, quel affaissement moral n'avait-elle pas amené dans la plupart des classes de la société ! N'était-ce pas à son instigation que s'était produit ce dévergondage sans bornes des toilettes et de la tenue, qui enlève à la femme honnête sa pure suavité et ne laisse à son honneur qu'une acception toute matérielle. Ne l'avait-on pas vue, avec une impudique audace, affronter un voyage en Turquie et en Égypte, et là assister à de scandaleuses soirées du harem et à des cérémonies immondes de la vie musulmane, sans respect pour elle-

(1) Voir la « *Guerre de 1870* », p. 92, par L. Vandevelde, lieutenant-colonel belge, écrivain militaire distingué et d'une impartialité reconnue.

même ni pour les officiers qui l'accompagnaient, et que la population de Constantinople prenait, dans une méprisante naïveté, pour des gardiens du sérail. Enfin son sens moral était si dévoyé, qu'elle crut donner au monde un exemple admirable de sacrifice maternel, en envoyant parader à d'odieuses boucheries un pauvre enfant maladif qui n'avait pas encore quinze ans.

III

Après l'envahissement de la Chambre, le Corps législatif ne se tint pas pour battu. A 4 heures du soir, il se réunissait dans la salle à manger de la présidence, pour y discuter et adopter la proposition dont nous avons parlé plus haut, et pour décider qu'on tenterait une démarche de conciliation auprès des membres du nouveau gouvernement. Mais toutes ces manœuvres étaient trop tardives ; et à une nouvelle séance tenue à 8 heures du soir, dans cette même salle à manger, il ne put y avoir aucune entente entre les députés et MM. J. Favre et Simon, qui venaient les engager à s'unir au gouvernement provisoire. Toutefois M. Thiers, avec ce patriotisme et cet admirable sens pratique qui ne l'ont pas abandonné une seule minute dans la crise redoutable que nous traversons, et qui font de lui le grand citoyen et le grand patriote du moment, M. Thiers, dis-je, sut obtenir de ses collègues qu'il n'y aurait point de rupture violente, et que chacun se rendrait dans son département pour y organiser la lutte contre l'envahisseur.

Le 5 septembre au matin, les murs de Paris étaient couverts de proclamations au peuple et à l'armée, et de dépêches à la province avec les grandes phrases de circonstance : « Un gouvernement a *été constitué* et *ratifié* par l'acclamation populaire. »

Constitué, c'était un mot audacieusement en même temps que dangereusement employé, et dont les communeux devaient faire plus tard un odieux abus. Toutefois, ce gouvernement avait bien été *ratifié* par le peuple : pas une goutte de sang ne fut versée, pas une réclamation ne s'éleva, et l'acceptation au moins tacite de la population entière fut certainement une sérieuse ratification. C'est la seule excuse de ces hommes qui s'étaient si imprudemment emparés d'un pouvoir dont la charge devait les écraser.

En même temps que proclamations et dépêches étaient lancées, on décrétait la dissolution du Corps législatif et l'abolition du Sénat, suivies presque immédiatement du changement des préfets et sous-préfets et de la suspension des conseillers d'État. On nommait aussi un ministère au grand complet (1), et M. de Kératry était désigné pour la préfecture de police

La plupart des membres du gouvernement, les ministres, ainsi que le préfet de police, représentaient une nuance républicaine très-honnête et qui rassura les plus timorés. Toutefois, Rochefort faisait un peu ombre dans le tableau. Quoique ce ne fut pas un méchant

(1) MM. JULES FAVRE. . . . . . Affaires étrangères
GAMBETTA . . . . . . Intérieur.
Général LE FLO. . . . Guerre.
Amiral FOURICHON . . Marine.
CRÉMIEUX . . . . . Justice.
ERNEST PICARD. . . . Finances.
JULES SIMON. . . . . Instruction publique et cultes.
DORIAN . . . . . . Travaux publics.
MAGNIN . . . . Agriculture et commerce.
Après le départ pour Tours de la délégation du gouvernement et plus tard de Gambetta, l'*interim* de la Justice, de la Marine et de l'Intérieur fut confié à Emmanuel Arago, l'amiral d'Hornoy. Jules Favre.

homme, les gens à sentiments délicats trouvaient que c'était un piètre honneur de compter au nombre des gouvernants un séide de la démagogie, qui s'était fait un nom en quelques semaines par de grossiers pamphlets. Mais la foule avait été le délivrer triomphalement de la prison de Sainte-Pélagie, où il était détenu depuis plusieurs mois, et elle était venue l'imposer au nouveau gouvernement. C'est ce que Jules Favre expliquait avec euphémisme en déclarant publiquement que le gouvernement préférait avoir Rochefort dedans que dehors. Et de fait, dès le 8 septembre, il donnait une preuve de son patriotisme et de son bon sens, en répudiant énergiquement toute solidarité avec le journal *la Marseillaise*, qui venait de publier une véritable excitation à la guerre civile.

Le choix intempestif de l'ancien vaudevilliste, M. Etienne Arago, comme maire de Paris, refroidit aussi un peu la confiance ; d'autant, que le grand chef de la municipalité parisienne s'empressait, aussitôt installé, de désigner, de sa propre autorité, les maires des vingt arrondissements. A côté de personnalités fort acceptables et même recommandables, on voyait figurer un grand nombre d'intrus, qui n'avaient d'autre mérite que celui d'appartenir à la *dynastie républicaine*. Parmi ces derniers brillait en première ligne le trop célèbre Mottu, dont l'intolérance extravagante et antireligieuse souleva d'unanimes récriminations parmi les amis sincères de la liberté.

IV

Le 6 septembre, on se hâta, pour gagner les bonnes grâces de la presse, d'abolir l'impôt du timbre sur les journaux. Quelques jours plus tard on décréta la liberté des professions d'imprimeur et de libraire, en créant ainsi une charge pour le trésor par les indemnités à accorder aux titulaires des brevets de ces professions. En même temps, oubliant l'exemple austère de l'Amérique, qui, dans la guerre de l'indépendance, avait limité à la modeste somme de deux mille francs par mois les appointements de Washington et de son état-major, le gouvernement laissait appliquer aux généraux et officiers de toute arme les tarifs exorbitants du régime impérial pour suppléments de guerre et autres. Puis quelques jours après, on décrétait en faveur des gardes nationaux n'ayant pas d'autres ressources que leur travail, une indemnité de fr. 1.50 par jour, qui fut augmentée plus tard de fr. 0.75 en faveur des hommes mariés. Par ces mesures financières, dont la dernière seule, appliquée avec discernement et sans abus, aurait eu sa raison d'être, le gouvernement accouplait les dépenses exagérées de l'Empire à des concessions destinées à ménager sa popularité. Mais en agissant ainsi, il perdait de vue que le premier acte d'une administration sérieuse doit être de sauvegarder les finances du pays, au lieu d'allier l'augmentation des dépenses à la diminution des recettes.

C'est aussi le 6 septembre que parut la circulaire diplomatique de M. Jules Favre, qui renfermait la fameuse phrase : « *Nous ne céderons ni un pouce de notre territoire, ni une pierre de nos forteresses.* » Ce fut là la première faute de cet homme, qui est certainement *un grand cœur*, ou mieux, si je ne craignais d'être banal, *un bon cœur*; mais qui certes n'a été dans ces tristes événements ni un grand caractère par la virilité dans les résolutions, ni un grand citoyen par l'habileté dans les actes. Il fallait avant tout être pratique, et ne pas s'acculer de propos délibéré dans une impasse, principalement avec l'intention d'aller quelques jours après tenter à Ferrières la douloureuse aventure que tout le monde connait.

V

La proclamation de la République avait jeté dans les masses une telle effervescence de joie, qu'on ne songeait plus aux Prussiens. Tout semblait sauvé avec ce mot magique de République.

L'arrivée de Vinoy avec le 13e corps, après sa belle retraite de Mézières, avait encore augmenté la confiance dans les esprits. La lettre du ministre des États-Unis à Jules Favre qui parut le 8 septembre, et où il annonçait qu'un télégramme de la Maison Blanche lui enjoignait de reconnaître le nouveau gouvernement, mit le comble à la satisfaction populaire. A la suite de cette communication, M. Washburn fut porté au pinacle dans l'opinion publique ; on lui fit plusieurs ovations. Mais cet enthousiasme ne dura pas ; car les sympathies allemandes du ministre américain furent peu à peu connues de la population, et à la fin du siége il était universellement regardé comme un faux bonhomme.

Dans ce concert de jubilation générale, Jules Simon voulut apporter sa note, et prouver que pour lui aussi la question des Prussiens était reléguée au second plan. D'ailleurs, il avait hâte de faire profiter la France de son passage à l'instruction publique, qui pouvait être éphémère. Il n'avait pas une minute à perdre ; n'était-il pas de son devoir de faire entrer de suite dans le domaine de la pratique ses hautes conceptions et son philosophisme humanitaire ? Confondant, avec une naïveté dont nous ne le verrons guère se départir dans ses autres

1.

actes de membre du gouvernement, l'instruction avec l'éducation, il nomme, de concert avec le compère Étienne Arago, commission sur commission pour étudier et trancher même, dans le plus bref délai et sans plus ample informé de la part de mandataires réguliers de la France, cette grande question de l'enseignement primaire Il s'imaginait, avec une entière bonne foi du reste, qu'au moment où les Prussiens arrivaient sous les murs de Paris, le plus pressé était de préparer, pour dans quelque vingt ans, une génération de patriotes devant puiser dans le système d'instruction qu'il alait inaugurer l'intelligence et le dévouement de virils citoyens.

D'ailleurs pour affermir sa popularité et donner à la curiosité malsaine des Parisiens un aliment substantiel, il provoquait la publication des papiers saisis aux Tuileries. En définitive, ces papiers renfermaient beaucoup de correspondances insignifiantes, ou n'ayant trait qu'à des manœuvres politiques, communes hélas ! à tous les partis. Ils ne contenaient de tristement curieux que le récit des honteux tripotages d'argent de Jecker avec de Morny, qui avaient été la véritable cause de l'expédition du Mexique. Ils donnaient aussi la preuve qu'au moment de la déclaration de la guerre à la Prusse, l'empereur n'ignorait pas la force immense de l'Allemagne, ce qui ôtait toute excuse à la folie de son entreprise. Mais ces papiers étaient surtout piquants pour les épicuriens du scandale par quelques-uns de ces odieux et répugnants mystères de vie privée, dont la dynastie républicaine est loin d'être pure dans tous ses membres. Ce n'était pas de la dignité et surtout de la dignité démocratique, que de publier officiellement de pareils documents. Le gouvernement devait porter un trop haut mépris à l'homme de Sedan pour s'abaisser jusqu'à souiller les oreilles du public des hontes de l'empire. Sans compter qu'on donnait ainsi un funeste encouragement à cette classe d'industriels sans vergogne qui font trafic de toutes les infamies. Aussi M. Jules Simon a-t-il dû reconnaître son imprudence, lorsque, quelques jours après, il put voir étalées dans toutes les rues, d'immondes caricatures, et entendre crier à tue-tête dans les carrefours par de jeunes filles et des enfants en bas âge, les titres odieux de libelles passionnés. C'était là un singulier pendant à ses louables intentions de préparer par la connaissance des nobles exemples, une génération douée de mâles et solides vertus.

CHAPITRE II.

Organisation de la défense.

I

Depuis leur arrivée au pouvoir, les membres du gouvernement se préoccupaient sérieusement de l'organisation de la défense. Y avaient-ils grande confiance? je ne saurais l'affirmer. Il parait même que le général Trochu appelait cela une *héroïque folie;* et nous verrons, par la suite des événements, que sa foi dans le salut de Paris par Paris ne s'était guère accrue.

La question des approvisionnements était une des plus importantes de la défense. Je dois à ce sujet rendre en passant un public hommage à M. Clément Duvernois. Je n'ai pas ici à me préoccuper de savoir s'il fut d'une délicatesse à toute épreuve dans sa vie politique, ni à le laver de la honte d'avoir, comme membre du cabinet Palikao, contre-signé l'ordre inepte, sinon infâme, qui enjoignait formellement à Mac-Mahon d'aller délivrer Bazaine par le nord Mais je dois à la vérité de constater que Duvernois, en tant que ministre du commerce, dénota un habile administrateur. C'est à lui exclusivement que sont dus les grands approvisionnements de farine, de blé, de bestiaux, de paille et de toutes sortes de denrées, qui furent faits en prévision du siége. Il songea à tout, même à faire entrer des pierres meulières destinées, si besoin en était, et comme cela a eu lieu justement, à la construction de moulins à vapeur pour moudre les grains après l'épuisement des farines. Il est fâcheux que son successeur n'ait pas eu la même initiative, ni la même prévoyance. Il paraîtrait même que M Magnin aurait, par une économie mal entendue, refusé au dernier moment une fourniture considérable de céréales qui lui était proposée par une maison américaine.

Le 11 septembre, la viande fut taxée, afin de prévenir toute spéculation nuisible aux intérêts des consommateurs. Le gouvernement s'empressa aussi d'annoncer à la population qu'il y avait largement pour deux mois de vivres. Cette annonce était singulièrement erronée en moins. Parlait-on ainsi avec l'incroyable ignorance où on a été jusqu'au dernier jour sur le stock des approvisionnements, ou se proposait-on de rassurer la population sur les subsistances, sans en même temps la décourager par la perspective d'un siége trop long ?

II

Sous le rapport militaire, on s'empressa d'organiser les seize forts et les quelques grandes redoutes et batteries (1) qui entourent Paris et Saint-Denis, sur un ovale ondulé de plus de 60 kilomètres d'étendue Six de ces forts furent confiés à la marine, qui a joué un rôle si brillant durant tout le cours de la défense.

Dans cette organisation, il y avait non-seulement à se préoccuper de la construction des plates-formes, casemates, poudrières et magasins de vivres ainsi que de la mise en place des canons; mais il fallait encore assurer l'approvisionnement d'eau avec des puits ou des machines d'exhaustion, défendre les abords à l'aide de torpilles et de fougasses commandées par des piles voltaïques, et installer des lumières électriques destinées à éclairer au loin pendant la nuit. Il était indispensable, d'ailleurs, d'assurer la communication des forts avec le quartier général du gouverneur au moyen de sémaphores aériens et de télégraphes électriques. Enfin, il y avait à relier par une ligne continue de retranchements les redoutes avancées avec les forts voisins, et à barricader et créneler toute une série de villages en avant pour y établir nos grand'gardes.

(1) Voici leurs noms, en les énumérant dans le même ordre que les secteurs, dont il est parlé plus loin :

Fort de Charenton.	Fort de l'Est.	Fort d'Issy.
Batterie de Gravelles.	Bastions de la Double-Couronne.	Batterie du parc d'Issy.
Batterie de la Faisanderie.	Fort de la Briche.	Fort de Vanves.
Fort de Vincennes.	Batterie de Saint-Ouen.	Redoute de Châtillon (abandonnée le 17 septembre).
Fort de Nogent.	Redoute de Genevilliers.	
Une petite redoute.	Redoute de Bezons.	Fort de Montrouge.
Fort de Rosny.	Redoute de Courbevoie.	Fort de Bicêtre.
Deux petites redoutes.	Fort du Mont-Valérien.	Redoute des Hautes-Bruyères.
Fort de Noisy.	Redoute de Montretout (abandonnée au début du siege).	Redoute du Moulin-Saquet.
Une petite redoute.	Batterie Mortemart.	Fort d'Ivry.
Fort de Romainville.		
Fort d'Aubervilliers.		

(Les Fort de l'Est, Bastions de la Double-Couronne et Fort de la Briche défendent S.-Denis.)

Il resterait à ajouter à cette longue énumération diverses batteries de position, qui furent organisées, à mesure que s'étendit notre ligne défensive, dans la boucle de la Marne, au plateau d'Avron, à Bondy, dans la presqu'île de Genevilliers, sur le chemin de fer de Versailles près d'Issy, etc. Plusieurs de ces batteries durent être évacuées au moment du bombardement.

L'immense enceinte de la capitale, d'une étendue de 41 kilomètres environ avec ses ondulations, avait à subir une préparation analogue. Pour faciliter ce gigantesque travail, et en même temps pour répartir entre un nombre suffisant de commandants tout le pourtour des fortifications, les 94 bastions qui forment ce pourtour furent divisés en neuf secteurs. Les secteurs se distinguaient entre eux par des numéros, et aussi par les noms des quartiers adjacents. Le 1er secteur commençait à Bercy ; puis, tournant de droite à gauche en faisant face à la campagne, on avait le 2e, le 3e secteur, etc. ; et on parvenait ainsi au 6e dit de Passy et du Point-du-Jour, au 7e dit de Vaugirard, au 8e dit de Montparnasse, qui sont les trois seuls secteurs ayant pris une part active au bombardement des batteries prussiennes ; enfin arrivait le 9e secteur, qui naturellement s'étendait depuis le 8e jusqu'à Bercy Les commandements des secteurs furent confiés à des amiraux et à des généraux Sous leurs ordres, se trouvaient des officiers supérieurs d'artillerie et du génie chargés de suivre les travaux de leur spécialité.

Le rôle des commandants de secteur n'était pas seulement militaire ; il était également politique. Chacun d'eux avait qualité pour s'immiscer, en s'entendant avec les maires, dans les questions d'ordre public qui pouvaient surgir à l'intérieur des arrondissements compris entre son secteur et la Seine. Il avait aussi la charge non moins importante d'organiser les bataillons de la garde nationale de ces arrondissements, et d'assurer avec leur aide la surveillance des remparts.

Cette organisation était excellente en elle-même, et a produit les meilleurs résultats. Il est extrêmement regrettable qu'on ne l'ait pas maintenue intégralement après le siége, jusqu'au moment où le travail aurait repris tout à fait son cours normal à Paris. Sans aucun doute, comme nous le verrons plus tard, on aurait ainsi prévenu l'émeute du 18 mars et ses désastreuses conséquences.

III

Le personnel essentiellement militaire destiné à l'armement de la place et des forts, c'est-à-dire les canonniers et les sapeurs du génie, comprenait un effectif de 15,000 officiers et soldats. Il fut formé d'un certain nombre d'hommes de l'armée active, de quelques milliers de matelots-canonniers, et d'anciens militaires constitués en corps d'artilleurs et de sapeurs du génie auxiliaires.

Le matériel des remparts et des forts comportait 2,200 bouches à feu, plus 300 pièces de réserve. Parmi les bouches à feu, on voyait figurer des pièces de tous les calibres et de toutes les espèces, dont voici les principaux types :

1° *Pièces de l'artillerie de terre (en bronze).*

Canons de place du calibre de 15 centimètres (dits de 24 dans l'artillerie de terre, qui désigne encore, par une inintelligente routine, les pièces à feu par le poids en *livres* des projectiles ronds qu'elles lançaient autrefois);

Canons de place de 12 centimètres (dits de 12);

Canons de siége rayés de 15 centimètres (dits de 24 court);

Canons de siége et de campagne rayés de 12 centimètres (dits de 12);

Canons de 7 centimètres, se chargeant par la culasse,

construits à Paris pendant le siége et mis seulement
en usage à partir du commencement de décembre;

Un petit nombre de mortiers de divers calibres
depuis 23 centimètres et au-dessous.

2° *Pièces marines (en fonte de fer, amenées de nos
ports de guerre à Paris par les voies rapides dans le
courant d'août).*

Canons rayés de 16 centimètres, dont quelques-uns
se chargeant par la culasse;

Canons rayés de 19 centimètres en très-petit nombre.
Parmi ces derniers figuraient la Valérie, la Joséphine et
la Marie-Jeanne, placées au mont Valérien, à la batterie Saint-Ouen et aux buttes Montmartre, et dont les
prétendus exploits servaient à la puérile distraction des
Parisiens dans les moments de calme.

Quant aux projectiles, ils ne comprenaient que
des obus et quelques paquets de mitraille pour les
canons, et des bombes pour les mortiers. Les obus de
19 centimètres pesaient 52 kilog.; ceux de 16 centimètres, 32 kilog.. etc. Les charges de poudre étaient
en moyenne 1/7e du poids du projectile.

Les pièces de 19 centimètres pesaient 13 tonneaux,
affût compris, et avaient une portée maximum de
7,000 mètres. Les pièces de 16 centimètres pesaient
4 tonneaux, toujours affût compris, et atteignaient
à 6,500 mètres. Les pièces de 12 centimètres n'avaient
pas plus d'un tonneau de poids, et leur portée ne dépassait pas 5,000 mètres, etc.

L'approvisionnement en poudre fut porté rapidement
de 540 mille à 3 millions de kilogrammes, ce qui cor-
respondait à 400 coups par pièce.

IV

Dès les premiers jours de septembre, on fermait les 69 portes de l'enceinte, en y établissant des pont-levis. On bouchait les entrées des chemins de fer ; et on garnissait tous les parapets de deux millions de sacs à terre pour y former des créneaux.

Les bastions furent reliés par une voie ferrée, établie en dix-huit jours, le long de la route militaire sur un parcours de 40 kilomètres. Cette voie s'étendait ainsi entre les fortifications et le chemin de fer de ceinture, qu'elle enveloppait de toutes parts.

Les égouts, les aqueducs, les carrières et les catacombes, furent scrupuleusement explorés ; et on fit à leur intérieur les constructions nécessaires pour prévenir toute irruption de l'ennemi par ces voies souterraines.

D'un autre côté, on avait établi sur la Seine divers barrages, estacades et ponts de bateaux, constituant en quelque sorte le prolongement de la muraille d'enceinte.

Enfin, deux groupes de canonnières et de batteries flottantes, stationnant sur le fleuve, l'un en amont du côté de Charenton, l'autre en aval du côté de Billancourt, formaient comme des redoutes mobiles continuant la ligne générale des forts.

A propos de la flottille, je ne saurais passer sous silence la canonnière Farcy, l'heureuse rivale de la Valérie et de la Joséphine dans le cœur des naïfs bourgeois et des snobs des clubs. Cette canonnière, commandée par son inventeur, lieutenant de vaisseau, présentait certainement un type nouveau et très-original. Par la forme ondulée de ses fonds, elle conciliait une grande stabilité avec un faible tirant d'eau, en portant d'ailleurs un canon du plus fort poids. L'inventeur avait été longtemps tenu en échec par le sanhédrin du génie maritime ; et c'était seulement grâce à l'intervention du chef de l'État qu'il avait pu quelques mois auparavant faire exécuter son projet. Mais la canonnière qu'il montait était d'un échantillon beaucoup trop faible, de sorte que la pièce marine de 19 cent. qu'on y avait installée, la fatiguait énormément au recul. Dès lors, il devenait indispensable, sous peine d'avarie grave, de ne tirer cette pièce que sous une faible inclinaison, en réduisant ainsi énormément sa portée. De plus, la coque était si mince qu'elle eût été incapable d'affronter les balles d'un peloton d'infanterie. Aussi cet engin n'a-t-il rendu que des services insignifiants ; et le digne commandant en chef de la flottille expliquait à la fin du siége que, malgré toute sa bonne volonté, il n'eût pu faire avancer le lieutenant Farcy qu'au détriment d'autres officiers, ignorés il est vrai du public, mais commandant des batteries flottantes dont le rôle avait été bien plus actif et plus périlleux que celui de la canonnière en vogue.

Quoi qu'il en soit, l'engouement était devenu général, grâce à quelques articles de journalistes enchantés d'avoir visité un navire de haut bord, en y recevant le plus gracieux accueil. C'était arrivé à un tel point que chacun voulait faire son pèlerinage à la Farcy. Pendant tout le temps du siége, les feuilles publiques et les orateurs de club, n'entamaient pas pour ainsi dire une question de défense nationale sans parler de la fameuse canonnière. C'est ainsi que petit à petit le lieutenant Farcy est devenu une de ces illustrations éphémères de Paris, qui, avec sa banale légèreté et ne voyant que la superficie des choses, n'a pas hésité à lui confier le mandat de représentant à l'assemblée nationale.

V

Les soins de la défense ne s'étendirent pas seulement aux forts et aux remparts. On se préoccupa aussi d'assurer une vigoureuse résistance dans le cas d'une attaque de vive force. C'est dans cette intention que le service des ponts et chaussées fut chargé de former une seconde enceinte le long du parcours du chemin de fer de ceinture, dont la plupart des travaux d'art (talus et encaissements) ne demandaient qu'à être complétés par quelques ouvrages secondaires pour constituer une puissante ligne défensive.

Enfin, pour plaire à la cour installée à Belleville, et qui entendait faire respecter les bonnes traditions, il fut arrêté qu'on établirait une troisième enceinte formée par une série de barricades. L'exécution en fut confiée à une commission, naturellement placée sous la présidence de Rochefort. Mais c'était là une superfétation, qui ne pouvait que nuire aux intérêts de la défense.

Il était évident que des barricades entraveraient les mouvements de troupes et la circulation des trains militaires. Aussi les commandants de secteur tâchèrent-ils, avec des ménagements infinis, de modérer l'ardeur (très-intéressée du reste, car on les payait grassement) de messieurs les barricadiers. Avec un peu d'adresse, ils finirent par obtenir qu'on se bornât, au moins dans la plupart des rues qui aboutissaient aux fortifications, à dessiner le long des murs l'emplacement précis où la troisième enceinte viendrait se souder en cas de besoin. Ce subterfuge anodin donna satisfaction à la gent bellevilloise, et évita tout conflit.

VI

Il semblerait, d'après la longue énumération que nous venons de faire, que tous les travaux de la défense furent conduits avec la plus louable activité. Mais cette appréciation favorable ne serait pas exacte. En réalité, les chefs ont plutôt laissé aller les choses qu'ils ne les ont accélérées. Avec un zèle ardent, on aurait pu faire beaucoup plus qu'on n'a fait, et surtout beaucoup plus vite ; car les travaux des remparts, entre autres, ne furent terminés qu'à la fin d'octobre. On ne travaillait pas la nuit, et pendant le jour on dégoûtait les ouvriers en leur marchandant le travail.

C'est ainsi que sur les quatre grandes redoutes du Moulin-Saquet, des Hautes-Bruyères, de Châtillon et de Montretout, qui avaient été commandées dès la mi-août, les deux premières seulement furent achevées. Les deux autres ne furent pas trouvées assez avancées pour être utilement occupées par nous lors de l'investissement.

Eh bien! il faut le dire hautement, il y a eu là une négligence impardonnable de la part des généraux en chef du génie et de l'artillerie, MM. de Chabaud-Latour et Guiod. On pouvait certainement avec de l'énergie et une grande activité, employant s'il le fallait dix mille, quinze mille terrassiers à la fois, achever Châtillon et Montretout avant l'arrivée des Prussiens. Malgré toutes les notes et contre-notes officielles et officieuses publiées pour démontrer que l'inachèvement de ces redoutes tait dû à la force des circonstances, nous ne cesserons de déclarer qu'il doit être attribué au manque de foi dans la résistance de Paris de la part des généraux dont nous venons de parler. La responsabilité de cette faute capitale doit aussi retomber sur le gouverneur, qui avait à prévoir le rôle considérable qu'auraient joué dans la défense les positions de Châtillon et de Montretout conservées en notre pouvoir.

VII

Bien plus, il y eut des points de l'enceinte qui ne furent mis que fort tardivement à l'abri d'un coup de main, particulièremunt la porte du Bas-Meudon, qui demeura d'un accès des plus faciles jusqu'aux derniers jours de septembre, malgré les incessantes réclamations du commandant du 7e secteur. A cette époque, le fossé qui précédait la porte n'avait pas deux mètres de large, et aucune fougasse n'en défendait les abords.

Vraiment, M. de Moltke a été bien mal renseigné par ses espions sur ces détails; car il aurait pu, avec un peu d'audace, se rendre maître de Paris, dès les premiers jours de l'investissement. Il a laissé échapper là une belle occasion d'éviter un long siége, et il a commis la même faute que les Français à Sébastopol le lendemain de la bataille de l'Alma.

Il lui eût suffi de masser rapidement la nuit, du côté de Sèvres et du Bas-Meudon, un corps d'une vingtaine de mille hommes résolus, comprenant en égale proportion de l'artillerie, de l'infanterie et de la cavalerie. Lançant rapidement cette troupe, il enlevait sans coup férir l'avancée de la porte à peine gardée par quelques mobiles; et jetant sur le fossé

un pont en madriers très-épais, mais facilement trans-
portables eu égard à la faible longueur qui leur
était nécessaire pour couvrir le fossé, il pénétrait
d'emblée dans Paris. Dès ce moment, la cavalerie pouvait arriver au galop le long des bastions de Vaugirard
et du Point-du-Jour, et y sabrer les canonniers et les
gardes nationaux de service aux remparts. Il n'eût
plus resté alors aux Prussiens qu'à occuper avec de
l'artillerie le chemin de fer de ceinture, qui leur aurait
servi de retranchement pour supporter le premier choc
des troupes assiégées essayant de les déloger. Sans
compter que ces troupes, composées alors de soldats
découragés, de mobiles novices et de gardes nationaux
mal armés, étaient peu à redouter. D'ailleurs la position
leur eût permis d'attendre que des renforts considérables vinssent de Sèvres et de Versailles rejoindre le
corps d'attaque. La route à suivre pour cette entreprise était en grande partie défilée du Mont-Valérien ;
et le seul fort d'Issy aurait eu un tir efficace. Encore
les Prussiens eussent-ils pu tenir tête à ce fort avec les
pièces qu'ils auraient eu la facilité d'installer sur les
bastions de l'enceinte dont ils se seraient emparés dès le
début.

J'oserai encore dire que les grands maîtres du génie
et de l'artillerie ont plutôt paralysé qu'accéléré les travaux de la résistance. Car, afin de ne point amoindrir
l'importance de leurs positions, ils centralisèrent le travail là où il aurait fallu le décentraliser et abandonner
aux jeunes officiers une large initiative. Les formalités
administratives de toutes sortes arrêtaient l'élan des plus
ardents. Et si, malgré tant d'entraves, on est encore
arrivé à de magnifiques résultats, il faut l'attribuer
— chose curieuse et tant le bien est à côté du mal —
au dévergondage de constructions et de démolitions de
M. Haussmann. C'est lui, en fait, qui a été la cause du

développement extraordinaire qu'avait prise dans ces dernières années la profession d'entrepreneur en bâtiment. Oui, ce sont ces entrepreneurs de M. Haussmann, à la tête d'un matériel considérable, habitués à exécuter avec une incroyable rapidité les travaux de bâtisse les plus divers, et auxquels la guerre venait de faire de si subits et de si complets loisirs ; ce sont, dis-je, ces entrepreneurs qui ont mené à bonne fin tous les travaux des remparts, des forts et des redoutes avec une célérité incontestable, mais qui eût pu être décuplée par le stimulant d'une active surveillance.

VIII

Vers le milieu de septembre, le personnel de la défense de Paris comprenait, outre celui dont nous avons déjà parlé pour le service spécial de l'artillerie et du génie des forts et des remparts :

1º Deux corps d'armée : le 13e, ramené de Mézières et commandé par Vinoy ; le 14e corps, formé des dernières troupes régulières qu'on avait pu réunir à Paris depuis la fin d'août et d'un certain nombre d'échappés de Sedan. Il était commandé par Ducrot qui venait de s'évader des mains des Prussiens Le 13e et 14e corps comprenaient chacun environ 30 mille hommes, et n'avaient guère à eux deux plus de 150 pièces de campagne. Ils étaient cantonnés, le premier sur la rive gauche de la Seine, l'autre sur la rive droite, avec la plus grande partie des hommes en dehors de Paris en grand'gardes sous le feu des forts.

2º 105 mille mobiles au bas mot, comprenant ceux de la Seine et d'un grand nombre de départements, les premiers répartis dans les forts, et les seconds logés à l'intérieur de Paris, et organisés en quatre groupes sous le commandement de généraux de brigade.

3° Environ 7 mille matelots fusiliers, conservés dans les forts confiés à la marine, à côté des matelots canonniers spécialement affectés au service des pièces ; puis 5 mille douaniers, gardes forestiers et anciens sergents de ville, mis aux ordres des commandants de secteur.

4° Une soixantaine de corps francs dispersés un peu partout, tant en dedans qu'en dehors de Paris, et représentant un effectif de 15 mille hommes ; enfin quelques milliers d'hommes de troupes régulières à Saint-Denis sous le commandement du général de Bellemare.

5° La garde nationale, dont l'effectif venait d'être porté de 60 bataillons à 120, et devait atteindre plus tard 266 bataillons. Le commandement en fut confié, avec le rang de général, à l'ancien capitaine d'artillerie Tamisier, un reliquat de 48, du reste un noble et digne cœur, mais d'une faiblesse qui dépassait tout ce qu'on peut imaginer. C'est certainement cette faiblesse qui a été la cause première des équipées du major Flourens.

Le gouvernement nomma également l'état-major de la garde nationale. Mais tous les autres officiers furent élus par les citoyens. On convint que le choix porterait de préférence sur d'anciens militaires. Sauf dans les quartiers du centre, où se trouvaient bon nombre d'individus ayant servi dans l'armée après être sortis des écoles spéciales, cette mesure fut le triomphe du sous-officier ignorant et rouillé. Les anciens sergents devinrent chefs de bataillon ou au moins capitaines: les ex-caporaux et les vieux soldats occupèrent les autres positions hiérarchiques. C'était une solution déplorable. Il eût bien mieux valu que les anciens sous-officiers reprissent dans la garde civique le grade qu'ils avaient occupé dans l'armée Dans cette situation modeste, ils auraient rendu de véritables services en enseignant l'école du peloton Les postes supérieures eussent été avantageusement occupés par de simples bourgeois intelligents et instruits, qui se seraient bien vite mis au courant des manœuvres d'ensemble à faire exécuter à une compagnie ou à un bataillon. Ces manœuvres sont bien plus faciles à commander pour un homme d'une certaine valeur que le simple exercice du fusil, dont l'enseignement demande plus de routine que d'intellect. — Nous mentionnerons encore ici les bataillons de vétérans, composés de braves gens ayant dépassé la cinquantaine. Ces bataillons furent chargés de la police intérieure de la ville; mais en maintes circonstances, ils s'acquittèrent de leurs fonctions avec un zèle intempestif.

Les troupes régulières étaient armées de chassepots; les mobiles en furent pareillement pourvus quelques semaines après leur arrivée à Paris. De son côté, la garde nationale possédait un bon nombre de fusils à tabatière; mais son armement consistait principalement en fusils rayés à piston. — Quant aux cartouches, l'approvisionnement n'était que de 390 par homme au début du siége, alors que réglementairement il devait être de 800. Mais de vastes ateliers furent bientôt installés, et fournirent plus de 2 millions de cartouches par semaine, fabrication bien supérieure aux besoins de la consommation la plus étendue.

CHAPITRE III.

Événements qui précèdent immédiatement l'arrivée des Prussiens, et investissement de Paris.

Après la longue digression du chapitre précédent qui, je l'espère, a pu intéresser le lecteur en déroulant sous ses yeux l'ensemble des efforts qui durent être faits dès le début pour mettre Paris sur le pied d'une redoutable défensive, reprenons le cours des événements.

Le vendredi 9 septembre fut promulgué le décret de convocation des colléges électoraux pour l'élection d'une assemblée nationale. L'application de ce décret devait être ajournée indéfiniment quelques jours plus tard, après l'entrevue de Ferrières, sous de fallacieux prétextes, mais, au fond, pour donner satisfaction au parti avancé. Ce parti, prévoyant que le vote de la province écraserait ses prétentions, désirait avant tout se ménager la facilité de nommer une commune appelée à diriger la France dictatorialement.

Vers cette même époque, le prince de Joinville, le duc d'Aumale et le duc de Chartres, se présentaient devant M. Jules Favre. Ils venaient demander à être employés à la défense de Paris dans *le poste le plus obscur et le plus périlleux*, alors que rien ne les empêchait de choisir eux-mêmes ce poste, en se rendant, par exemple, incognito à Versailles pour tenter d'y préparer les moyens de faire sauter ultérieurement l'état-major général prussien. Cette soudaine arrivée était certainement intempestive ; les princes ne pouvaient espérer rendre de sérieux services de guerre régulière ; et la nature de leur démarche autorisait à penser qu'elle était plutôt dictée par un intérêt dynastique que par un sincère désir d'être utile au pays. Aussi M. Jules Favre dut-il faire appel à leur patriotisme, pour les engager à quitter la France et à ne pas compromettre la défense nationale en jetant l'agitation dans les esprits.

Le comte de Chambord témoignait de son côté ses sentiments patriotiques dans une lettre adressée à un de ses amis. Mais quelques jours après le bout de l'oreille perçait, et il paraissait un manifeste où Henri de Bourbon déclarait à son pays qu'il était prêt à se dévouer entièrement à lui. Si honorable que fût cette réclame, elle ne devait avoir aucun écho Il y a déjà de longues années que le souvenir de la branche aînée est complétement effacé de l'esprit des masses ; et tout cri poussé en sa faveur, si respectable qu'il soit, n'est plus désormais que « *vox clamantis in deserto.* »

II

Sur ces entrefaites, et ce qui prouve encore combien peu on avait confiance dans la résistance, M Thiers fut envoyé en mission diplomatique près des cabinets de Londres, de Saint-Pétersbourg et de Vienne. En même temps, on accueillait avec une joie qu'on ne dissimulait pas. la reconnaissance du gouvernement par la Suisse, l'Espagne, l'Italie et le Portugal ; et on publiait avec empressement les lettres cordiales par lesquelles les ambassadeurs et les chefs de mission diplomatique annonçaient que jusqu'à nouvel ordre ils resteraient à Paris.

Cependant l'ennemi approchait de plus en plus. Le 9 septembre il était à Montmirail d'un côté, et de l'autre à Laon, dont la citadelle sautait par la main d'un fou héroïque ensevelissant dans son funèbre triomphe plus de Français que d'Allemands. Bientôt les Prussiens furent signalés à Crespy et à Compiègne dans le nord, à Coulommiers dans l'est. Le 15 au matin, les uhlans étaient à Corbeil ; et le soir ils atteignaient la forêt de Sénart et Juvisy. Le 16, la ligne d'Orléans était coupée entre Athis et Ablon.

Pour retarder la marche des Allemands, on faisait sauter devant eux les ponts et les tunnels. Les tunnels, rien mieux. Mais faire sauter des ponts à tort et à travers, lorsqu'il ne s'agit pas d'une retraite précipitée, c'est causer plus de tort à soi-même qu'à l'ennemi. Car il arrive bientôt avec ses équipages, et il rétablit en quelques heures un passage suffisamment solide, même pour son artillerie. La rupture des ponts situés près de nos ouvrages avancés a été surtout une faute grave.

Pour reprendre l'offensive et surprendre l'ennemi, cette rupture inopportune devenait pour nous-mêmes un obstacle. C'est ainsi, comme nous le verrons dans la suite, que la destruction du pont de Saint-Maur a probablement amené l'insuccès final de la grande sortie de Ducrot.

De plus on essayait, mais en vain, de brûler les bois des environs de Paris, qui devaient servir plus tard aux Allemands de repaires à l'abri de nos coups. Il eût fallu songer plus tôt à se débarrasser des forêts, mais par l'abatage et non par l'incendie; car il suffisait d'avoir lu la guerre de sécession en Amérique pour savoir qu'à cette époque de l'année les bois et les taillis étant en pleine séve sont incombustibles. — Enfin, on procédait à un déblayement partiel de la zone militaire.

D'un autre côté, on s'empressait d'expédier en province MM. Crémieux, Glais-Bizoin et Fourichon, comme délégués du gouvernement. Il n'était pas possible d'avoir la main plus malheureuse. Là où il eut fallu des hommes jeunes, sérieux et pleins d'ardeur, on mettait un exhumé de 48 frisant la sénilité, un député qui devait toute sa réputation à ses incessantes et bouffonnes interruptions au Corps législatif, et enfin un amiral, ami intime du général Trochu, et, comme lui, critiqueur systématique et acharné sous le régime impérial, dont il n'avait cependant pas refusé les faveurs, en somme un homme infécond et éteint.

Entre-temps, les ménages, grands et petits, des environs de Paris, rentraient en foule dans la ville sur des charrettes où s'empilaient mobiliers, femmes et enfants. Toutes les portes de l'enceinte furent traversées nuit et jour, pendant plus d'une semaine, par des files sans fin de voitures qui portaient les tristes épaves de tant de fortunes dispersées. Cette rentrée précipitée et incohérente provenait de l'invitation adressée par le gouver-

nement aux habitants des communes suburbaines, de
venir se réfugier dans l'intérieur de la ville, et de brûler
les approvisionnements qu'ils ne pouvaient emmener
avec eux. C'était là une invitation funeste, et qui semblait le fait d'hommes ayant perdu la tête. Les habitants placés sous le feu des forts, et mieux encore ceux
qui se trouvaient en arrière de leur gorge avaient peu
ou point à craindre l'ennemi, et auraient beaucoup
moins souffert en restant chez eux qu'en rentrant à
Paris. Une sorte de vertige s'empara de tous ces pauvres gens qu'on avait affolés de peur, alors qu'on eût dû
les rassurer. Plusieurs ne prirent même pas le temps
d'enlever les parties les plus nécessaires de leur mobi-
lier; ils voyaient partout les uhlans sur leurs talons.
En peu de jours, grâce à cette funeste mesure, les villages se vidèrent. Les champs, dont l'entretien et la
culture eussent été si nécessaires à l'approvisionnement
de la ville, furent dévastés par des bandes de maraudeurs. Puis bientôt, sur toute la ligne de nos avant-
postes, les soldats et principalement les mobiles de la
Seine et les francs tireurs, se livrèrent dans les maisons
abandonnées à un pillage honteux, qu'on ne songea pas à
réprimer, et qui contribua si fort à démoraliser l'armée.

III

Tous les mobiles présents à Paris, ainsi que les
120 bataillons de la garde nationale, furent passés en
revue le 13 septembre par le général Trochu. Mais quel
triste spectacle! quelle différence avec nos brillantes
revues d'autrefois! L'œil cherchait en vain, comme
dans un cruel cauchemar, à apercevoir dans le lointain notre belle armée de la veille. Sévères régiments

de ligne, chasseurs au pied leste, zouaves à l'allure dégagée, cavaliers aux cuirasses et aux casques étincelants, artilleurs et sapeurs du génie au costume sobre et élégant, hélas! hélas! qu'étaient devenues toutes ces vaillantes troupes, qui faisaient l'honneur de notre pays, et que, trois ans auparavant, nous voyions défiler avec un légitime orgueil sous les yeux émerveillés des étrangers accourus de tous les points du globe à notre grande fête de l'industrie. Pour les apercevoir aujourd'hui, il fallait porter le regard en dedans du cercle de fer qui entourait Metz, et derrière les épaisses murailles des sombres forteresses allemandes. Mais là on ne distinguait plus qu'une masse confuse de soldats débraillés au visage sombre et amaigri.

Oui, cette revue fut une bien triste et presque lugubre cérémonie : des hommes à peine équipés et armés, n'ayant pas la conscience de la triste situation du pays, défilaient au cri de *vive la république !* et au chant de *la Marseillaise*, avec la forfanterie et le laisser-aller qui caractérise le Parisien. Toutefois cette jactance devait faire place plus tard, à mesure que la garde nationale prendrait une part plus sérieuse et plus active à la défense, à une tenue digne et martiale.

En attendant, durant plusieurs semaines, ce ne fut que promenades en armes à la statue de Strasbourg, chasse aux prétendus espions prussiens qu'on voyait partout, ce qui donna parfois prétexte à d'odieuses violations de domicile. — En même temps, les gardes aux remparts étaient exécutées avec un zèle outré et inintelligent, surtout par les bataillons où dominait l'élément ouvrier : les factionnaires s'arrogeaient les droits les plus exorbitants, et ces fameux amis de la liberté ne laissaient pas échapper une occasion de faire de l'autorité à outrance. Ils arrêtaient tout le monde : terrassiers, artilleurs, sapeurs du génie, ingénieurs, officiers de tous grades, y compris les généraux et amiraux commandant les secteurs, et cela à chaque instant pendant près d'un mois, au grand détriment de l'intérêt du service. Ces vexations toutes gratuites contre les officiers en particulier, étaient de la part de beaucoup de gardes nationaux de la classe ouvrière une manière de témoigner leur haine et leur basse envie contre tout ce qui représente l'autorité légalement constituée. Il va de soi d'ailleurs que ces fameux gardiens de la règle, une fois dans les rangs, étaient les gens les plus indisciplinés qu'on puisse voir ; et hors des rangs, leur principale occupation était de jouer au bouchon, et de porter remède à une soif de premier numéro, que les trente sous de la patrie avaient de la peine à assouvir.

De leur côté, les amateurs du clinquant se livraient à une véritable orgie de décorations et de costumes. Les gardes nationaux et autres se chamarraient de tous les insignes imaginables : croix de la Légion d'honneur, médailles militaires et de sauvetage, passe encore ; mais médailles de Crimée, d'Italie, du Mexique de Mentana, de Sainte-Hélène et palmes universitaires, s'étalaient à qui mieux mieux sur les poitrines de ces puérils vaniteux. Bien plus, pour faire brochette, les intrépides s'appliquaient en supplément trois ou quatre petites médailles de la république à un sou pièce. — Les uniformes et les galons n'étaient pas en retard sur les décorations. Outre les corps de francs tireurs, où on voyait briller toutes les fantaisies de la forme et de la couleur, les individus qui n'avaient pas revêtu la modeste tunique du garde national, se créaient un costume de circonstance. Les savants s'ornementaient d'un riche képi. Les ingénieurs civils se coiffaient de magnifiques casquettes à trois galons, avec leur titre inscrit en lettres d'or ; les plus sages d'entre eux se contentaient des modestes insignes d'officier du génie de la garde nationale. Les sauveteurs de la Seine se constituaient en gardes du corps du ministre des travaux publics, et s'adjugeaient sans plus de façon le costume de la marine militaire. Il est bon de dire que parmi tous ces beaux engalonnés, plus d'un trouva ainsi le moyen de se soustraire à des obligations militaires sérieuses.

Cette orgie de costumes et de décorations eut le grave inconvénient de faire disparaître tout respect hiérarchique. Les soldats et les mobiles, qui ne voyaient chez tous ces gens que des galons d'emprunt, ne les saluaient pas, bien entendu. Mais petit à petit, ils finirent par se déshabituer d'avoir de la considération pour l'uniforme des chefs. Et, chose triste à dire, les officiers français ne reçurent presque plus bientôt les honneurs dus à leur grade, que de la part des soldats prussiens, auprès desquels ils passaient quand ils franchissaient les lignes ennemies, soit en parlementaires, soit pendant les suspensions d'armes après les combats.

IV

Bientôt les avant-gardes prussiennes furent signalées à quelques kilomètres de nos forts dans le Sud Est. Le 17 septembre, le général Vinoy se porta en avant jusqu'à Créteil; mais l'affaire se borna à un simple engagement.

Il eût cependant été heureux de débuter par un coup de main hardi. N'y avait-il pas moyen, en massant rapidement les deux corps de Vinoy et de Ducrot, d'écraser les quelques milliers d'hommes qu'on savait positivement se trouver à une certaine distance en avant du gros de l'armée ennemie. C'eût été un succès facile et d'un résultat incalculable comme effet moral sur tous les défenseurs de Paris.

Dans ce premier engagement sous les murs de la ville, fut inauguré le déplorable système invariablement suivi presque à chaque affaire dans tout le cours de la défense, et qui peut se traduire ainsi : *combattre sans objectif déterminé; trop engager les troupes si on se proposait seulement de les aguerrir; et au contraire ne pas assez les engager, et surtout en force restreinte et avec une artillerie insuffisante, si on avait en vue un résultat sérieux et précis.*

Quand le corps d'armée de Vinoy se fut replié, l'investissement commença sur tout le pourtour de la capitale. Les divers chemins de fer étaient coupés par l'ennemi; et le dernier train qui put quitter Paris, partit de la gare Saint-Lazare pour Rouen, le dimanche 18 septembre, vers trois heures de l'après-midi.

Le lendemain, dans le but de flatter les aspirations populaires dans ce qu'elles ont de moins pratique, on avait l'inqualifiable imprudence de désorganiser, pour ainsi dire sous le feu de l'ennemi et au grand préjudice de la discipline, les cadres de la mobile, en faisant réélire les officiers par les soldats, au lieu de se contenter de destituer et de remplacer ceux qui n'étaient pas à la hauteur de leurs fonctions.

V

Cependant les masses allemandes affluaient par toutes les voies militaires qui environnent Paris. Elles avançaient dans le nord, sous le commandement du prince de Saxe, et dans le sud, sous les ordres du prince de Prusse, en formant un immense croissant des-

tiné à se fermer du côté de Versailles et de Saint-Ger
main.

Le général Ducrot fut chargé d'inquiéter l'ennemi
dans le sud et de l'attaquer de flanc avec le 14e corps.
Mais cette attaque se termina par une véritable déroute ; une partie des troupes engagées se débandèrent,
et vinrent semer l'alarme jusque sur les boulevards.
Heureusement, la redoute de Châtillon, quoique in-
achevée, permit, avec l'aide des forts de Montrouge et
de Vanves, de couvrir utilement cette retraite précipitée.

Quelques artilleurs et une poignée d'hommes commandés par un officier supérieur du génie, restèrent à
servir les pièces de la redoute jusqu'à quatre heures du
soir, sans que les Prussiens aient osé un instant en approcher. A cette heure, les munitions étaient épuisées ;
et le commandant du génie ayant fait demander des ordres au gouverneur de Paris, il lui fut enjoint de quitter la place, en enclouant sept pièces, dont les chevaux
avaient été emmenés par les fuyards du matin.

Comme à Créteil, le combat fut encore engagé ici
avec trop peu de monde et avec une artillerie insuffisante, ou sinon trop à fond. Mais ce qui fut bien plus
grave, c'est l'abandon de la redoute. On ne saurait
trop insister sur ce point Avec une intelligente énergie,
en envoyant là des hommes dévoués, une centaine de
nos meilleurs matelots-canonniers et trois à quatre cents
terrassiers et sapeurs du génie, on serait certainement
parvenu à tenir les Prussiens à distance En même
temps, on aurait achevé la redoute, et on l'eût rendue
imprenable, comme cela se fit plus tard pour le Moulin
Saquet et les Hautes-Bruyères.

Ah ! certainement ce fut là une faute capitale, une de
ces fautes irrémissibles ; car avec Châtillon entre nos
mains, l'investissement de Paris n'était pas possible. La

grande route qui va de Versailles à Choisy-le-Roi devenait impraticable pour les Prussiens ; et sans l'usage de cette magnifique voie de communication, ils n'auraient jamais pu faire de Versailles non-seulement leur grand quartier général, mais aussi le centre de leurs approvisionnements et de leurs réserves.

Quoi qu'il en soit, le 19 septembre au soir, les Allemands étaient maîtres de Villejuif, Châtillon, Clamart et Meudon. Mais avec la circonspection dont ils ne se départissent jamais, ils n'entraient dans la redoute que deux jours plus tard, tant ils craignaient un piége, ne pouvant comprendre qu'on leur ait abandonné de propos délibéré cette véritable clef de l'investissement du sud de Paris.

CHAPITRE IV.

Paris après l'investissement jusqu'au combat de Bagneux.

I

L'investissement venait à peine d'être terminé, que l'entrevue de Ferrières et son insuccès étaient connus du public. On apprenait que Jules Favre avait tenté une démarche auprès de Bismarck au quartier général du roi Guillaume, et qu'il avait eu plusieurs entrevues avec le chancelier de la Confédération germanique.

Notre ministre des affaires étrangères avait commencé par protester du désir de la France de mettre un terme à la guerre; il avait ensuite demandé au chancelier de formuler ses conditions de paix. Devant des prétentions exorbitantes de cession de territoire, M. Jules Favre insista pour obtenir un armistice à l'effet de réunir une assemblée nationale. Mais les conditions de l'armistice, qui comprenaient entre autres la reddition de Strasbourg, ne purent être acceptées par notre ministre. Le 20 septembre au soir, il quittait le quartier général prussien pour rejoindre son poste à Paris, et annoncer à ses collègues la nécessité de continuer la lutte tant qu'il resterait un élément de résistance. Il avait voulu ardemment la paix et un armistice, disait-il, et il avait rencontré une volonté inflexible de conquête et de guerre.

Ne peut-on pas se demander si l'entreprise de M. Jules Favre fût tentée avec toute l'habileté désirable. N'eût-il pas dû arriver devant M. de Bismarck avec un projet de traité mûrement arrêté, conçu dans un esprit pratique, et qui eût comporté, par exemple : une forte indemnité pécuniaire ; — le démantèlement d'une ou de deux de nos forteresses de l'est ; — la cession d'un territoire colonial, tel que la Cochinchine, qui a été jusqu'ici pour la France une véritable plaie sous le rapport financier, mais qui entre les mains des Allemands, chez lesquels l'expatriation a pris d'énormes proportions, serait une magnifique mine d'or ; — et, au besoin, l'abandon de quelques bâtiments cuirassées, dont la cession immédiate eût été un avantage considérable pour la Confédération germanique, tandis que pour nous elle eût facilité le moyen de maintenir notre flotte à la hauteur des progrès rapides de l'art naval, en remplaçant petit à petit les navires cédés.

Le gouvernement aurait dû simultanément en appeler à l'Europe, et la mettre en demeure d'intervenir en notre faveur devant des propositions de paix sérieuses et acceptables pour l'Allemagne, et qu'on se serait engagé à soumettre dans le plus bref délai à la ratification d'une assemblée nationale.

Aussi, M. Jules Favre est-il bien sûr, comme il l'a affirmé depuis, d'avoir tout fait pour que la paix fût rendue aux deux nations. Il objectera sans doute qu'avec son caractère essentiellement autocratique, le roi Guillaume aurait repoussé quand même. du moins à cette époque, toutes propositions émanant d'un gouvernement révolutionnaire, sans compter son désir d'écraser la France pour longtemps, afin de laisser à la Prusse le champ libre pour dominer l'Europe. Alors qu'allait faire dans cette galère le pauvre représentant de la République?

Quoi qu'il en soit, la mission de notre ministre des affaires étrangères eut au moins l'avantage de mettre fin à l'équivoque dans laquelle la Prusse s'enfermait. Elle avait déclaré qu'elle attaquait Napoléon III et ses soldats, et qu'elle respectait la nation française; nous sûmes dès ce jour qu'elle voulait notre complet abaissement, et que la force se ruait contre le droit. Cette mission eut encore pour résultat heureux d'amener une conciliation au moins tacite entre les clubistes exaltés qui demandaient la guerre à outrance, et les gens modérés qui souhaitaient ardemment la paix dans des conditions honorables, mais qui furent transportés d'indignation à la lecture du manifeste dans lequel M. Jules Favre faisait, avec une touchante éloquence, le récit de ses entretiens de Ferrières. Dès ce moment, la population tout entière se trouva unie dans la commune résolution de lutter jusqu'à la dernière extrémité.

II

Il ne restait plus alors au gouvernement de la défense qu'à agir militairement. Toutefois, la débandade de Châtillon avait enlevé aux chefs la confiance dans les soldats, à moins qu'une discipline sévère et inflexible ne fût promptement rétablie. On livra bien aux conseils de guerre les fuyards du 19 septembre ; mais il eût fallu une répression presque immédiate. Malheureusement les choses traînèrent en longueur ; l'affaire ne fut jugée qu'au bout de plusieurs semaines. Encore n'y eut il que quelques condamnations de prononcées, et très-peu à la peine capitale, qui fut d'ailleurs commuée.

Mais comme, à tous les points de vue, il était impossible de rester inactif, on convint d'inquiéter l'ennemi dans ses travaux d'investissement. Il fut décidé qu'on commencerait par reprendre petit à petit les positions abandonnées aux Prussiens dans le Sud après le combat de Châtillon.

Le vendredi 23 septembre, une division du 13e corps, soutenue par les forts à portée, reprit, sous les ordres de Vinoy, le village de Villejuif après un engagement heureux. Cet avantage contre-balança un peu l'effet déplorable de la défaite de Châtillon.

Après quelques jours de repos, on tenta le 30 septembre d'élargir dans le Sud le rayon de notre action. L'Hay, Chevilly et Choisy-le-Roi furent attaqués vigoureusement. Notre effort, couronné de succès au début, ne put porter ses fruits, à cause de l'artillerie insuffisante et du peu de monde qu'on avait mis en ligne, suivant le déplorable système que nous avons vivement critiqué plus haut. Après une attaque brillante, nos troupes ne purent, faute de canons, enlever les maisons crénelées et les barricades qui défendaient les abords de Choisy. Elles furent obligées de se replier sans avoir obtenu aucun résultat, et en laissant sur le champ de bataille le général Guilhem frappé à mort.

Cependant ces deux derniers combats prouvèrent qu'en s'y prenant avec une certaine méthode, comme venait de le faire le général Vinoy, on pouvait tirer parti de l'armée de Paris, et obtenir des soldats de l'entrain devant l'ennemi. Aussi la confiance dans une résistance sérieuse de la capitale pénétrait de plus en plus dans les esprits; d'autant que les travaux de défense des forts et des remparts étaient à ce moment suffisamment avancés pour repousser avantageusement toute tentative d'assaut.

La plupart des Parisiens et même le gouvernement, qui n'étaient pas encore édifiés sur l'idiosyncrasie militaire des Allemands, croyaient à ce moment à la possibilité d'une attaque de vive force ; ou tout au moins ils supposaient que le bombardement ne tarderait pas à commencer. On s'imaginait naïvement que le transport des pièces de siége devait s'effectuer avec la même rapidité que celui du premier colis venu, ou que les Prussiens, contrairement à leur habitude de frapper énergiquement de grands coups, auraient commencé un bombardement mesquin avec quelques pièces hâtivement amenées sous les murs de Paris. Cependant tel était bien le sentiment de tous les membres du gouvernement, à en juger du moins par les prescriptions *ad hoc* affichées sur les murs des rues, où on recommandait de garder dans toutes les maisons des tonneaux pleins d'eau et de dépaver les cours. Donnant elle-même l'exemple, l'administration faisait transporter les objets précieux des musées dans les sous-sols, et garantir les fenêtres et les toits avec des sacs à terre. L'institut se mettait de la partie, en lançant par anticipation de théoriques protestations contre un bombardement qui n'était encore qu'à l'état d'enfantement. Cette croyance au bombardement dura tout le mois d'octobre. Puis elle disparut complétement, même si complétement qu'il y eut une véritable stupeur, aussi bien dans le gouvernement que dans le public, le jour où les Prussiens démasquèrent leurs batteries de siége avec une soudaineté et une vigueur sans pareilles.

III

Entre-temps, il y eut quelques alarmes à l'intérieur de Paris. Une fois, un incendie considérable de barriques de pétrole se déclarait à la butte Montmartre. Le public s'empressa de l'attribuer à quelque machination prussienne ; mais après informations prises, ce n'était que le fait d'un ivrogne, qui était aller cuver son vin près de cet inflammable dépôt avec une pipe à la bouche. Quelques jours après, dans le quartier de Vaugirard, une usine de produits chimiques qui fabriquait des ingrédients pour le compte du ministère de la guerre, faisait explosion. Cet accident fut aussi causé par une imprudence. Il y eut de nombreuses victimes ; et dans toutes les rues d'alentour les vitres furent brisées. Mais ces événements, surtout le dernier, qui en tout autre temps aurait eu non moins de retentissement que la terrible explosion de la place de la Sorbonne en mars 1869, ne prirent que la simple proportion d'un *fait divers*.

D'un autre côté, il nous parvenait quelques nouvelles de province par de rares courriers d'ambassade, ou des messagers qui parvenaient encore à franchir les lignes prussiennes.

Ces nouvelles étaient peu encourageantes : l'organisation des armées et la levée des hommes valides se poursuivaient mollement, tandis que l'invasion gagnait le département du Loiret. On savait que les princes d'Orléans étaient venus compliquer la situation par leur présence dans les camps. On disait même les grandes villes en proie aux factions extrêmes, et les provinces affichant des prétentions séparatistes. Pour surcroît, on annonçait, le 2 octobre, à la population parisienne la capitulation de Strasbourg du 28 septembre.

Cependant, les clubs avancés, qui s'étaient organisés en grand nombre dès la proclamation de la république, ne demeuraient pas inactifs. Il en était de même des journaux ultra-démocratiques : la *Patrie en danger*, le *Combat*, le *Réveil*. Les uns et les autres, ne songeant qu'à pêcher en eau trouble, se plaignaient avec virulence autant de la mollesse de la province que de l'incurie du gouvernement de Paris. Ils réclamaient à grands cris la constitution immédiate de la *Commune* comme en 92, et déclaraient hautement que c'était l'unique moyen de sauver la patrie. Avec une mauvaise foi insigne ou sinon avec une ignorance sans égale, ils mettaient sur le compte de la *Commune* une série de mesures heureuses qui avaient été prises en dehors d'elle.

C'est avec ce grand mot de 92 que de vils ou sinon d'ignares intrigants grisaient les malheureux ouvriers. Leur devoir eût été de faire comprendre à leurs bénévoles auditeurs qu'en 92 les engins de guerre étaient très-imparfaits, et que la France avait pu glorieusement repousser alors l'attaque de l'Europe entière, en lançant ses enfants sur les champs de bataille avec les premières armes venues, qui s'étaient transformées entre leurs mains valeureuses en de victorieux instruments de combat. Ils auraient dû ajouter qu'à cette époque les plus grandes armées que les pays mettaient sur pied ne comprenaient qu'un faible noyau de la population ; et, qu'en outre, comme au moment de la Coalition personne n'était prêt, la France avait pu l'être la première ; car c'est dans son génie et dans son instinct de faire les préparatifs de guerre beaucoup plus promptement qu'aucune autre nation.

En un mot, si les orateurs des clubs avaient respecté le bon sens de leur public, au lieu de lui débiter tous les anachronismes les plus ridicules, ils lui eussent expliqué clairement l'état des choses dans la guerre de nos jours ; et, tout en ne lui ménageant pas de patriotiques encouragements, ils auraient pu lui inculquer des idées saines sur la réalité des faits.

Pour calmer l'inquiétude des esprits au moins en ce qui concernait la province, et plus encore afin de donner à l'organisation des armées de secours une énergique impulsion, le départ de Gambetta fut décidé. Il partit le 7 octobre en ballon, emportant une proclamation à la France, signée de tous les membres du gouvernement.

Au début de sa carrière politique, Gambetta s'était créé un nom à Paris en quelques semaines par des procédés analogues à ceux de Rochefort, quoique de meilleur aloi. Sa popularité s'était vite répandue et confirmée dans toute la France. C'était vraiment un avocat de talent. Au Corps législatif, il avait montré en diverses occasions qu'il possédait non-seulement les qualités d'un grand orateur, mais, ce qui vaut mieux, l'étoffe d'un homme d'État. Sa présence dans Paris aux premiers jours de la révolution avait été très-utile, car il avait servi de trait d'union entre le parti avancé et la bourgeoisie. Mais devant l'inertie des membres de la délégation, son envoi en province était devenu indispensable. Du reste, il avait pu déjà reconnaître le caractère indécis, tenace et brouillon du général Trochu, et une lutte ardente n'aurait pas tardé à s'engager entre eux. Ne fut-ce pas là un motif de plus qui détermina la décision du gouvernement ? — Donc, Gambetta prit son essor à travers les airs ; et nous apprîmes bientôt que dès son arrivée à Tours il avait saisi la direction des affaires, que les mains débiles de ses collègues lui abandonnèrent volontiers. Mais ne trouvant en eux ni un appui dans ses actes justement énergiques, ni une digue contre ses mesures inutilement vexatoires, il se lança à corps perdu dans une dictature sans frein, qui finit par stériliser ses meilleures résolutions.

D'ailleurs ce jeune tribun a-t-il songé un instant que la plus belle gloire que Dieu puisse accorder à un homme, c'est la gloire incomparable de sauver son pays. Avait-il l'âme assez grande pour une mission aussi sublime; et la pureté de ses intentions, la simplicité de ses mœurs et l'élévation de ses sentiments, étaient-elles dignes d'un pareil honneur?

Gambetta fut suivi quelques jours après par de Kératry, qui, selon les uns, était chargé de remplir une mission en Espagne, et, selon les autres, était purement éliminé, à cause d'un rapport intempestif qu'il avait publié pour proposer la suppression de la préfecture de police. Cette suppression était loin d'être du goût de nos gouvernants, qui, malgré leur sympathie pour la fameuse théorie de la force morale dont nous aurons occasion de reparler, avaient au moins le bon sens de ne pas se priver de la force matérielle de la police. Aussi avaient-ils conservé son organisation presque intégralement, en se bornant à licencier virtuellement les *sergents de ville* et à les remplacer par les *gardiens de la paix publique*.

M. de Kératry eut pour successeur M. Ed. Adam, avocat de nuance foncée, ancien sécretaire de Marrast en 48. Ce remplaçant ne fit aussi que passer à la préfecture de police; car il fut invité à offrir sa démission après le 31 octobre, à cause de sa connivence plus ou moins avérée avec les promoteurs de cette triste journée.

IV

Le départ de Gambetta ne suffit pas pour satisfaire les communeux. Ils crurent le moment venu de sonder le terrain, et résolurent de tenter une manifestation sur la place de l'Hôtel de Ville. C'était le célèbre major Flourens qui avait pris l'initiative de ce mouvement. Connu par de nombreuses aventures sous l'Empire, et jouissant d'une réputation de bravoure qu'il était allé quérir à la défense des Crétois, mais qu'il ne devait pas tarder à compromettre, Flourens était l'enfant chéri de Belleville. Il avait été nommé chef dans quatre des bataillons de ce quartier lors des élections des officiers de la garde nationale. Au lieu d'opter pour un de ces bataillons, comme la loi l'y obligeait, il trouva plus avantageux de garder le commandement du tout, se créant ainsi, de sa propre autorité, une situation particulière. Il se conféra du même coup un grade qui n'existait pas encore dans la garde nationale : il s'intitula major, et prit cinq galons au lieu de quatre, tout cela au su et connu du général Tamisier et du gouvernement, dont l'inexplicable faiblesse tolérait une usurpation qui portait le préjudice le plus grave à la discipline.

Donc le major Flourens sentit le besoin de paraître en scène. Le samedi 8 octobre, il fit battre la générale dans Belleville, et descendit sur la place de l'Hôtel de Ville à la tête de ses quatre bataillons, auxquels s'adjoignirent plus de deux mille individus désœuvrés.

Mais cette manifestation, faite aux cris de : *Vive la commune !* avorta complétement. On vit affluer de tous les quartiers les bons bataillons de la garde nationale, qui dissipèrent facilement les adhérents de notre major.

Quant à celui-ci, selon l'habitude habile qu'il contracta dès ce jour, il disparut avec prudence au moment où il s'aperçut de l'insuccès de sa tentative, et fit pressentir qu'il n'était en réalité qu'un pâle et timoré émeutier, n'ayant pour lui que l'audace du gamin de Paris. Comme conséquence de la faiblesse dont il avait déjà usé envers Flourens, le gouvernement le laissa tranquillement rentrer dans son quartier général à Belleville, et continuer à y exercer sa dictature au petit pied.

Cependant on sentait le besoin de donner satisfaction à l'opinion publique, qui, somme toute, ne trouvait pas les plaintes des communeux absolument dénuées de fondement. Il fut décidé qu'un coup hardi serait encore tenté du côté du sud, et qu'on essayerait de reprendre la position même de Châtillon, si malheureusement abandonnée dans la journée du 19 septembre. Mais cette sortie, qui eut lieu le 13 octobre, fut encore tentée d'après les errements déplorables que nous n'avons cessé de critiquer, c'est-à-dire qu'on attaqua avec trop peu de monde et une artillerie insuffisante. Les troupes régulières, et surtout les mobiles qu'on y avait adjoints, se battirent avec un grand entrain. Le commandant de Dampierre des mobiles de la Côte-d'Or se fit tuer en enlevant ses hommes avec une folle bravoure. Mais nos soldats purent à peine dépasser le village de Bagneux, par lequel on avait dirigé le mouvement, afin de tourner Châtillon ; et pour la troisième fois depuis l'arrivée de l'ennemi sous les murs de Paris, nous fûmes obligés de rentrer dans nos lignes sans avoir obtenu aucun résultat.

CHAPITRE V.

Mollesse du général Trochu.

I

Malgré tous les ordres du jour élogieux qui furent publiés à propos du combat de Bagneux, la population ne se fit point illusion. Elle sentit bien qu'il venait encore d'être fait une application vicieuse d'un détestable mode d'attaque. Elle reprochait amèrement au général Trochu de ne jamais mettre assez de monde en ligne, et surtout de ne pas pousser avec assez d'activité l'organisation et l'accroissement de l'armée dans Paris. La levée de la classe de 1870 traînait en longueur, et l'appel des hommes de vingt-cinq à trente-cinq ans, ordonné par la loi du 10 août, était laissé de côté. On ne savait trouver de raison plausible pour expliquer toutes ces négligences. D'ailleurs, en ne faisant pas la levée des hommes de 25 à 35 ans, et en la remplaçant plus tard par la mobilisation d'une partie de la garde

nationale, on a commis une grave faute politique. Aucun
de nos gouvernants n'a songé que ce dernier procédé
grouperait les hommes les plus jeunes et les plus énergiques de même rue, qui, au moindre trouble intérieur,
se trouveraient tout embrigadés pour être facilément
conduits par les meneurs. Ces mêmes hommes, incorporés par suite de la levée en question dans l'armée
régulière, auraient été disséminés ; et après la guerre,
à leur retour dans leurs quartiers respectifs, il n'y
aurait eu entre eux aucune cohésion. D'ailleurs, l'incorporation pouvait se faire en conservant aux hommes
leur équipement de garde national, et en formant avec
eux des compagnies particulières qu'on eût adjointes
aux divers bataillons des régiments de ligne. Il n'y
aurait eu que des numéros en drap à mettre sur les
képis pour caractériser la situation de chaque individu.
Mais, me dira-t-on, où auriez-vous trouvé des officiers
pour commander ces hommes? A cet égard, rien n'était
plus facile que de prendre dans l'armée des sous-lieu-
tenants et des sergents qui auraient rempli, à titre
auxiliaire, des emplois supérieurs. D'ailleurs, en fouil-
lant bien dans tous les états-majors et notamment dans
ceux des secteurs et des ministères, on aurait découvert
là un contingent d'officiers, qui ne se cachaient pas, je
le veux bien, mais qui attendaient volontiers qu'on aille
les chercher.

II

D'autre part, la loquacité du gouverneur était devenue proverbiale, et avait pour pendant son exubérante
production de manifestes et de proclamations ; le sur-
nom d'*Ollivier militaire* était dans toutes les bouches.

Quand il recevait les généraux qui venaient s'entretenir avec lui des choses de la guerre, il leur laissait à peine le temps d'exposer l'objet de leur visite, et gardait la parole pendant presque toute la durée de l'entrevue. Il en était de même le soir aux conseils du gouvernement, qui se terminaient d'habitude fort tard, et ne permettaient guère au gouverneur de rentrer dans ses appartements avant deux ou trois heures du matin.

On comprend qu'à un pareil métier, il n'y a pas de tempérament, si robuste qu'il soit, qui puisse résister longtemps. Aussi, dès le milieu d'octobre, le général Trochu ne dormait plus que quelques heures par nuit, et encore était-ce grâce à de fréquents bains de tilleul. L'estomac et ses annexes étaient également fatigués. Il est bien regrettable qu'à ce moment le général lui-même n'ait pas songé ou que ses amis ne l'aient point déterminé à conserver seulement l'une ou l'autre, de ses fonctions de gouverneur et de président du gouvernement.

C'est à cet état d'énervement qui pesait sur toute la personne du général, qu'il faut sans aucun doute attribuer les négligences de toutes sortes qui se remarquaient dans l'organisation des forces vives de la défense et dans beaucoup d'autres détails très-importants.

III

Ainsi les ballons captifs, après avoir été employés au début du siége dans l'intérieur de Paris pour surveiller les mouvements de l'ennemi, auraient dû être transportés dans quelques forts. Il n'en fut rien. Leur usage demeura abrogé sans aucun motif, aussi bien à l'intérieur qu'à l'extérieur de l'enceinte.

De son côté, le service de la télégraphie de campagne reçut-il une assez vigoureuse et intelligente impulsion? Et aussi pourquoi négligea-t-on l'adoption de l'éclairage électrique volant, que la récente découverte qu'on venait de faire d'une pile puissante sous un très-petit volume rendait si praticable.

Quant à l'espionnage, il n'était nullement organisé. L'état-major général semblait n'y attacher aucune importance. Des rémunérations insignifiantes et même ridicules étaient offertes aux sujets qui se présentaient. Il en était de même pour la correspondance avec la délégation en province. A peine put-il y avoir, au début de l'investissement, échange de quelques dépêches, et encore ce fut par des messagers qui avaient été expédiés de Tours.

On n'eut pas davantage l'habileté de se procurer par les avant-postes des journaux étrangers, qui nous eussent au moins tenu un courant des événements de l'extérieur. Ce manque de savoir-faire est d'autant moins excusable que les Prussiens recevaient ponctuellement les journaux de Paris. Dans le courant de décembre seulement, le commandant supérieur de Saint-Denis imagina un moyen de se procurer de temps à autre des feuilles allemandes; et à la fin du siége le général Ducrot avait, de son côté, trouvé un procédé plus avouable, et qui eût dû être appliqué dès le principe. Il faisait tomber des francs tireurs à l'improviste sur des corps de garde prussiens isolés, et presque chaque affaire amenait une razzia de journaux.

Cependant l'industrie privée s'était créé à force d'argent un service presque régulier de messagers, qui traversèrent plusieurs fois les lignes prussiennes jusque dans le courant de décembre. Il est vrai de dire que l'administration des postes avait aussi bien échoué sous ce rapport que l'état-major général. Elle ne put organiser

de service par courrier. Probablement encore qu'elle ne
payait pas assez cher, et qu'elle s'était bornée à s'adresser à ses agents ordinaires, au lieu de rechercher, dans
cette fourmilière d'hommes de toutes natures et de
toutes capacités que renferme Paris, des sujets capables
de remplir une pareille tâche, et que la promesse d'une
rétribution suffisamment élevée aurait sûrement fait
découvrir. Mais au moins la poste eut la bonne idée
d'organiser des départs réguliers de ballons. Les
aérostats emportaient les correspondances du gouvernement et des particuliers, et emmenaient en outre des
pigeons voyageurs destinés à rapporter les dépêches de
province dans un tuyau de plume attaché à la queue.
L'application de cette dernière idée prie tout à coup une
extension inattendue par l'emploi de la photographie
microscopique, qui rendit praticable l'expédition des
télégrammes privés en nombre considérable (1).

IV

Nous ajouterons à tous les reproches qui précèdent,
celui d'un désordre inouï dans les bureaux de l'état-
major général. On ne sentait pas là une direction supérieure et méthodique ; et chaque fois que quelque réclamation arrivait, elle tombait souvent dans l'oubli, faute
probablement d'avoir été lue ou appréciée par l'officier
chargé du service spécial auquel elle avait trait. C'est
ainsi — ce qui dépasse toute croyance — que près des
trois quarts des mobiles de province présents à Paris
ne firent jamais l'exercice à la cible, et que plus tard

(1) Voir pour plus amples renseignements sur ces détails, le chapitre XVII.

ces malheureux furent envoyés devant l'ennemi sans avoir tiré un coup de fusil.

Chose non moins grave, il régnait à cet état-major une indiscrétion qui dépasse toutes les bornes. La veille de la plupart des affaires, les conversations avec le premier venu ne roulaient que sur l'engagement qui aurait lieu le lendemain. Cette indiscrétion a persisté jusqu'à la fin du siége, comme nous aurons la triste occasion de le constater. Il n'est pas douteux qu'elle n'ait joué un rôle funeste dans nos échecs sous les murs de Paris ; car de pareils bruits étaient vite propagés dans la ville, et les espions prussiens devaient en faire leur profit. C'est ainsi que le public avait connu dès la veille les opérations projetées sur Choisy-le-Roi et sur Châtillon, qui donnèrent lieu aux combats que nous avons rapportés au chapitre IV.

Ce n'est pas qu'il n'y eut des hommes d'une certaine valeur parmi les officiers de l'état-major général. Mais la plupart de ces officiers étaient légers et frivoles, et avaient peu les sympathies de l'armée. C'était une faute grave de la part du général Trochu que de ne point avoir fait de meilleurs choix, faute qui indique tout de suite un chef médiocre ; car une des principales qualités d'un homme de premier ordre est de savoir s'entourer d'aides éminents et d'une supériorité reconnue. Maintenant le général était très-bon, trop bon même ; et peut-être craignait-il d'affliger ceux qu'il avait choisis primitivement en les remplaçant par d'autres plus capables. Enfin, car il faut tout dire, il n'était pas insensible à l'encens. Son entourage avait vite deviné ce côté faible, et malheureusement il en abusait. C'est probablement pour cela que que le gouverneur estimait qu'autour de lui tout était pour le mieux dans le meilleur des mondes possible.

V

Pour excuser le général Trochu de toutes les négligences que nous venons de signaler, le gouvernement invoquait les soins que le général avait dû apporter à l'équipement et à l'armement des mobiles à leur arrivée de province. L'équipement était cependant bien maigre. Il n'y avait pas un soldat prussien dont l'habillement complet n'eût pu servir à vêtir deux ou trois de nos pauvres moblots.

On ne songea pas non plus à la possibilité d'un hiver rigoureux. Oubliant qu'on se trouvait au centre d'un des plus vastes entrepôts du monde en effets de toutes natures, on ne pensa pas à prémunir nos soldats contre les froids excessifs, qui devaient faire plus tard tant de victimes. Il ne fut distribué aux troupes ni chemises de laine, ni bas épais, ni caleçons. On se borna à leur donner, mais trop tardivement et en quantité insuffisante, des couvertures et des peaux de mouton.

On disait aussi bien haut que le gouverneur avait été absorbé par la surveillance de tous les travaux exécutés tant sur l'enceinte que dans les forts pour mettre Paris sur un pied formidable de défense. Nous avons déjà fait justice de cette prétention (chap. II), et nous ne saurions trop répéter qu'une fois les forts et les secteurs confiés à des commandants ayant sous leurs ordres des officiers supérieurs du génie et de l'artillerie, ils auraient dû pouvoir traiter directement avec les entrepreneurs. La centralisation du service par les deux généraux en chef du génie et de l'artillerie ne fit qu'entraver les travaux au lieu de les accélérer; et l'immixtion du pouvoir central, qui du reste eut peu ou point lieu, n'aurait pu qu'accroître cet inconvénient.

VI

Cependant le gouverneur ne se sentait probablement pas à l'abri de tout reproche. Il avait formellement promis à Gambetta au moment de son départ en ballon, de s'occuper avec une activité incessante de la création d'une puissante armée à l'intérieur de Paris. Il voulut protester contre toutes les récriminations dont il était l'objet. Succombant à sa malheureuse manie, il lança une proclamation qui fut une de ses plus célèbres et aussi une de ses plus prolixes.

Il y parlait d'un plan mystérieux qu'il ne découvrirait à âme qui vive ; il déclarait qu'il avait des responsabilités infinies, et que ces responsabilités, il les avait assumées en entier sur lui seul et n'entendait les partager avec personne. Il eut même la naïveté d'entretenir le public d'un testament, déposé chez son notaire, et dans lequel il avait, dès le début de la guerre, pronostiqué la suite non interrompue des événements.

Eh bien ! le croirait-on, cette proclamation eut un plein succès auprès de la très-grande majorité de la population. On ne pensa guère à l'exemple de Benedeck dans une circonstance tristement analogue, lorsqu'il déclarait à la veille de Sadowa qu'il avait, lui aussi, son plan et qu'il n'en démordrait pas. Les théâtres de Vienne avaient cependant bien chansonné la malheureuse victime de M. de Moltke. Quelques esprits forts du journalisme en firent autant pour Trochu ; mais la masse, la grande masse du public s'endormit pleine de confiance dans le fameux plan, ce qui prouve trop bien comme les Français aiment à se décharger sur un seul du soin des affaires de tous.

Quant aux responsabilités infinies que le gouverneur assumait sur lui si imprudemment, comment les concilier avec les négligences nombreuses que nous venons de rapporter, et plus encore avec l'organisation lente et vicieuse du personnel de l'artillerie, qui devait jouer un rôle considérable dans l'offensive. On avait bien décrété le dédoublement des batteries montées pour former de nouveaux cadres ; et on avait demandé dans tous les secteurs les états des artilleurs de l'armée détachés aux remparts, qui pouvaient être remplacés par des canonniers auxiliaires pris parmi les gardes nationaux. Mais il n'y avait aucun empressement pour appliquer ce décret, et pour incorporer dans le personnel des nouvelles batteries les hommes signalés sur les états en question. Il eût cependant été indispensable de grouper ce personnel le plus vite possible, et de l'exercer jour et nuit à des mouvements d'ensemble. Malheureusement tout cela traînait ; et c'est seulement à la veille des grandes batailles de Champigny et de Villiers, que les servants des nouvelles pièces furent hâtivement groupés. Sans compter que bien des canonniers des anciennes batteries montées étaient demeurés des semaines entières sans toucher un écouvillon. Ah ! comme nos adversaires, sous ce rapport aussi, nous écrasaient de leur méthodique supériorité. On ne savait donc pas que chez les Prussiens, le soir d'un combat, quand le feu a cessé partout, les artilleurs harassés de fatigue n'ont le droit de se reposer qu'après être venus à leurs pièces faire le simulacre de la charge, afin de s'assurer qu'en cas d'attaque de nuit chaque ustensile se trouve à son poste.

D'un autre côté, les mobiles de province logés chez l'habitant à l'intérieur de Paris, prenaient des habitudes d'oisiveté et de mollesse. Ils n'étaient ainsi aucunement *entraînés* pour la rude vie du soldat dans une campagne d'hiver.

Aux avant-postes, on laissait toujours les mêmes hommes. De plus, ils y étaient en quelque sorte abandonnés à eux-mêmes, sans que des revues fréquentes et des exercices incessants entretinssent chez eux une certaine ardeur et une certaine cohésion. Aussi y avait-il chez les meilleurs lassitude et dégoût profond, tandis que les pires, principalement des mobiles parisiens et des francs tireurs, se livraient, comme nous l'avons déjà dit, à toutes sortes de déprédations dans les villages de la banlieue.

Et à côté de ces désordres, peu ou point de répressions, même simplement disciplinaires. Quant à *fusiller* sommairement quelques hommes, il ne fallait pas y songer. Presque tous les membres du gouvernement étaient des abolitionistes convaincus. Ces naïfs philosophes de l'école de M. Jules Simon vivaient dans les nuages; et ils ne sentaient pas, les malheureux, qu'ils n'auraient point dû alors se mêler de jouer au soldat dans une si terrible lutte. Ils n'ont jamais compris qu'à la guerre, c'est être cruellement humain que d'épargner quelques misérables, qui se débandent ensuite au premier combat, en entraînant les indécis que la crainte des châtiments d'une inflexible discipline ne retient pas, et en faisant massacrer les braves qui tombent accablés par le nombre. Ils n'ont pas prévu non plus que leur fade sentimentalité préparait de longue main les refus d'obéissance, qui devaient entrainer au 18 mars d'indignes défections devant une populace révoltée contre les lois du pays.

VII

Vers le milieu d'octobre, le gouvernement se décida enfin à s'occuper de l'accroissement des forces vives de la défense. Mais il se contenta, nous l'avons déjà dit, de substituer à la levée des hommes de 25 à 35 ans, la mobilisation des gardes nationaux par voie d'inscription volontaire.

Ce procédé ne réussissait guère. Alors, pour enflammer l'enthousiasme des citoyens et plus encore pour flatter le goût des clubs, on eut recours à une réminiscence de 92. Il fut installé à chaque mairie un bureau d'inscription en plein vent. Là, au milieu de tentures écarlates, les volontaires venaient devant les représentants de la municipalité inscrire glorieusement leurs noms sur un magnifique registre. Chaque inscription était saluée par un roulement de tambour ou une sonnerie de clairon. Mais tout cet appareil pompeux ne servait qu'à donner au public un piteux spectacle, à cause des rares volontaires qui se présentaient.

C'était du reste un résultat facile à prévoir. Ceux qui ont lu sérieusement l'histoire savent très-bien que l'affluence si vantée des volontaires de 92 aux bureaux d'enrôlement était loin d'être spontanée. Tous les citoyens valides étaient tenus, bon gré mal gré, de devenir volontaires ; les récalcitrants recevaient d'aimables invitations, dans le style de l'époque, d'aller à bref délai sacrifier sur l'autel de la patrie.

L'homme est homme ; et c'est aux politiques à savoir que quand il s'agit de la vie, il n'y a que la loi, une loi impérieuse, uniforme et inflexible pour tous, qui puisse faire accepter aux masses les sacrifices extrêmes. Mais nos gouvernants n'eurent garde de laisser échapper cette occasion de faire une nouvelle école.

En résumé, il n'y eut que quelques maires qui obtinrent un certain succès, et encore grâce à l'appât de rémunérations et de récompenses plus matérielles qu'honorifiques.

Cependant l'*Officiel* annonça pompeusement 45 mille inscriptions, tandis qu'il n'y avait besoin, disait-il, que de 40 mille mobilisés. Cette assertion, comme tant d'autres, avait été lancée bien à la légère; car le gouvernement fut obligé peu après de prendre des mesures énergique pour activer la mobilisation et surtout pour lui donner une plus grande extension.

Il y a lieu d'ajouter que le nombre des *corps francs* dépassait toute proportion raisonnable. On en comptait jusqu'à cinquante-huit de toutes les couleurs et de tous les noms représentant (chap. II) un effectif de quinze mille hommes. Quelques-uns de ces corps ont rendu d'importants services. Tels sont les *Éclaireurs Franchetti*, qui tiraient leur nom de leur courageux commandant, tué le 30 novembre à la bataille de Villiers; les *Tirailleurs parisiens*, sous les ordres de M. Lavigne; les *Éclaireurs de la Seine*, commandant Poulizac; les *Volontaires de Néverlée*; les *Francs Tireurs de la presse*, capitaine Roland; les *Amis de la France*, composés principalement de Polonais et d'Italiens, qui ont donné à notre pays un éclatant témoignage de dévouement et d'affection scellé par la mort glorieuse de quelques-uns d'entre eux; et enfin le *Corps franc d'artillerie du commandant Pothier*, chargé du service des pièces-culasse fondues à Paris. Nous mentionnerons également ici par antithèse les *Tirailleurs de Belleville*, sous le commandement *ad honores* de Flourens. Ces fanfarons qui avaient la prétention d'être des francs tireurs, n'étaient en réalité que de francs ripailleurs. Ils se sont acquis une incontestable réputation de patriotisme à leur manière, par leurs exploits dans les échauffourées des communeux, et par leurs actes d'indicispline et leurs copieuses libations devant l'ennemi, qui amenèrent vers le mois de décembre leur trop tardif licenciement.

Somme toute, la plupart des corps de francs tireurs ne servaient qu'à soustraire à l'armée régulière une masse de jeunes gens qui préféraient à des obligations militaires sérieuses un service élastique sous une discipline relâchée. Le gouvernement ne sut tirer aucun parti avantageux de ces corps. Plusieurs d'entre eux existaient déjà au moment de la révolution du 4 septembre, et beaucoup d'autres s'étaient formés depuis. On aurait dû empêcher cette exubérante extension. Mais enfin, en prenant les choses au point où elles en étaient dans le courant d'octobre, on ne devait pas hésiter. Il fallait nettement dissoudre la plus grande partie des francs tireurs, verser les hommes dans les régiments de ligne, et ne conserver que ceux de ces corps qui avaient une organisation et une discipline tolérables. On se borna à en incorporer une partie, vers le commencement de novembre, dans l'armée de Ducrot, en leur laissant leurs priviléges et leur réglementation. Bien souvent ils furent, dans ces conditions, plus embarrassants qu'utiles.

Si le gouvernement tenait absolument, afin de ne pas déplaire au public, à conserver les francs tireurs, il devait les faire payer continuellement de leurs personnes, les tenir sans cesse en haleine, et les pousser à ces coups de main aventureux qui demandent avant tout de la promptitude et de l'audace. Il aurait eu ainsi non-seulement l'avantage de se procurer souvent des journaux étrangers, comme nous l'avons dit plus haut, mais encore d'avoir des renseignements certains sur les travaux d'investissement de l'ennemi.

VIII

Le matériel de l'artillerie était aussi l'objet d'attaques très-vives de la part des journaux, particulièrement le *Temps* et l'*Opinion nationale*. Mais nous devons prendre ici le parti de l'état-major du général Guiod, que le public, soit dit en passant, a toujours confondu avec le comité d'artillerie qui siégeait autrefois à l'arsenal de Saint-Thomas-d'Aquin. Ce comité n'existait plus alors, et la confusion provenait de ce que l'état-major en question occupait le même local.

Nous devons dire que l'effectif des pièces fut augmenté dans d'excellentes conditions et assez promptement. Ne se laissant pas émouvoir par les criailleries des ignorants, l'état-major général de l'artillerie a tenu haut et ferme pour l'usage des pièces de 4 et de 12, c'est-à-dire (voir chap. II) du calibre de 8 et de 12 cent. en nombre rond, se chargeant par la bouche. Il y avait en réserve une énorme quantité de ces pièces : quelques-unes seulement n'étaient pas rayées, mais pouvaient l'être rapidement ; et les autres n'avaient besoin que de très-peu de préparation.

Nos pièces de 4 et de 12 étaient d'excellentes pièces de campagne, loin d'être aussi inférieures qu'on l'a dit aux canons prussiens, puisque même, d'après une récente brochure du général Faidherbe (1), elles ont tenu tête avec avantage à l'artillerie ennemie dans les combats soutenus par notre armée du Nord. Grâce à quelques dispositions faciles à appliquer, on pouvait leur

(1) Cette brochure a pour titre : « Bases d'un projet de réorganisation d'une armée nationale, etc. »

donner une portée presque égale à celle des canons
allemands. Il y aurait eu une imprudence extrême, dans
un moment où on était si pressé, à se lancer dans l'inconnu, en entreprenant de confectionner les pièces se
chargeant par la culasse si impérieusement et si inconsidérément réclamées par l'opinion publique. D'ailleurs
il n'existait à Paris aucune maison qui se fût livrée à
la fonte des canons, genre d'industrie qui demande
au début beaucoup de tâtonnements.

Cependant la population parisienne demandait à cor
et à cri quinze cents pièces-culasse, pour anéantir tous
les Allemands sous les murs de Paris. On lui avait
persuadé que la supériorité de l'artillerie ennemie avait
à elle seule déterminé toutes nos défaites. Comme si,
hélas ! le désarroi jeté dans les rangs de l'armée française
dès ses premiers désastres, n'avait pas de suite fait
acquérir à nos adversaires ce grand ascendant moral,
qui est la cause finale de toutes les victoires, surtout
quand il est étayé de la supériorité du nombre et de
l'habileté des chefs. Du reste, combien peu savaient que
l'artillerie, si excellente et si nombreuse qu'elle soit, ne
décidera jamais une affaire, lorsque l'infanterie a été
obligée de plier. En outre, les ouvrages militaires allemands les plus modernes déclarent nettement que dans
une bataille rangée, l'influence décisive des canons ne
peut s'exercer au delà de quatre mille mètres ; et c'était
là justement la bonne portée moyenne de nos pièces.
La foule ignorait aussi que pour armer quinze cents
pièces, il est besoin de plus de quinze mille servants et
conducteurs ; et que pour former de bons artilleurs, il
faut des mois entiers d'un exercice assidu. Aussi les
réclamations les plus irréfléchies ne tarissaient point.

Le ministre des travaux publics se chargea de donner
satisfaction, dans une certaine mesure, aux imagina-
tions vagabondes. M. Dorian, qui a été beaucoup surfait

comme valeur intrinsèque, mais qui au demeurant est un digne et excellent homme, avait au moins le talent de ne pas entraver autour de lui l'essor des ardents. Il institua deux commissions : l'une composée de savants, dite *commission d'études*, était chargée d'examiner les nombreux projets relatifs à la défense, qui surgissaient de toutes parts. La seconde commission, intitulée *commission d'armement*, était formée d'ingénieurs civils. Son rôle principal fut de faire confectionner 215 mitrailleuses et 310 mille cartouches, 300 canons-culasse de 7 cent. et 500 mille obus, enfin 50 mortiers et 5 mille bombes. On ne chercha pas du reste à faire fondre des pièces monstres ; car il fut reconnu à l'unanimité que c'eût été se lancer trop loin sans aucune chance de succès.

L'acier manquait pour la confection des culasses mobiles et il était cependant indispensable. Il n'y avait pas moyen de songer à le fabriquer en quantité suffisante ; car cette fabrication, qui est une des plus délicates de la métallurgie, n'était pas non plus du ressort de Paris. Mais un ingénieur eut l'heureuse idée d'avoir recours aux essieux des nombreuses locomotives réfugiées dans nos gares. L'insurmontable difficulté d'hier était vaincue aujourd'hui, Paris, comme autrefois Carthage, trouvait tout dans son propre sein.

On voulut aussi un instant fabriquer des fusils chassepots ; mais il fallut y renoncer, à cause de la confection des canons de ces fusils qui demande un outillage spécial et très-long à organiser.

Grâce à la combinaison que nous venons d'expliquer, on laissait à l'état-major général de l'artillerie la liberté d'arriver classiquement et sans crainte de déboires, à l'augmentation de l'effectif des pièces de campagne. Puis en cas de réussite dans les essais que l'industrie allait tenter, on se trouvait en mesure d'accroître considérablement cet effectif. Ce ne fut qu'après bien des tâtonnements que l'industrie parisienne parvint à satis-faire aux commandes de la commission des ingénieurs civils. Aussi n'y eut-il que le tiers de ces commandes qui se trouva terminé à la fin de janvier; et cela a été rela-tivement un résultat heureux, puisque plusieurs de ces magnifiques engins devinrent la proie des Prussiens au moment de la capitulation, et que le reste, en trop grand nombre encore, servit aux émeutiers dans les terribles journées d'avril.

La plus grande partie des travaux fut confiée à l'im-portante usine Cail, située près du secteur de Vaugirard. Cette usine s'acquitta à merveille de ses engagements, qu'elle avait pris du reste à un taux plus commercial que patriotique. C'est aussi là que furent construits les moulins à grains, dont le plus grand nombre demeurè-rent installés dans un annexe de l'établissement. Cette double entreprise valut à l'usine Cail l'honneur d'être un des points de mire les plus constants des batteries prussiennes de Châtillon et de Clamart lors du bombar-dement de Paris.

IX

On voit, d'après tous les détails précédents, que c'était plutôt l'organisation du personnel qui était vicieuse que celle du matériel. L'indécision et la ligne de conduite pour les opérations militaires laissaient non moins à désirer.

Aussi le digne général Leflô, ministre de la guerre, qui avait un sens pratique très-développé, mais auquel son grand âge ne permettait plus de rendre des services actifs, ne se lassait-il pas de répéter au général Trochu qu'il ne fallait pas faire la guerre en philosophe, mais en militaire.

Malheureusement, le gouverneur ne tenait guère compte de ces amicales remontrances, et se passait dans la plupart des mesures qu'il prenait de l'intervention du ministre. Il avait même annulé en partie vis-à-vis des bureaux de la guerre l'autorité de ce dernier; et ces bureaux en étaient arrivés à n'exécuter avec diligence que les ordres émanant du quartier général. Aussi le bonhomme, qui voyait juste et qui sentait qu'en définitive on suivait en bien des choses une voie déplorable, se vengeait du général Trochu par une innocente raillerie. Il l'appelait le général *« frère il faut mourir »*, faisant allusion à l'ordre d'idées sombres et mystiques dans lequel le gouverneur se plongeait volontiers au milieu de ses indécisions et des graves préoccupations qui l'écrasaient.

Jules Favre, qui se sentait plus immédiatement responsable que le général Leflô, se préoccupait beaucoup aussi des négligences sans nombre qu'il remarquait dans l'organisation des forces vives de la défense. Il était d'ailleurs prévenu de la situation par des amis sincères et dévoués, qui, allant à l'enquête, lui rapportaient l'impression des chefs de corps, ainsi que des ingénieurs associés aux travaux les plus importants de la défense.

Vivement préoccupé de cet état de choses, il songea un instant, paraît-il, à découvrir parmi les généraux de l'armée de Paris quelque sujet d'élite qu'il aurait pu proposer à un moment donné au gouvernement, pour le charger exclusivement de la direction des choses militaires. Cette opinion paraît assez fondée, si on se reporte à une visite que fit M. Jules Favre au général de Bellemare vers la fin d'octobre.

Ce général s'était sauvé de Sedan dans des circonstances très-difficiles, et était arrivé, au péril de sa vie, à traverser l'armée allemande sous un habile déguisement. C'était le premier général qui, s'échappant des mains de l'ennemi, était rentré à Paris pour se vouer de nouveau à la défense nationale. Il était jeune, actif et plein d'entrain. Le gouverneur lui avait confié le commandement de Saint-Denis et des forts dès son retour; et il avait imprimé de ce côté aux travaux et au personnel de la défense, une impulsion toute particulière. Plusieurs affaires d'avant-postes, combinées d'après ses vues, avaient heureusement réussi. Il avait adopté un des deux seuls systèmes rationnels que nous avons préconisés au commencement de ce livre : il engageait peu de monde, le faisait avec prudence et vivacité, et aguerrissait ainsi les jeunes troupes sous ses ordres, en inquiétant l'ennemi, sans s'exposer à de sérieux insuccès. Aussi l'éloge du général de Bellemare était-il dans toutes les bouches; les rapports les plus favorables sur son compte étaient parvenus à M. Jules Favre par l'intermédiaire dont nous avons parlé plus haut. Il est donc naturel d'admettre que le vice-président du gouvernement ait eu la velléité de lui faire confier le commandement de l'armée de Paris à un moment donné. Malheureusement, la roche Tarpéienne est près du Capitole; et quelques jours après, comme nous allons le voir, de Bellemare montrait qu'il n'était pas à la hauteur de la réputation que ses succès relatifs lui avaient obtenus dans la presse et dans le public, et qu'il avait tout juste l'étoffe d'un divisionnaire.

CHAPITRE VI.

Combat de la Malmaison, et affaire du Bourget.

I

Sur ces entrefaites, le général Trochu qui avait un peu conscience de son inaction, et qui se sentait talonné par l'opinion publique, combinait avec Ducrot une sortie importante.

On essaya sincèrement cette fois d'éviter les fautes commises dans les autres attaques. Il fut convenu qu'on agirait avec une artillerie puissante, et que le secret de l'opération serait mieux gardé que par le passé.

Le vendredi 21 octobre, le corps de Ducrot attaqua vigoureusement les avant-postes prussiens du côté de la Malmaison. Les Allemands furent surpris. On les délogea rapidement de leur première ligne, en même temps que le Mont-Valérien et les bastions du Point-du-Jour les criblaient d'obus. Puis, à l'admiration du général Trochu, qui commandait en chef, et de tout son état-major, ces mêmes soldats qui s'étaient si malheureusement débandés au combat de Châtillon, le 19 septembre (car on se rappelle que ce fut le corps de Ducrot qui prit part à cette affaire), s'avancèrent avec un entrain admirable, en refoulant devant eux tout ce qui leur faisait obstacle.

Malheureusement, le gouverneur n'avait pas songé à avoir sous la main en réserve une grande partie du corps de Vinoy, pour pousser jusqu'à Versailles, dans le cas où la première attaque aurait aussi heureusement réussi. C'est probablement pour cela qu'au moment où les choses allaient si bien, vers les 3 heures et demie du soir, le général Trochu, avec son irrésolution habituelle, fit sonner la retraite, au grand désappointement de tous. Il n'avait même pas fait donner tout le corps de Ducrot, dont une partie était encore là au port d'armes, et qui, engagé en entier, eut probablement suffi pour passer outre.

Dans cette retraite inattendue, nous fûmes obligés d'abandonner à l'ennemi deux canons de 4, portés trop en avant. Il eût été facile de sauver ces pièces si, comme le conseil en avait été maintes fois donné par les journaux sérieux, les chevaux de la cavalerie eussent porté de légères bricoles destinées à cet usage, ainsi que cela s'était pratiqué dans la guerre de sécession en Amérique.

II

Nous jouions vraiment de malheur. Cette attaque, qui avait été bien conçue et bien menée, ne produisit encore que des résultats négatifs.

A cette affaire, plusieurs aumôniers d'ambulance furent faits prisonniers par les Allemands dans un premier mouvement de colère, et conduits à Versailles. Relâchés le lendemain, ils accoururent à Paris, et nous rapportèrent que notre attaque avait été si vigoureuse et avait eu un début si heureux, qu'il s'était déclaré une véritable panique à l'état-major général prussien.

On s'était empressé de demander de tous côtés des renforts; et on craignait tellement que ces renforts ne pussent arriver à temps pour nous empêcher d'aller jusqu'à Versailles, qu'il avait été un instant question d'abandonner cette ville et de se replier sur Saint-Germain.

Ces détails ne furent point connus dès le premier jour de la population de Paris. Elle fut satisfaite de savoir qu'on avait cette fois attaqué avec beaucoup d'artillerie, que l'ennemi n'avait pu pénétrer notre dessein, et surtout que les débandés de Châtillon avaient si glorieusement effacé la honte de leur première défaite.

Le lendemain, du reste, elle apprenait l'héroïque défense de Châteaudun, et l'attaque infructueuse des Prussiens contre Saint-Quentin; ce qui indiquait une détermination bien arrêtée de la province de résister énergiquement à l'effort des envahisseurs.

Il est vrai qu'en même temps, la nouvelle de l'occupation d'Orléans par les Prussiens était avouée par le gouvernement.

Le public ne voyait pas non plus sans un certain serrement de cœur, les étrangers solliciter en foule l'autorisation de sortir de Paris, semblant nous indiquer par leur fuite que l'heure des privations et des souffrances s'avançait inexorablement. Ils marchaient du reste sur les traces de la plupart des chefs de légation. Les ambassadeurs d'Angleterre. de Russie et d'Autriche et le nonce du Pape, s'étaient déjà éloignés de la capitale, principalement pour se soustraire à l'insolente prétention de M. de Bismarck, de ne laisser circuler leurs correspondances que décachetées et estampillées du sceau de la Confédération.

III

Néanmoins le contentement était général. Il fut poussé à l'extrême lorsqu'on apprit que le vendredi 28 octobre, au point du jour, le général de Bellemare avait fait exécuter une surprise sur le Bourget, par les francs tireurs de la presse, sous les ordres du capitaine Roland.

Dans la journée, une artillerie nombreuse et des forces considérables d'infanterie ennemie, descendues de Gonesse et d'Ecouen, avaient tenté en vain de reprendre le village. Nos troupes avaient également occupé Drancy, et se fortifiaient sur ces deux points. Le lendemain 29 octobre, l'ennemi n'avait plus continué à tirer que par intermittences. Nous nous trouvions en très-bonne position, nous tenions et nous restions franchement établis au Bourget.

C'était là un véritable succès ; car enfin, pour la première fois depuis l'investissement, on avait pris une position avancée aux Allemands, et on s'y était maintenu.

Cependant le général de Bellemare sentait bien qu'il y avait urgence à assurer la conservation du Bourget par une artillerie puissante. Dans la journée du samedi, il se rendit de sa personne à Paris pour accélérer l'expédition des pièces de 12, qu'il avait demandées dès la veille à l'état-major général de l'artillerie. Là, il éprouva, paraît-il, des difficultés de toutes sortes. Au lieu d'insister et de faire intervenir au besoin le gouverneur lui-même, il céda et ne put obtenir dès le samedi soir les pièces qu'il demandait.

Il eut même l'imprudence ce même soir de rester à dîner à Paris, chez un de ses amis, rue de Varennes, au lieu, comme c'était son devoir, d'aller se rendre compte par lui-même de l'état des choses, et de pressentir les intentions de l'ennemi. Aussi le dimanche matin, grand fut son étonnement et cruelle sa déception, quand, se rendant sur les lieux au bruit du canon, il apprit que plus de vingt mille ennemis, soutenus par de grosses pièces de campagne, avaient de nouveau attaqué le Bourget avec une extrême impétuosité.

Pour comble de malheur, le colonel chargé d'abord de la garde de cette importante position, avait été changé la veille, et remplacé par un ancien officier supérieur en retraite ayant repris du service à l'occasion de la guerre. Ce dernier, aussi affaissé au physique qu'au moral, n'avait pris aucune des précautions nécessitées par les circonstances. Ses grand'gardes, mal postés, ne prévinrent pas à temps de l'arrivée de l'ennemi en forces considérables; et les soldats, principalement des mobiles parisiens, en partie débandés dans le village, en partie à l'abri dans les caves, où la plupart s'étaient ignominieusement enivrés, furent surpris par la vigoureuse attaque des Prussiens au point du jour. Les obus mitraillèrent nos hommes d'une manière effroyable. L'évacuation devint aussitôt nécessaire, et ne put se faire qu'au prix des plus durs sacrifices. C'est là que, pour racheter la faute d'une aussi coupable imprévoyance, le commandant Baroche, des mobiles de la Seine, se fit tuer bravement à la tête de ses hommes, couvrant de sa mort héroïque toutes les défaillances dont son père avait donné le triste spectacle dans le cours de sa vie politique.

Malgré un pareil échec, le gouvernement, avec une inexplicable imprudence, n'avait pas craint de publier dans une dépêche datée du dimanche 30 octobre, midi, qu'à l'attaque du matin, l'artillerie de nos forts avait refoulé l'ennemi de tous les côtés, qu'il était en retraite, que ses pertes étaient considérables. La dépêche osait même ajouter : *c'est une déroute pour les Prussiens.* Mais vers 5 heures et demie du soir, ce même dimanche, une seconde dépêche annonçait sans aucune transition qu'on avait évacué Drancy et le Bourget, et que ce dernier village ne faisant pas partie de notre système de défense, son occupation était d'une importance secondaire. Pouvait-on avec plus de désinvolture et moins de tact se jouer du bon sens public. Après avoir annoncé pompeusement la prise du Bourget et fait ressortir l'énergie des attaques des Prussiens pour reprendre cette situation, on osait dire que l'occupation du Bourget était d'une importance secondaire. Et cependant les Allemands n'avaient mis un tel acharnement à reconquérir cette position que parce qu'ils sentaient bien, comme ils l'ont avoué depuis, que c'était pour nous la clef des champs. A cette époque, leurs batteries des hauteurs de Dugny et du Blanc Mesnil n'étaient pas encore établies ; et en construisant une redoute au Bourget, on aurait pu empêcher l'organisation de ces batteries. D'ailleurs le Bourget servait de point de jonction à une série de routes en excellent état, et dont la possession était d'une importance capitale pour les Prussiens, afin de conserver à leur ligne de circulation de troupes et de matériel dans le nord de Paris le moindre développement possible.

CHAPITRE VII.

Journée du 31 octobre, et plébiscite du 3 novembre.

I

. La malheureuse affaire du Bourget fut la goutte d'eau qui fit déborder le vase. Car le lundi 31 octobre on apprit du même coup la reddition de Metz, déjà annoncée par le journal *le Combat* quelques jours avant et témérairement démentie par le gouvernement, — l'arrivée à Paris de M. Thiers venant, avec l'appui des grandes puissances, proposer un armistice au roi Guillaume, — et par-dessus le tout, l'incurie qui avait amené la reprise du Bourget par les Allemands.

Au surplus, le 28, les communeux avaient tenu rue Aumaire une grande réunion publique. Ledru-Rollin, qui, depuis le 4 septembre, vivait retiré dans son appartement de la rue Jacob, avait été entraîné presque de vive force à cette réunion par ses amis politiques. Là, bon gré mal gré, il fut tenu de prendre la parole.

Dans un discours où il retrouva les élans de son éloquence d'autrefois, il conclut à l'élection immédiate de la Commune de Paris. D'unanimes acclamations répondirent à la parole ardente de l'ancien tribun. Ledru-Rollin n'avait plus l'étoffe d'un chef de parti; il était vieux, fatigué, et le dégoût chez lui avait depuis longtemps fait place à l'action. Mais les jeunes et les remuants s'en servaient comme d'un drapeau et d'un porte-voix. Ils profitèrent de l'entraînement causé par le discours de Ledru-Rollin pour recruter des adhérents énergiques et décidés, et arrêter un plan qui pût être appliqué avec succès à la première occasion.

Le 31 octobre, les chefs des communeux crurent que le moment était venu de frapper un coup décisif. Il faut l'avouer, ils avaient réellement ce jour-là beau jeu en main. Ils choisirent comme exécuteurs des hautes œuvres Flourens et ses *carabiniers*, qui n'étaient autres que les *tirailleurs de Belleville*, déjà cités à propos des francs tireurs. Les délégués du club *central* formé des représentants de tous les clubs avancés, devaient entamer diplomatiquement la question.

II

Une foule composée de gardes nationaux, armés ou sans armes, et de citoyens sans uniforme, arriva vers midi à l'hôtel de ville. Après quelques pourparlers et grâce à la connivence au moins tacite du maire de Paris et du commandant de l'hôtel de ville, elle envahit la salle dite du Trône. Elle entoura aussitôt le général Trochu, qui fut rejoint quelque temps après par M. Jules Favre, accouru courageusement auprès de son collègue à la nouvelle des événements.

Les délégués du club central interpellaient vivement le gouverneur, les uns sur l'affaire du Bourget et l'armement de Paris, les autres sur la reddition de Metz et la mission de M. Thiers. Mais tous étaient unanimes pour demander au gouvernement de résilier ses pouvoirs. Trochu et Jules Favre, se dégageant péniblement de la foule, gagnèrent le cabinet attenant à la salle du trône à gauche en entrant (le fameux cabinet de l'ex-préfet Haussmann). C'est là que se tenaient d'ordinaire les séances des membres du gouvernement ; à ce moment, plusieurs d'entre eux s'y trouvaient déjà réunis, avec les ministres de la guerre et des travaux publics et le général de la garde nationale. On ferma les portes à clef. Mais quelques instants après, vers 2 heures et demie, elles furent forcées, et la foule se précipita dans le cabinet.

Là quelques-uns des meneurs, entre autres Flourens, se livrèrent aux menaces les plus inconvenantes et les plus odieuses. Ils montèrent sur la table des délibérations, afin de mieux vociférer. Les membres du gouvernement, assis autour de cette table, conservèrent une dignité calme et muette.

Cependant, aussi bien dans le cabinet des délibérations que dans la salle du Trône, les coryphées de la commune se concertaient pour *constituer par acclamation* un gouvernement provisoire, à l'instar de ce qui s'était pratiqué le 4 septembre. Ils dressèrent une liste où, pour allécher les badauds, ils écrivirent en tête les noms de Dorian, Victor Hugo, Louis Blanc, sans, bien entendu, les avoir consultés. Puis, à l'abri de ces noms honorables, s'inscrivirent eux-mêmes, sans plus de vergogne, Flourens, Blanqui, Pyat. Venaient ensuite les noms de Ledru-Rollin, de Delescluze, et de quelque menu fretin à peine connu du public, mais dont il fallait immédiatement récompenser les bons offices. A vrai dire il parut plusieurs listes ; comme en confectionnait qui voulait, il se trouva naturellement des variantes.

Pendant que ces délicats travaux s'élaboraient, les chefs du mouvement faisaient garder à vue, comme otages, les membres du gouvernement, en ordonnant aux carabiniers de Flourens de les maintenir strictement prisonniers. Vers trois heures et demie, la place de l'Hôtel de Ville était inondée de petits billets qu'on jetait des fenêtres du premier étage, et qui contenaient les noms que nous venons de citer. Les frères et amis annonçaient d'ailleurs que le nouveau gouvernement provisoire allait dès le lendemain faire voter pour la *commune*, et qu'avec le plus patriotique désintéressement, il remettrait aussitôt ses pouvoirs entre les mains des nouveaux élus.

III

Cependant à l'intérieur de Paris, presque personne ne se doutait de cette ridicule comédie. On savait bien qu'il y avait quelque mouvement du côté de l'hôtel de ville. Mais on était loin de penser que le gouvernement de la défense nationale était au pouvoir d'une poignée d'émeutiers. Surtout nul ne se doutait que le général Trochu fût ainsi à la merci de quelques gardes nationaux avinés. On le disait retourné au Bourget pour le reprendre, tant cette pauvre population de Paris ressentait le besoin d'être consolée de la continuité de nos désastres par quelque succès militaire, si mince qu'il fût.

Les commandants des secteurs, qui, comme nous l'avons dit au chap. II, étaient non-seulement chargés de la garde des remparts, mais aussi du soin de maintenir l'ordre à l'intérieur, n'en savaient pas plus long que le public. Ils ne connaissaient que ce qui leur parvenait par quelques bruits contradictoires.

Sur ces entrefaites, ils reçurent, vers quatre heures, un télégramme émanant de la mairie centrale, qui leur enjoignait de fermer toutes les portes de l'enceinte et d'empêcher qui que ce fût de sortir. C'était la première fois que le maire de Paris se permettait de donner un ordre ayant un caractère militaire. Il était évident que cet ordre concernait particulièrement M. Thiers, qu'on voulait empêcher de se rendre à Versailles pour traiter de l'armistice. Les commandants de secteur, qui avaient déjà vent de quelque manifestation à l'hôtel de ville, commencèrent à comprendre qu'il se passait de ce côté quelque chose d'anormal et de grave. Ils étaient singulièrement surpris de n'avoir encore reçu aucun avis du chef d'état-major général. Ils télégraphièrent à ce dernier pour lui demander ce que signifiait l'ordre de fermeture des portes, émané si irrégulièrement de l'autorité civile. Ils le priaient d'ailleurs de les fixer sur ce qu'était devenu le gouverneur. Le général Schmitz leur répondit par une dépêche qu'en ce qui concernait la fermeture des portes, ils étaient libres d'agir comme ils l'entendraient ; quant au gouverneur, le télégramme se bornait à dire laconiquement qu'il était à l'hôtel de ville. Une réponse aussi amphigourique est demeurée inexcusable aux yeux de tous les hommes de cœur, malgré toute l'énergie que le général Trochu, avec la générosité habituelle de ses sentiments, mit à approuver quelques jours plus tard la conduite de son chef d'état-major pendant le cours de l'émeute.

IV

Cette réponse fut loin de mettre un terme aux appréhensions des chefs de secteur. L'un d'eux donna immédiatement l'ordre à un de ses meilleurs bataillons de la garde nationale d'aller à l'hôtel de ville, et d'agir pour le mieux dans l'intérêt de l'ordre. Ce fut le 106° bataillon, commandant Ibos, et appartenant au faubourg Saint-Germain. Ce bataillon était composé de gens résolus et dévoués; et les communeux, en haine du service qu'il rendit ce jour-là à l'ordre, le surnommèrent depuis, par une mesquine vengeance, le bataillon des sacristains.

Le 106° donc se rendit sur la place de l'Hôtel de Ville; et là au milieu d'un tohu-bohu de toutes sortes de gardes nationaux, les uns pour la commune, les autres contre, laissant ignorer s'il était ami ou ennemi, il finit par gagner la salle du Trône. Refoulant aussitôt les carabiniers de Flourens, il parvint à pénétrer dans le cabinet qui renfermait prisonniers les membres du gouvernement.

Tout cela avait demandé beaucoup de temps, et il était déjà sept heures et demie au moment de cette irruption. Depuis plus de cinq heures, les membres du gouvernement étaient demeurés rivés sur leurs siéges, au milieu d'une atmosphère suffocante et soumis aux objurgations les plus grossières de la part de leurs gardiens. Jules Favre était très-pâle; la sueur ruisselait de son front. Trochu, moins éprouvé, attendait patiemment la fin de l'orage, accoudé sur la table.

Au moment de l'arrivée des gardes nationaux du 106°, les carabiniers de Flourens eurent un instant d'hésitation. C'est à cet instant que le tambour-major du courageux bataillon, homme d'une vigueur herculéenne, comprenant que le point capital était de délivrer le gouverneur, se précipita vers le général Trochu, et l'enleva littéralement dans ses bras. Entouré aussitôt de quelques gardes de son bataillon, il dissimulait le général aux yeux de ses gardiens, avant que ceux-ci aient eu le temps de se reconnaître, et parvenait à s'échapper de l'hôtel de ville avec les hommes du 106ᵉ qu'il put rallier dans la trouée. Au milieu de tout ce mouvement, Jules Ferry eut l'habileté de s'accrocher aux basques du gouverneur, et se trouva incidemment délivré avec lui, grâce du reste à un képi de garde national dont on l'affubla pour faciliter son évasion. De son côté, Emmanuel Arago (ne pas confondre avec Étienne), qui s'était créé pendant le siége la spécialité des discours et des accolades patriotiques aux remparts, profita aussi du tumulte pour s'échapper des griffes de la commune. Mais les autres membres du gouvernement restèrent prisonniers avec les généraux Tamisier et le Flô et une partie du courageux 106ᵉ. Ils ne furent délivrés qu'à quatre heures du matin, ainsi que nous allons le voir dans un instant.

Une fois la place de l'Hôtel de Ville franchie, la délivrance du gouverneur était assurée, et il fut ramené triomphalement au Louvre. Après quelques minutes de repos dans ses appartements, il reparaissait plein de calme et avec ce sourire loyal et honnête qui rend son abord si sympathique. Il s'avança sur le perron qui donne dans la cour de son hôtel, afin de remercier affectueusement les gardes nationaux qui venaient de le délivrer avec tant de hardiesse.

Entre-temps, l'amiral d'Hornoy, ministre intérimaire de la marine, restait dans une inaction aussi inexplicable que celle de Schmitz. Il demeurait philosophiquement au coin de son feu, soupirant probablement, à cette époque anniversaire des joyeuses veillées de Compiègne, après la fin de nos maux, qu'aurait sans aucun doute accélérée le triomphe de la commune.

Heureusement Ernest Picard, seul membre du gouvernement qui s'était arrangé de manière à ne pas être pris dans la bagarre, comprit de suite la gravité des circonstances. S'instituant gouverneur *ad interim*, il s'empressa de mander auprès de lui le chef d'état-major de la garde nationale et les généraux et amiraux commandant les troupes, afin de prendre d'urgence, de concert avec eux, les mesures les plus nécessaires pour le rétablissement de l'ordre.

Mais tout cela prit du temps ; et la première mesure qui avait été arrêtée, c'est-à-dire le rassemblement autour de l'hôtel de ville de tous les gardes nationaux libres du service aux remparts, ne put être effectuée qu'assez tard dans la nuit.

V

Après le départ du général Trochu, les communeux, furieux d'avoir été joués, voulurent exercer une pression définitive sur les membres du gouvernement restés entre leurs mains. Ils commencèrent par faire sortir de la salle des délibérations les citoyens non armés, et n'y conservèrent que les tirailleurs de Belleville l'arme au pied. Ils cherchèrent ensuite à obtenir un compromis, qui pût assurer l'impunité des promoteurs du mouvement, et donner même en partie satisfaction à leurs projets.

On prétend qu'il y eut là, de la part de plusieurs membres du gouvernement, quelques actes de faiblesse commis dans un esprit malentendu de conciliation. Suivant l'assertion de divers journaux, ces membres auraient donné leur parole de prêter les mains à l'élection d'une commune.

Cependant Flourens sentait bien que la partie était perdue. Il songea, avec l'habileté que nous lui avons déjà vu déployer à l'échauffourée du 8 octobre, à s'échapper sans tambour ni trompette. Mais il était surveillé de près par ses chers carabiniers, qui ne voulaient pas se séparer de leur bien-aimé commandant, et lui donnaient des marques ridicules d'affection. Ils le prenaient par le bras, presque par la taille, pour le retenir amicalement, et l'engager à ne pas abandonner le champ de ses exploits.

La nuit avançait. La place de l'Hôtel de Ville, les quais, la rue de Rivoli, étaient couverts de gardes nationaux accourus en foule pour soutenir le gouvernement contre la commune. Vers trois heures du matin, quelques détachements de gardes mobiles de province pénétrèrent hardiment dans la cour de l'hôtel de ville, par les souterrains qui établissent une communication entre cette cour et la caserne Napoléon. Au même moment, de nombreux gardes nationaux s'introduisirent par les portes ordinaires, que les émeutiers ne défendaient plus que mollement.

On n'eut pas de peine à chasser de la salle du Trône les carabiniers de Belleville. Tout au plus, quelques-uns firent-ils mine d'apprêter leurs armes. Le plus grand nombre d'entre eux était étendus par terre, en train de cuver leurs libations. Ils furent expulsés ignominieusement, sans qu'on prit même souci de les arrêter.

Les membres du gouvernement, restés jusqu'ici entre les mains des émeutiers, recouvrèrent la liberté. M. Jules Favre sortit de là épuisé de fatigue, mais singulièrement rehaussé par la dignité et la fermeté indomptable dont il ne se départit pas une minute dans cette douloureuse épreuve, où il donna l'admirable exemple d'un courage civique au-dessus de tout éloge.

Au même moment, les gardes nationaux, massés comme nous l'avons dit il y a un instant, accueillaient par d'enthousiastes acclamations le général Trochu, qui venait s'assurer par lui-même du sort de ses collègues.

Nous mentionnerons ici pour mémoire et comme un incident secondaire de cette malheureuse journée, l'occupation de vive force de la mairie de la Villette par le sieur Vallès, un de ces nombreux intrigants de bas étage à qui tous les moyens sont bons pour arriver, et dont nous aurons l'occasion de reparler. Le lendemain, il fut honteusement délogé d'un poste qu'il était aussi indigne qu'incapable d'occuper.

VI

Le gouvernement aurait pu sans doute en finir beaucoup plus tôt avec cette triste insurrection ; mais il s'était fait un devoir d'éviter par-dessus tout une collision en face de l'ennemi. A force de patience et de mansuétude, il avait pu empêcher un conflit sanglant. C'était là un grand triomphe pour cette théorie de la force morale, que le général Trochu avait si complaisamment développée dans une lettre demeurée fameuse qu'il adressa au journal *le Temps*, à l'époque de sa nomination de gouverneur de Paris par l'Empire.

L'application de cette belle théorie aurait en pleine paix des avantages incontestables, et ferait sans conteste du général Trochu un excellent président de république ; mais il reste à savoir si cette application ne porta pas ici des fruits malheureux. Cela ne semble pas douteux, à en juger par l'influence que l'émeute du 31 octobre, qui n'eut d'importance que par le temps qu'elle dura, exerça, de l'aveu même du général Trochu, sur le refus des Prussiens d'accorder un armistice avec ravitaillement.

Le lendemain, 1er novembre, dès 8 heures du matin, tous les membres du gouvernement, après avoir pris à peine quelques heures de repos à la suite d'une journée aussi émouvante, se réunissaient au ministère des affaires étrangères. Ils décidèrent que la population de Paris serait consultée sur la question de savoir si elle maintiendrait le gouvernement de la défense nationale.

Le décret promulgué à cette occasion fut, comme tant d'autres actes, si inhabilement libellé, qu'il fallut le lendemain une note explicative pour en faire comprendre le sens. D'après cette note, il demeura entendu que ceux qui voulaient maintenir le gouvernement voteraient *oui*, ce qui, en prenant ledit décret à la lettre, eût eu une signification contraire.

On fixa le jour du plébiscite au jeudi 3 novembre. Il fut en même temps arrêté que le samedi suivant, la population voterait pour l'élection des maires et adjoints des vingt arrondissements. Mais il resta convenu que cette élection ne ressemblerait en rien à celle de la commune, et qu'elle en serait même la négation. En un mot, les attributions des maires et des adjoints demeureraient, comme par le passé, purement administratives.

On songea aussi le 1er novembre à doubler les postes des gardes nationaux dans les mairies, afin de prévenir toute tentative d'usurpation de la part des communeux, et notamment de s'opposer aux élections qu'ils voulaient subrepticement arracher des citoyens pour faire triompher leurs idées. On décida en même temps l'arrestation de Félix Pyat, Blanqui et consorts, qui avaient été les promoteurs de la journée du 31 octobre ; et sans préjudice des poursuites à exercer contre eux, on révoqua le major Flourens, ainsi que quelques chefs de bataillon de la garde nationale qui avaient entraîné leurs hommes dans l'émeute.

Mais là, comme dans tant d'autres tristes circonstances, on faisait la grosse voix pour donner satisfaction à l'indignation publique. Quelques membres du gouvernement avaient en fait pactisé avec les prévenus ; et les autres ne voulaient pas se départir de leur chimérique théorie de la force morale. Enfin tous ensemble, bien qu'entourés d'une considération qui manquait à leurs adversaires, n'étaient pas plus qu'eux, au jour de l'émeute, revêtus d'un mandat régulier. On joua alors au baiser Lamourette : les aboyeurs du parti de la commune furent mis en liberté provisoire ; et les inculpés qui s'étaient cachés, Flourens en tête bien entendu, ne furent pas recherchés activement. De plus, on fit traîner en longueur l'instruction de l'affaire, de manière à rejeter le jugement à une époque lointaine, où l'irritation du moment ayant fait place à l'indifférence et à l'oubli publics, un acquittement plus ou moins général se trouverait naturellement ménagé, ainsi du reste que cela eut lieu trois mois après.

VII

La journée du 31 octobre avait jeté un véritable effroi dans les esprits. Le sentiment patriotique était si puissant qu'on sentait qu'en face de l'ennemi il fallait avant tout confier les destinées de Paris à des hommes sérieux.

Les fautes sans nombre du gouvernement de la défense nationale, le manque d'action et de décision qu'on reprochait au général Trochu, tout cela disparut en regard du péril de la patrie, et devant l'impérieuse nécessité de réduire à néant les prétentions des communeux. La question, comme elle était posée par le gouvernement, ne pouvait manquer de lui donner une énorme majorité. Tous les journaux, sauf les implacables, le *Combat*, la *Patrie en danger* et le *Réveil*, conseillaient à l'unanimité de voter *oui*. Aussi le résultat du vote fut-il vraiment imposant, 558 mille *oui*, contre 62 mille *non*, ainsi répartis :

	OUI.	NON.
Population et garde nationale	340 mille.	54 mille.
Troupes régulières, mobiles et marins .	218 »	8 »
Total . .	558 mille.	62 mille.

Les élections des maires et des adjoints qui eurent lieu quelques jours après, furent en général satisfaisantes, quoique dans un sens moins conservateur que le plébiscite. Et encore ce résultat provenait-il principalement de l'abstention d'un certain nombre d'électeurs du parti de l'ordre, qui ne se décide jamais à sortir de son inertie que dans les circonstances extrêmes. La plupart du temps, il abandonne avec une inexplicable insouciance le terrain électoral au parti avancé, qui lui marche et obéit comme un seul homme dans toutes les élections, et met une ardeur extrême pour s'assurer le succès.

Il était bien clair que dans le vote plébiscitaire, il ne s'agissait au fond que de laisser le pouvoir entre les mains de Trochu et de Jules Favre. Les autres membres du gouvernement comptaient peu ou point dans l'opinion publique. On savait du reste que le gouverneur dominait la plupart d'entre eux, autant par l'ascendant d'un caractère élevé que par une véritable habileté de parole au sein du conseil.

Quelques membres, particulièrement Ernest Picard, n'étaient pas, il est vrai, des adhérents quand même du général Trochu; mais dans le public ces détails étaient ignorés. Le ministre des finances, plus ou moins compromis par le journal l'*Électeur libre*, avait perdu les sympathies de beaucoup de ses amis politiques. Cependant il avait déjà montré à cette époque, et notamment au 30 octobre, qu'il possédait beaucoup des qualités pratiques d'un homme d'État.

De son côté, Rochefort était las de partager la responsabilité d'actes qu'il n'approuvait point. Il s'était, il est vrai, après l'échauffourée du 8 octobre, posé en homme indépendant vis-à-vis des communeux, qui l'avaient sommé de donner sa démission. Mais il ne voulait pas non plus rompre définitivement avec eux, d'autant qu'il avait pris, dans la journée du 31 octobre, avec un ou deux de ses collègues du reste, les engagements imprudents dont nous avons parlé. Pour ces divers motifs, il donna sa démission de membre du gouvernement. Comme en fait il ne remplissait aucune fonction, le public ne s'aperçut de sa sortie des affaires qu'en remarquant que sa signature n'était plus apposée au bas des décrets promulgués dans l'*Officiel*. En rentrant dans la vie privée, Rochefort donna une nouvelle preuve de tact et de patriotisme; car il se retira sans éclat, et même avec une simplicité pleine de réserve. Mais son naturel revint vite au galop; et nous le verrons, après la guerre, se lancer de nouveau dans la bohême du journalisme.

VIII

La solution résultant du plébiscite était-elle la plus heureuse à la fois pour l'ordre et pour la direction des opérations militaires? Le général Trochu allait de nouveau se trouver maitre absolu de la situation, sans aucun contrôle pour secouer sa mollesse et surveiller de près l'organisation des armées de Paris, surtout au point de vue de l'équipement et du service des vivres. Rien non plus ne promettait qu'on allait donner une vigoureuse impulsion aux revues et aux exercices, qui auraient dû depuis longtemps déjà être incessants, afin d'assurer la cohésion, l'homogénéité et la discipline de notre jeune armée.

Pour ma part, je le déclare sans détour, le plébiscite du 3 novembre fut déplorable, comme l'a été et le sera toujours ce détestable mode de votation, où on ne laisse à la population que deux alternatives, dont la meilleure en apparence est souvent la pire.

Je n'hésite pas à dire que le salut de Paris et par conséquent celui de la France, eussent été probablement assurés, si, se plaçant à un point de vue vraiment élevé et patriotique, le gouvernement eût adopté une combinaison intermédiaire entre les deux extrêmes. En un mot, pour me servir de l'expression originale d'un homme de cœur, qui fut tué plus tard à Montretout, n'y avait-il donc pas de milieu entre l'orgeat de M. Trochu et le vitriol du sieur Flourens? N'aurait-on pas pu nommer une commune sans les communeux; ou plutôt, comme il importait de bien faire comprendre aux masses que l'idée de la commune n'implique pour ses membres que le droit de s'occuper d'administration municipale, ne pouvait-on faire procéder à l'élection des députés de la Seine, qui eussent été plus tard se fondre dans l'Assemblée nationale, et en former dès à présent un petit parlement? Ce conseil eût nommé un pouvoir exécutif et un général en chef relevant immédiatement de lui, et soumis l'un et l'autre à une surveillance de tous les instants.

Oui, il importait que l'élément civil jouât un rôle capital dans la défense. Il fallait se servir de ses lumières et de ses talents administratifs pour l'organisation d'une armée qui pouvait être facilement portée, comme nous le verrons dans la suite, à près de trois cent mille combattants sérieux et munis d'armes à tir rapide.

Malheureusement il n'en fut pas ainsi. Paris, pour ainsi dire affolé, n'eut pas le temps de la réflexion. L'instinct du salut immédiat et à tout prix se manifesta avec une énergie tellement intense, que la grande cité d'ordinaire si capricieuse, si multiple, si complexe dans ses votes, accorda le 3 novembre au général Trochu un suffrage dont il n'y a guère d'exemple dans l'histoire de Paris.

Dès ce jour, Paris appartenait corps et âme au gouverneur. Il s'était livré à lui avec le plus entier abandon, soit pour négocier l'armistice, soit pour continuer la guerre à outrance. Dans cette dernière conjecture, on espérait que le général Trochu mettrait enfin à exécution son fameux plan. On croyait aussi que, secouant sa torpeur des derniers temps, il allait dorénavant déployer une activité dévorante, et que rien ne serait désormais négligé pour organiser une armée formidable et donner à l'offensive une efficacité de tous les instants.

Malheureusement, le général écrasé, tant au physique qu'au moral, par la trop lourde charge d'un double pouvoir, n'avait plus conservé au même degré les précieuses qualités qui lui avaient acquis jadis une réputation méritée, Oh non ! ce n'était plus là le brillant chef d'état-major de l'armée d'Afrique, sous le général Bugeaud. L'élève avait oublié les leçons de l'illustre maitre. Il les avait cependant transcrites en un style remarquable dans un livre où il signalait, dès 1867, les défauts de notre organisation militaire, et où il indiquait d'avance, pour ainsi parler, les causes de nos futurs revers. C'était ce livre, en somme, qui avait fait dans le public toute la renommée du général Trochu, puisqu'il n'avait pas encore été à même de donner la mesure de ses talents militaires comme commandant en chef. Que la pratique est loin de la théorie, et que les justes critiques de la célèbre brochure allaient se retourner cruellement contre leur auteur !

Mais la population ne songeait qu'à se jeter dans les bras d'un sauveur. Elle s'endormit ainsi dans une aveugle confiance, et n'eut garde de se souvenir des avertissements du passé. Elle oublia davantage encore que le gouverneur, avec l'entêtement caractéristique du Breton, qui par ailleurs a de si nobles qualités, devait fatalement se traîner dans les errements des derniers mois, et se bercer de la chimère que la province devait délivrer Paris, quand c'était au contraire Paris qui devait délivrer la province.

C'est ainsi qu'après une lente et stérile agonie et par une mystérieuse destinée, la capitale de la France fut conduite à une chute déplorable, bientôt suivie de la plus redoutable insurrection qui se soit encore vue dans l'histoire du monde.

FIN DE LA PREMIÈRE PARTIE.

DEUXIEME PARTIE

(Du 4 novembre à la bataille du 19 janvier.)

CHAPITRE VIII.

Formation des armées d'attaque.

I

Les émotions du 31 octobre et de la fièvre électorale qui en fut la suite, avaient fait rejeter au second plan l'intérêt qui devait s'attacher à la démarche de M. Thiers. Mais dès que l'ordre eut repris à peu près son assiette par la consécration du gouvernement de la défense nationale, les regards se tournèrent avec une certaine impatience du côté de Versailles.

De ce côté, les négociations bien qu'entamées sous les auspices des puissances neutres, étaient en mauvaise voie. La reddition de Metz et la fatale journée du 31 octobre avaient compromis une situation honorable et digne, en rendant à la politique prussienne ses espérances et ses exigences. En un mot, un armistice avec ravitaillement de Paris, pendant lequel auraient eu lieu les élections d'une assemblée nationale, était expressément repoussé par la Prusse.

Le dimanche 6 novembre, le *Journal officiel* portait à la connaissance de Paris le résultat des démarches de M. Thiers ; et le gouvernement déclarait qu'il avait décidé à l'unanimité que l'armistice sans ravitaillement ne pouvait être accepté.

Après une semblable décision, il ne restait plus qu'à se préparer à une lutte acharnée. Aussi le même numéro de l'*Officiel* contenait-il une note détaillée sur la composition de trois armées qu'on allait constituer définitivement pour prendre une vigoureuse offensive.

La 1re armée, comprenant exclusivement la garde nationale, était formée de 278 bataillons de fantassins, y compris 12 bataillons de banlieue ; de trois légions de cavalerie, une légion d'artillerie et une de génie. Cette armée fut placée sous les ordres de Clément Thomas. Il avait déjà occupé cette position en 1848, et depuis le 2 décembre il avait souffert pour la République un long exil. C'était donc au point de vue politique un excellent choix. Il remplaçait l'honorable, mais trop excellent général Tamisier, dont la mollesse fut certainement une des causes premières de tous les agissements des communeux. Clément Thomas avait, au physique et au moral, plus de vigueur que Tamisier. Mais sous le rapport militaire, il ne le valait certainement pas ; car il n'avait jamais été que sous-officier dans l'armée. Dans tous les cas, c'était un homme de courage et un républicain sincère à l'âme haute et fière, que les émeutiers du 18 mars ont assassiné lâchement, en portant à la République un coup douloureux dans la personne d'un de ses plus dignes adhérents.

Chaque bataillon de la garde nationale avait à fournir quatre compagnies dites de guerre. Ces compagnies étaient recrutées, jusqu'à concurrence d'un effectif moyen de 110 hommes, parmi les volontaires de tout âge, les célibataires et veufs sans enfants de 20 à 35 ans, puis de 25 à 45 ans, et enfin parmi les hommes mariés et les pères de famille. Il va de soi qu'on devait suivre l'ordre des catégories, et ne prendre dans l'une d'elles que lorsque la catégorie précédente aurait été épuisée. Ce système présenta à l'usage des difficultés de toutes sortes. C'était encore le fruit d'une rédaction hâtive et irréfléchie. Il s'ensuivait, en effet, que dans de certains bataillons, il y avait des hommes mariés pris pour les compagnies de guerre, tandis que dans d'autres bataillons, surtout ceux de dernière formation, composés presque exclusivement de célibataires, la constitution desdites compagnies n'épuisait pas la catégorie des jeunes hommes sans charge de famille. Afin d'éviter l'injustice flagrante qui résultait de ces malheureuses combinaisons, et en même temps pour ne pas se déjuger comme elle l'avait déjà fait tant de fois, l'autorité fut obligée de prendre des biais de toutes sortes, qui compliquèrent singulièrement la mise à exécution de la loi.

Quoi qu'il en soit, la première armée avait un effectif de 277 mille gardes nationaux sédentaires, et de 104 mille mobilisés, ou plutôt *mobilisables*, car l'équipement et l'organisation de tous ces derniers n'était pas même terminé à la fin du siége. — Quant à son artillerie, elle était très-modeste au début; mais au commencement de janvier, elle comprenait plus de cent pièces-culasse de 7 cent. et quelques mitrailleuses. C'est cette malheureuse artillerie qui a été la cause, au moins apparente, de la funeste émeute du 18 mars. Après avoir été inoffensive pour les Prussiens, elle n'a servi qu'à tirer sur des soldats français dans la terrible guerre civile qui a suivi cette émeute.

La seconde armée, commandée en chef par Ducrot, comprenait trois corps, sous les ordres des généraux Vinoy, Renaud et d'Exéa. Elle présentait un total de 140 et quelques mille hommes, à savoir : 90 mille hommes de troupes régulières, provenant des anciens 13e et 14e corps dont nous avons parlé au chapitre II, des recrues de la levée de 1870 et de divers contingents trouvés dans les dépôts de l'ex-garde impériale et autres de Paris et des environs ; puis 40 mille mobiles et enfin quelques milliers de francs tireurs. — L'artillerie de la 2e armée put être portée vers la fin de novembre à quatre cents pièces, y compris quelques batteries de mitrailleuses.

L'armée de Ducrot était en réalité l'armée principale et sérieuse. On la destinait aux grandes sorties et au besoin à une trouée définitive. Pour compléter les cadres d'officiers généraux de cette armée, le gouverneur, qui poussait le respect du classique jusque dans ses plus funestes limites, eut la malencontreuse idée de nommer au grade de divisionnaire des officiers n'ayant pas vu le feu, au moins depuis longúes années, et dont un en particulier, très-digne homme par ailleurs, avait passé sa vie dans les bureaux. N'eût-il pas été préférable de délivrer, ainsi que cela s'est pratiqué en province, des commissions temporaires de généraux de division à de vaillants colonels, tels que Valentin et Fournès ; sans compter qu'en agissant ainsi, on eût fait acte de prévoyance, en n'encombrant pas inutilement les cadres pour l'avenir.

Enfin, la troisième armée, *dite de Paris*, se composait de quelques régiments de ligne, mais principalement de tous les mobiles non incorporés dans l'armée de Ducrot ni casernés dans les forts, et de nombreuses compagnies de marins-fusiliers. Il n'est guère possible de fixer l'effectif de cette armée, parce que, à vrai dire, elle n'a jamais été constituée définitivement, et que plusieurs détachements appelés à en faire partie, furent ultérieurement mis à la disposition du commandant en chef de Saint-Denis. Toutefois cet effectif ne dépassait pas à la fin de novembre une cinquantaine de mille hommes. Quant à l'artillerie, elle devait se composer de 200 pièces, pour la plupart canons-culasse confectionnés à Paris. Mais la plus grande partie de ces canons ne fut prête qu'à la fin du siége, juste à temps pour être livrée aux Allemands, ou devenir la proie des émeutiers, comme nous l'expliquerons ultérieurement.

La troisième armée fut d'abord placée sous les ordres immédiats du gouverneur, qui s'était d'ailleurs réservé le commandement en chef de toutes les armées, avec l'inséparable Schmitz pour chef d'état-major général. Mais dès le 8 novembre, le *Journal officiel* annonçait que le commandement de l'armée de Paris était confié au général Vinoy, remplacé dans l'armée de Ducrot par le général Blanchard.

II

C'était à l'intervention du général Leflô qu'était due cette nomination. Le ministre de la guerre, peu ou point consulté pour la composition des trois armées, fut affligé du sans-gêne avec lequel on en avait distribué les postes importants. Il vit là un esprit exclusif de coterie, et trouva singulier qu'on n'eût aucunement considéré s'il était convenable de mettre en sous-ordre le général Vinoy, qui avait ramené le 13e corps sain et sauf de Mézières, donnant là comme commandant en chef des preuves incontestables de capacité militaire. Sans compter qu'il était plus ancien que Ducrot, et que ce dernier n'avait encore pour fait d'armes bien saillant dans la guerre contre la Prusse que son évasion fort commentée de Pont-à-Mousson.

Le général Leflô, qui passait volontiers sur les manques d'égards à son adresse, ne toléra pas qu'on soumît à une injuste épreuve le patriotisme d'ailleurs si noble et si désintéressé de son vieux compagnon d'armes. Il plaida chaudement sa cause au sein du conseil, et obtint que le général Trochu se désisterait en sa faveur du commandement particulier de l'armée de Paris, qui ajoutait une nouvelle attribution aux fonctions déjà si complexes du gouverneur.

Le général Vinoy était d'ailleurs un vieillard admirablement conservé, plein de vigueur et surtout doué de qualités militaires sérieuses. Il ne représentait pas le type du général-zouave avec ses avantages et ses inconvénients : les avantages d'une bravoure bouillante, qui enlève les troupes les moins aguerries dans les moments critiques; mais aussi les inconvénients du manque de méthode et de calme, qui rend incapable de manœuvrer habilement les grandes masses qu'on met aujourd'hui en ligne. Vinoy était encore moins le type du général-rhéteur, qui, plus habile à manier la plume que l'épée, s'endort dans une dangereuse sécurité, tout en charmant les autres par un style mélodieux.

Non, Vinoy ne représentait ni l'un ni l'autre de ces types. C'était le praticien consciencieux qui n'eût pas remporté d'éclatantes victoires, mais aurait pu sauver Paris, si on lui avait confié deux mois plus tôt le commandement suprême. Estimé déjà de toute l'armée, il en eût vite acquis la confiance; et son ancienneté de grade et d'âge aurait prévenu toute jalousie, puisqu'il ne s'était pas révélé un seul chef jeune et de talent, digne de se faire pardonner d'occuper la première place par sa supériorité reconnue.

Sans aucun doute, le général Vinoy aurait eu des idées suivies pour la formation de nos jeunes armées. Surtout, il eût possédé une main de fer pour imposer une discipline, d'où seraient sorties cette cohésion et cette homogénéité qui ont toujours manqué à nos troupes. D'ailleurs, à en juger par son abord, il n'eut pas rejeté avec une présomption systématique, de s'entourer d'un certain élément civil choisi parmi les ingénieurs en chef des ponts et chaussées, les directeurs des chemins de fer et les administrateurs de nos principaux comptoirs.

Ces hommes rompus à la direction d'un personnel et d'un matériel considérables ou habitués au maniement des grandes affaires, eussent prêté à la défense un concours actif, intelligent et devoué. Grâce à un pareil concours, il serait devenu facile d'équiper nos troupes dans les meilleures conditions hygiéniques, d'assurer au service des vivres les jours de combat une régularité qui a fait souvent défaut, enfin d'organiser un immense système de transports. Cette organisation, en particulier, aurait compris l'installation de chemins de fer diamétraux, outre la voie ferrée établie le long des remparts ; et, dès lors, nous aurions possédé tous les moyens de faire exécuter à nos troupes des mouvements rapides et foudroyants, qui nous eussent assuré des succès incontestables. D'autant que nous n'avions, pour changer brusquement nos attaques, que des cordes à parcourir, là où nos adversaires avaient des arcs très-étendus à franchir. — Grâce encore au concours dont nous parlons, les travaux de tranchées et de cheminement ainsi que l'établissement rapide de batteries de position, auraient pu être conduits avec une entente et une activité sans égales, en faisant appel à la bonne volonté de la garde nationale si nombreuse et disposée en très-grande majorité à bien faire, et en lui associant, bien entendu, les mobiles et les troupes de ligne. Ces travaux eussent, du reste, offert l'immense avantage de ne pas laisser les gardes nationaux, aussi bien que les soldats, se démoraliser dans l'oisiveté d'une vie inoccupée.

Enfin, Vinoy aurait adopté un plan, non pas nébuleux, mystique et inflexible, mais un plan militaire, pratique, suffisamment élastique pour être modifié suivant les circonstances ; mais surtout un plan suivi avec une ténacité et une persévérance de toutes les heures. Nul mieux que lui, peut-être, ne serait parvenu à inculquer à nos troupes les instincts de prudence des Prussiens, qui ne se battent à découvert qu'à la dernière extrémité, à tel point que dans beaucoup de nos engagements sous Paris nos soldats n'en ont pas aperçu un seul.

Malheureusement, à l'époque où nous sommes de notre récit, personne ne songeait au général Vinoy. La coterie à laquelle nous avons déjà fait allusion, avait, soit de bonne foi, soit de propos délibéré, manœuvré de manière à déprécier le général. On disait qu'il était de la vieille école, et surtout que c'était un bonapartiste avéré. Pour ma part, n'ayant pas l'honneur de connaitre le général Vinoy, j'avais oublié sa belle retraite de Mézières, ou plutôt j'avais accueilli sans contrôle l'assertion que le mérite de cette retraite revenait au général Blanchard, attaché alors au 13e corps, et qui certes estimait plus que qui que ce soit son ancien chef. Comme tant d'autres, je m'étais laissé prendre aux bruits de dénigrement dont nous venons de parler, et qu'on avait habilement répandus dans le public.

M. Jules Favre subit probablement les mêmes impressions. Et lorsque, à la fin d'octobre, se promenant comme Diogène à la recherche d'un homme, il s'était rendu à Saint-Denis auprès du général de Bellemare, il ignorait qu'il n'avait pas besoin d'aller aussi loin, et qu'il avait sous la main un chef non pas certes hors ligne, mais du moins plus à la hauteur des circonstances que les autres généraux présents à Paris. Peut-être l'honorable vice-président du gouvernement ne pensa-t-il pas à porter ses vues sur Vinoy à cause de sa réputation de bonapartiste. Mais, se plaçant dans un ordre d'idées supérieur, il eût dû songer que ce général, comme je l'ai moi-même appris depuis, avait toujours tenu au Sénat une conduite digne et indépendante.

III

Laissons là cette longue digression, qui m'a cependant paru utile afin d'établir que les hommes entre les mains desquels Paris venait de remettre sa destinée, n'avaient même pas l'intelligence assez pratique et le patriotisme assez épuré pour se dégager de tout préjugé ou de toute ambition personnelle.

Aussitôt après la promulgation des décrets de formation des armées, il y avait lieu de s'attendre à voir une activité extrême régner partout : exercices du canon et du fusil, tirs à la cible, revues incessantes, promenades militaires continues, renouvellement fréquent des bataillons de grand'gardes, mise à l'abri des hommes, autant que le besoin du service s'y prêtait, dans des locaux bien chauffés ; enfin surveillance de toutes les minutes pour l'hygiène des troupes sous le rapport de la nourriture et du vêtement. Et cependant rien de tout cela ne se faisait. On se traînait péniblement dans les habitudes du dernier mois.

Bien plus, l'armée dite de Paris demeurerait une véritable fiction. Le général Vinoy qui en avait pris le commandement fut longtemps sans savoir où mettre la main sur son premier bataillon. D'un autre côté, la mobilisation de la garde nationale ne s'effectuait que mollement. En un mot, l'article du *Journal officiel* qui avait annoncé pompeusement l'organisation de trois grandes armées destinées à une offensive vigoureuse, restait une lettre morte.

Quant aux opérations militaires sérieuses, telles que sorties fréquentes pour aguerrir nos troupes, travaux d'approche pour débusquer l'ennemi de ses positions, et l'obliger à distendre de plus en plus sa ceinture de contrevallation, jusqu'à la rendre en de certains points tellement mince que le plus simple effort suffirait pour la rompre, tout cela se trouvait presque entièrement négligé. Les rapports publiés par l'état-major général étaient d'une concision désespérante, et renfermaient à peu près chaque jour la phrase stéréotypée : « Les » forts et les batteries flottantes ont continué à » canonner les travaux de l'ennemi, et lui ont infligé » des pertes importantes. »

M. de Bismarck nous a beaucoup persiflés au sujet de cette canonnade incessante de nos forts. Mais je tiens de membres des ambulances qui ont eu des rapports fréquents avec les avant-postes prussiens, qu'en réalité nos coups de canon, quoique presque tous tirés au jugé, rattrapaient par leur fréquence ce qui leur manquait en précision, et tuaient vraiment beaucoup de monde aux Allemands. Donc je crois que M. de Bismarck riait jaune en se moquant de notre bombardement extravagant ; et qu'en réalité nous jetions notre poudre non pas aux oiseaux, mais bien aux Prussiens.

IV

Les rapports militaires mentionnaient aussi de temps à autre quelques affaires d'avant-postes ou des reconnaissances heureuses. Ils signalaient parfois des soldats qui s'étaient fait remarquer par plusieurs exploits. Parmi ces héros fort goûtés des masses, il en est un qui a laissé après lui une singulière déception. Il me semble curieux de raconter sommairement son histoire, sans me départir du rôle de *reporter* militaire consciencieux que je me suis tracé, en m'imposant, par contre, l'obligation de ne pas tomber dans l'anecdotier. Je veux parler du célèbre sergent Hof. Pendant plus d'un mois, il ne fut question que de lui, particulièrement dans les petites feuilles. Chaque jour durant plusieurs semaines il tuait invariablement son Prussien ; et pour preuve de cet exploit quotidien, il faisait parvenir tous les matins à l'état-major général les dépouilles opimes de sa victime : un casque, un fusil, et souvent une giberne. Il tua ainsi ses 30 Prussiens, et reçut la croix de la Légion d'honneur en récompense de ses hauts faits. Mais voici qu'un beau jour, après le combat de Champigny, je crois, l'ami Hof ne reparut pas ; et malgré toutes les recherches faites sur le champ de bataille, on ne le retrouva ni mort ni blessé. S'il eût été prisonnier il y a tout lieu de supposer, d'après ses premières prouesses, qu'il aurait eu assez d'audace et d'habileté pour s'échapper des mains de l'ennemi ou au moins pour faire parvenir de ses nouvelles. Malheureusement il n'en fut rien ; et comme Hof était Alsacien et parlait parfaitement l'allemand, tout autorise à supposer, malgré les démentis de quelques-uns de ses admirateurs, que c'étaıt un espion prussien. Probablement que chaque jour à la tombée de la nuit, il franchissait les avant-postes allemands, allait tranquillement porter son contingent de nouvelles à un endroit convenu, et là recevait en échange un casque et un fusil qu'il rapportait en triomphe.

Cette anecdote fait ressortir le savoir-faire des Prussiens en matière d'espionnage militaire, alors que sous ce rapport nous n'avions absolument aucun service d'organisé.

CHAPITRE IX.

Incurie du gouvernement. — Annonce de la reprise d'Orléans.

1

Jusqu'au 14 novembre, les amateurs de la paix à tout prix, les capitulards, comme on les appelait, espéraient encore dans l'armistice. On faisait courir le bruit que M. Thiers avait été retenu à Versailles par les ambassadeurs des grandes puissances, qui devaient insister énergiquement auprès du roi Guillaume sur les *desiderata* de l'Europe en faveur de la France. Mais ces bruits furent bientôt démentis officiellement, et toute espérance de paix prochaine s'évanouit.

N'eût-il pas été possible à cette époque de procéder aux élections dans toute la France sans aucun armistice? Certes ces élections ne se fussent pas faites dans de plus mauvaises conditions que celles qui ont eu lieu après la capitulation. Quant à la réunion de l'assemblée, elle n'aurait pas éprouvé de difficultés insurmontables. D'autant qu'il est avéré que M. de Bismarck eût accordé des sauf-conduits aux députés de la Seine pour leur permettre de sortir de Paris. Mais là encore, j'en ai les preuves en main, l'intérêt de la dynastie républicaine a primé, dans l'esprit de nos gouvernants, l'intérêt bien autrement sacré de la France entière. Presque toute la presse demandait la convocation d'une assemblée dans les conditions dont nous parlons. Et cependant le gouvernement, sous le fallacieux prétexte de ne pas amener de relâchement dans l'organisation des armées de province et de Paris, faisait la sourde oreille. En même temps, avec cette indiscrétion qui était un des apanages des tristes hommes d'État qui nous régentaient, on ne craignait pas de dire hautement au ministère de l'intérieur que les élections étaient impossibles à ce moment ; car elles compromettaient la république au profit des d'Orléans, redemandés à grands cris par plusieurs provinces. Ce fut donc encore là une responsabilité immense, que de *gaieté de cœur*, sinon d'un *cœur léger*, nos gouvernants assumèrent sur leur tête.

En ce qui me conserne, j'ai le droit de me plaindre de cette déplorable ligne de conduite, au point de vue strict de l'intérêt matériel de la France J'aime mieux, néanmoins, que les choses aient suivi leur cours fatal. Oui, pour la régénération et l'honneur de mon pauvre pays, je préfère le voir abattu après de nobles et sanglants sacrifices, qu'à demi vaincu et concluant presque au lendemain de Sedan une paix hâtive. Cette paix lui aurait, il est vrai, conservé presque en entier son immense prospérité des dernières années ; mais elle eût laissé la France plongée dans le sommeil des jouissances grossières, et assoupie par l'énervement de toutes les forces morales, ce qui eût amené son irrémédiable décadence

D'ailleurs, dans la déclaration de cette funeste guerre, Paris et la province ont eu chacun leur large part de responsabilité ; et il était juste qu'ils en subissent l'un et l'autre les conséquences. La province s'était depuis longtemps désintéressée de tout ce qui touche à l'honneur et à l'existence du pays. Elle ne doit donc pas s'étonner si cet honneur et cette existence ont été compromis par la légèreté, la maladresse et la mauvaise gestion, non-seulement d'un empereur insensé auquel elle venait d'accorder une majorité plébiscitaire écrasante, mais encore de députés qu'elle savait n'être que les valets du pouvoir. — Paris, de son côté, a aussi puissamment contribué à déchaîner sur nous le terrible fléau par les clameurs pleines de jactance « à Berlin, à Berlin ! » que poussait dans les rues de la capitale une foule stupide, en se portant menaçante vers l'hôtel de l'illustre homme d'État, si bon prophète, hélas ! de tous nos malheurs. Du reste, cette même foule, au fond plus inconsciente que mauvaise, ne sert-elle pas toujours de marchepied à des meneurs audacieux, comme ceux qui ont fait succéder la guerre civile à la guerre contre la Prusse, sans plus se préoccuper, dans leur odieux égoïsme, du sort de la France que du salut de la République ?

II

Après la note de l'*Officiel* qui enlevait tout espoir aux amateurs de la paix, les journaux à racontars s'empressent à qui mieux mieux d'étourdir la population par des récits exagérés et toujours en notre faveur. L'armée de la Loire, disent les uns, ne va pas tarder à paraître aux portes de Paris. La petite vérole charbonneuse, assurent les autres, décime nos ennemis, et la famine commence à se faire sentir dans leur camp. — Pauvres journaux! pauvres lecteurs! qui avaient besoin les uns et les autres de se fortifier contre les perplexités du siége par ces espérances chimériques. La maladie certainement faisait des ravages chez nos ennemis, mais malheureusement pas plus que chez nos pauvres soldats. Quant à la famine, ceux qui sont sortis de Paris aussitôt après l'armistice, ont pu remarquer dans les environs de la capitale de nombreux champs de pommes de terre et de choux encore couverts de leurs fruits pourris sur pied, et quantité de meules de foin abandonnées aux quatre vents. Ceci prouve amplement que, aussi bien sous le rapport des vivres que sous tant d'autres, l'organisation mathématique des Prussiens était parvenue à surmonter toutes les difficultés, et à pourvoir largement aux approvisionnements des armées alliées.

A cette époque aussi, l'*Officiel* annonce, avec une incroyable légèreté, qu'il y a encore pour cinq ou six mois de farines sans rationnement, et pour quatre à cinq mois de viande, sur le pied de 100 grammes par personne et par jour. Ce taux avait été établi dès la fin de septembre et ne portait que sur la viande de boucherie. La viande de cheval fut encore vendue librement dans le mois d'octobre; mais elle ne tarda pas à être rationnée aussi à 100 grammes. Au lendemain de cette dernière mesure, la viande de boucherie disparut presque complétement.

L'annonce de l'*Officiel* dénotait une grande ignorance, ou sinon une singulière audace de la part de nos gouvernants. N'est-il pas prouvé par là jusqu'à l'évidence que jamais le ministre du commerce, pas plus que la commission des subsistances, n'a eu ni le modeste talent, ni la simple et prudente pensée de se ren-

dre un compte exact au moins du stock des céréales.
Chaque membre de la commission avait son estima-
tion particulière, basée sur les appréciations les plus
superficielles ; et bien entendu ces estimations étaient
fort divergentes. Voulait-on donc vivre au jour le jour
jusqu'au dernier moment, et à l'instar de l'empire
n'exister jusqu'à l'heure suprême que par une série
d'expédients. N'eût-il pas été du devoir d'un gouvernement prévoyant, et qui devait savoir dès la mi-novem-
bre comment il comptait mener le siége, d'étudier à
fond la question des vivres et d'établir promptement
un rationnement modéré du pain. Ce rationnement pratiqué en temps utile aurait d'abord empêché le gaspillage ; car on donnait de la farine aux chevaux, parce
qu'elle était moins chère que le foin et l'avoine, ou on
la convertissait en biscuits que chacun accumulait inconsidérément comme réserve. Il eût surtout permis
une prolongation de quelques semaines dans la défense,
en évitant du même coup ces privations inouïes subitement imposées à partir du 15 janvier à la population, et
qui a causé l'effrayante mortalité des dernières semaines du siége. En un mot, il y a eu en cela une ignorance
volontaire ou inconsciente qu'on ne saurait trop flétrir.
Le gouvernement n'a su décidément ce qui restait de
pain dans le sac que quand il a été vide.

Par une fâcheuse occurrence, M. Jules Ferry fut désigné, vers le milieu de novembre, pour remplacer
M. Étienne Arago à la mairie centrale. Ce dernier avait
joué un rôle très-louche dans l'affaire du 31 octobre ;
et on l'avait invité à donner sa démission, en lui offrant
comme compensation, selon les errements de la dynastie républicaine communs en cela avec ceux de la dynastie impériale, une magnifique position grassement ré-
tribuée, mais qu'il eut, dit-on, la délicatesse de refuser,
M. Jules Ferry, couvert par la popularité de Trochu

à la suite de la journée du 31 octobre, avait bénéficié du vote plébiscitaire. D'ailleurs pendant cette journée il avait fait, je ne dirai pas bonne figure (car je me rappelle encore sa mine piteuse sous son képi d'emprunt, au moment où il venait d'être arraché des mains des communeux), mais bonne contenance. Il avait même montré un courage réel Le gouvernement pensa donc qu'il était juste de lui confier cette importante position. Mais comme toujours malheureusement inspiré dans ses choix, il ne se préoccupa pas de savoir si le nouveau lord-maire était un piètre administrateur. Plein d'un zèle inintelligent, M. Ferry débuta par faire concurrence à Jules Simon en lançant un beau *mandement* pour décréter et expliquer l'urgence de l'organisation des bibliothèques communales.

Triste homme d'affaires et d'État, qui se préoccupait de nourrir l'esprit, et encore de quelle nourriture, alors qu'il n'aurait dû songer qu'à l'alimentation du corps. Certes, il aurait pu jouer un rôle important et capital lui aussi dans la question des vivres. S'il avait eu seulement l'étoffe d'un administrateur de second ordre, il eût dû prendre, de concert avec les maires des vingt arrondissements, des mesures consciencieusement étudiées, afin de fixer le mode et la quantité des distributions, et d'éviter toutes les réclamations et les tiraillements sans nombre qui se sont produits, et plus encore les corvées inutilement imposées par suite d'inepties de toutes sortes aux malheureuses femmes du peuple. Il ne fut pas plus heureux dans l'organisation des brancardiers municipaux sur le compte desquels nous reviendrons au chap. XVII. — Pour en finir avec M. Ferry, il est à peine besoin de dire que je n'ai jamais cru aux ridicules accusations formulées contre lui. Porter systématiquement à l'extrême des appréciations défavorables, c'est enlever toute valeur au jugement que chaque citoyen a le droit de porter contre un homme politique. Aussi, je m'empresse de le déclarer, je n'ai jamais ajouté foi aux reproches de concussions adressés à M. Ferry. Je le tiens sous ce rapport, lui et tous ses collègues du reste, comme des hommes d'une honnêteté incontestable. C'est déjà bien assez qu'ils aient à se reprocher la lourde chaîne des misères, dont nous a gratifiés leur incapacité.

A propos du changement du maire de Paris, il semble utile de rappeller que le préfet de police, M. Edmond Adam, avait été invité, quelque temps avant M. Arago, à offrir sa démission, à cause aussi de sa connivence ou au moins de son extrême faiblesse avec les communeux dans la journée du 31 octobre. Il eut pour successeur M. Cresson, qui a conservé ces délicates et importantes fonctions pendant quatre mois environ, et s'en est acquitté avec une certaine habileté.

III

Sur ces entrefaites, on était sans nouvelles de l'extérieur. M. Thiers en venant à Paris nous avait appris que vers la fin d'octobre l'invasion s'avançait dans la vallée de la Seine vers Rouen, et gagnait en outre le département de l'Eure. Nous avions su aussi que nos armées de province s'organisaient, quoique lentement. Mais depuis, aucun renseignement ne nous était parvenu du dehors. Les journaux sérieux, qui avaient trop de respect d'eux-mêmes pour amuser leurs lecteurs par de méprisables racontars, ne laissaient pas que d'émettre de tristes pressentiments sur ce qui pouvait se passer en province. On pensait que le gouvernement avait reçu des dépêches peu encourageantes, et qu'il n'osait les communiquer à la population.

Le général Trochu pour calmer les esprits eut recours à sa panacée ordinaire. Il adressa le 14 novembre au matin un ordre du jour aux citoyens de la garde nationale et de Paris. Cette proclamation était à la fois mélancolique et solennelle. Elle exhortait l'armée et la population à se cramponner à toutes les formes de la résistance, et à souffrir et combattre jusqu'à ce qu'elles ne pussent plus souffrir ni combattre. C'était écrit dans le style attrayant et plein d'atticisme dont le gouverneur avait le secret. En lisant cette belle page, on semblait entendre dans le lointain le lugubre roulement de tambours voilés de crêpe. Mais comme toujours, il n'y avait au fond de tout cela que des phrases creuses et sonores, et qui laissaient dans l'esprit après leur lecture, le sentiment d'une irrésolution mal dissimulée.

Cette proclamation n'était pas faite pour égayer les esprits, et plus d'un garde national en la parcourant se grattait l'oreille. Heureusement que le soir du même jour, tous les murs de Paris étaient couverts de placards, annonçant la prise d'Orléans par Aurelles de Paladine, après une lutte de deux jours.

L'armée de la Loire venait donc d'affirmer son existence par une victoire. La capitale de la France n'était plus abandonnée à ses seules ressources ; et la population parisienne était toute fière, en voyant que sa ténacité et sa constance avaient amené un changement de fortune. Tous les cœurs étaient réchauffés par cette bonne nouvelle. On ne se laissait pas entraîner à un enthousiasme immodéré. Le public comprenait bien que ce n'était pas là une de ces victoires éclatantes, appelées à décider du sort de la France. Mais enfin la longue série de désastres qui pesaient sur nous depuis le début de la guerre venait d'être rompue. Une confiance sérieuse renaissait dans toutes les âmes; et chacun sentait plus énergiquement que le devoir de tout homme valide était de s'apprêter à soutenir, sans défaillance, une lutte héroïque autour de Paris, afin de pouvoir donner un jour ou l'autre la main à nos armées de secours.

IV

Quelque temps après cette heureuse nouvelle, deux pigeons voyageurs apportaient à eux seuls plus de onze cents dépêches privées. C'était la première application de la photographie microscopique, sans en être cependant le dernier mot (voir chap. XVII).

Ces télégrammes si précieux rassérénèrent bien des âmes, en les rassurant sur le sort de chers absents, dont ils étaient si cruellement et si absolument séparés depuis deux mois. C'était bien peu pour une population de deux millions d'habitants. Mais, d'abord, il y avait beaucoup de télégrammes collectifs; puis tout le monde espérait qu'avec un peu de patience chacun finirait par avoir son tour.

Le 28 novembre arrivaient de nouveaux pigeons avec cinq cents dépêches privées, et un télégramme de Gambetta. Ce télégramme annonçait l'ordre le plus parfait à l'intérieur, 200 mille soldats en ligne sur la Loire; puis pour le 1er décembre, une nouvelle armée de 100 mille hommes parfaitement organisés et équipés, enfin 200 mille mobilisés prêts à marcher au feu à la même époque. Il terminait en assurant que notre situation diplomatique se trouvait considérablement améliorée.

On se défiait un peu du langage emphatique de Gambetta. Il nous avait déjà annoncé pompeusement que la résistance de la capitale de la France faisait l'admiration de l'univers ; et nous n'ignorions pas qu'il avait présenté à la province une de nos modestes sorties du mois d'octobre comme une éclatante victoire du peuple de Paris. Le public parisien devait donc craindre que le jeune tribun n'usât aussi largement envers lui qu'envers la province, des exagérations de langage qui lui étaient familières. Néanmoins, la lecture de ces nouvelles produisit une satisfaction générale.

Dès ce jour, l'intérêt ne s'attache plus au bruit plus ou moins controuvé de négociations diplomatiques continuées par les puissances neutres. Il est tout entier à Tours et aux renseignements concernant la marche de la défense nationale. Paris se dispose en masse à l'action, dès que le commandant en chef en croira le moment venu.

Mais le commandant en chef ne se pressait pas. Il avait peu ou point modifié ses habitudes, et laissait aller les choses mollement, sans se préoccuper de donner une vigoureuse impulsion à la coordination de nos armées d'attaque.

Quant aux rapports militaires, ils répétaient toujours la même gamme : « canonnade des travaux ennemis par nos forts. » Cette canonnade gênait bien les Prussiens. Mais comme nous le montrerons dans la suite, ils avaient pris leurs précautions pour poursuivre malgré cela l'établissement de leurs batteries de siége. En revanche, nous continuions ainsi à détruire les villages et les maisons de campagne des environs de Paris, notamment dans le sud du côté de Saint-Cloud et de Meudon. A la fin de novembre, il se déclara de ce côté de violents incendies, notamment celui du château de Saint-Cloud, qui durèrent plusieurs jours. Ces incendies avaient été allumés par les obus du Mont-Valérien.

Mais quelques naïfs s'imaginaient que c'étaient les Prussiens qui se livraient à ces actes de vandalisme, avant que de battre en retraite.

De temps à autre, les rapports militaires annonçaient aussi quelques attaques tentées par l'ennemi sur nos batteries avancées, et vigoureusement repoussées par nos forts et les fusillades de nos grand'gardes. Enfin d'autres fois, ils contenaient le récit de quelques affaires d'avant-postes.

On commençait à voir figurer dans ces engagements les gardes nationaux mobilisés, mais en trop petit nombre malheureusement. Car leur recrutement et plus encore leur équipement marchaient comme tout le reste, c'est-à-dire avec une lenteur désespérante.

Cependant les bonnes volontés se manifestaient de toutes parts. Un ancien magistrat, M. de Beaurepaire, qui avait abandonné, au début de la guerre, la toge pour l'épée, et s'était déjà distingué dans plusieurs engagements comme capitaine de francs tireurs, se mit à prêcher dans tous les clubs de Paris une sorte de croisade. Il demandait 12 mille volontaires pour passer à travers les lignes ennemies, et aller organiser en province la guerre de partisans sur une vaste échelle. Sa parole était éloquente et pleine d'entraînement. Il avait groupé autour de lui quelques hommes intelligents et énergiques, appelés à commander sous ses ordres, et il était parvenu à réunir à peu de choses près le nombre voulu d'adhérents. Ce projet au demeurant était peu praticable, et montrait de la part de son auteur plus d'imagination que de jugement. Le général Trochu, qui avait presque accordé son consentement au capitaine de Beaurepaire, le lui retira plus tard, sous prétexte que parmi les volontaires inscrits, il y en avait un trop grand nombre faisant partie de l'armée régulière.

CHAPITRE X.

Batailles du 30 novembre et du 2 décembre.

Le général Ducrot poussait depuis longtemps à une grande affaire. Dès la mi novembre, il s'était mis à relancer le général Trochu. Ce dernier finit par consentir à tenter une entreprise sur une plus vaste échelle que par le passé. Mais aucun objectif ne fut encore arrêté. Toutefois, on poussait activement divers travaux d'approche du côté de Choisy-le-Roi et dans la presqu'île de Genevilliers. L'armement de nos redoutes du Moulin-Saquet et des Hautes-Bruyères situées un peu en avant de Villejuif était considérablement augmenté. On débouchait, le long de l'enceinte, les passages de plusieurs chemins de fer murés par précaution au début de l'investissement. Le chemin de fer de Vincennes jusqu'à Nogent et celui d'Orléans jusque un peu au delà de Vitry étaient remis en état. Enfin divers wagons blindés destinés à porter des pièces d'arti.leric, se trouvaient en réserve dans la gare d'Orléans, prêts à être poussés en avant par une locomotive.

D'un autre côté, l'amiral de la Roncière, qui au début du siége commandait seulement les six forts armés par les marins, avait été en outre, après le rejet de l'armistice, chargé de Saint-Denis en remplacement du général de Bellemare mis sous les ordres de Ducrot. Le 25 novembre, l'effectif des troupes de Saint-Denis était notablement augmenté ; et l'amiral joignait au commandement de la ville celui d'un corps d'armée spécial.

Le gouvernement se préparait ainsi à des événements décisifs. Il voulait que tous les postes les plus importants de la défense fussent confiés à des hommes sûrs et ayant fait leurs preuves. Tout donc sentait la poudre.

Mais afin que nul n'en ignorât, on interdisait aux journaux de faire aucune publication relative aux mouvements des troupes et autres opérations militaires. Puis, pour mettre le comble à l'indiscrétion, on annonçait par affiches qu'à partir du dimanche matin 27 novembre, les barrières des différentes portes de l'enceinte seraient fermées à la circulation, et ne s'ouvriraient que pour le passage des troupes et des voitures au service de l'armée. C'était vraiment crier à tue-tête à l'ennemi : *Mettez-vous en garde !*

II

Sur ces entrefaites, après quelques discussions vives mais amicales, Ducrot, moins entêté mais plus entier que Trochu, était venu à bout par son énergie de triompher de l'indécision du gouverneur. Ils avaient examiné ensemble divers projets.

La question était de savoir si on ferait simplement une sortie considérable, de façon à franchir les lignes ennemies, puis camper une nuit dehors, et rabattre le lendemain les Allemands sous le feu des forts; ou bien si on tenterait tout à fait la trouée, en laissant à Ducrot le soin d'aller rejoindre l'armée de la Loire avec ses troupes. Le côté par lequel on opérerait fut aussi beaucoup discuté.

A en juger par les travaux entrepris dans la presqu'île de Genevilliers ainsi que par le campement pendant quelques semaines de l'armée de Ducrot aux environs du bois de Boulogne, de Neuilly et de Courbevoie, il est probable que l'idée première était d'opérer du côté de Versailles. Plus tard il fut question d'agir dans la direction de Saint-Denis; mais ce projet n'eut pas de suite non plus. Il fut enfin convenu qu'on tenterait une trouée définitive.

Ducrot fut chargé d'étudier à fond le plan de la trouée, surtout au point de vue des moyens d'exécution et de la direction dans laquelle on l'effectuerait. Dès que ce plan eut été adopté, on expédia à Gambetta une dépêche par ballon pour lui en donner connaissance, et lui enjoindre de faire marcher l'armée de la Loire à la rencontre de celle de Paris dans la forêt de Fontainebleau.

Le plan de Ducrot était vraiment remarquable. C'était un coup audacieusement hardi, mais enfin un de ces coups qui aurait été décisif pour la délivrance de la France, s'il eût réussi complétement. Voici en deux mots en quoi il consistait :

Dérouter toutes les prévisions de l'ennemi, en franchissant la Marne en divers endroits, depuis Joinville-le-Pont jusqu'à Brie. Pénétrer ainsi dans la presqu'île de Champigny, où on avait depuis le 16 novembre obligé les Allemands à reculer leurs lignes de grand'-gardes à l'aide du fort de Nogent et de la redoute de la Faisanderie. En même temps tenter, avec une division, une attaque vigoureuse du côté de Créteil repris depuis quelques jours dans une affaire d'avant-postes, et tâcher de faire rejoindre par cette division le gros de l'armée, en contournant extérieurement la boucle de la Marne. D'ailleurs l'attaque principale devait être combinée avec de fausses attaques sur tout le périmètre de l'investissement.

III

Comme nous l'avons vu au chap. VIII, le général Ducrot disposait d'environ 145 mille hommes. Il devait être appuyé par quelques divisions de l'armée dite de Paris, et par divers bataillons de gardes nationaux mobilisés. Il possédait d'ailleurs une puissante artillerie, environ 400 pièces comprenant du 4 et du 12 de campagne, et un certain nombre de mitrailleuses.

Mais toute cette armée était-elle bien une troupe? N'était-ce pas plutôt un troupeau? Nous ne cesserons de le répéter, on n'avait pas suffisamment exercé les hommes. Les brigades n'avaient jamais manœuvré à côté les unes des autres. Aucunes promenades, aucunes manœuvres importantes ne les avaient rompues à de grands mouvements d'ensemble, à des marches rapides et à des changements de front improvisés. D'un autre côté, les hommes chargés du service des pièces n'étaient pas de véritables artilleurs; c'étaient à peine des servants novices, et ils comptaient parmi eux peu ou pas de pointeurs habiles. On avait laissé écouler de longues semaines, sans songer qu'une des premières préoccupations dans la constitution des armées d'attaque aurait dû être de former, dès les premiers jours de l'investissement, par des exercices assidus, un corps complet et homogène d'excellents artilleurs. Avec une énergie de fer et une inflexible méthode, on eût obtenu ce résultat.

Enfin, l'équipement de tous ces pauvres soldats, qui allaient tenter un effort désespéré à une époque de l'année où les plus grands froids pouvaient sévir tout à coup, comme cela a eu lieu en effet, se trouvait entièrement insuffisant pour une campagne d'hiver. Sans compter que depuis les espérances de paix bien des paroles imprudentes avaient été prononcées devant les soldats par des officiers, surtout dans la mobile. On n'avait pas craint de jeter dans leur âme un stérile découragement, en criant bien haut que la lutte était devenue impossible, et qu'il fallait à tout prix traiter avec l'ennemi. Sous une discipline sévère, ces officiers eussent été dégradés dans les vingt-quatre heures. On ne les inquiéta même pas. Au surplus, ils payèrent chèrement leurs discours inconsidérés ; et heureusement pour l'honneur de l'armée, la plupart d'entre eux rachetèrent la lâcheté de leurs paroles par le sacrifice de leur vie. Ils furent obligés, pour soutenir et enlever les hommes qu'ils avaient démoralisés, de marcher continuellement à leur tête sous une pluie de feu dans les batailles qui vont être racontées. Malgré ces déplorables conditions, nous allons voir le parti qu'on peut encore tirer des braves enfants de la France, quand on sait faire vibrer chez eux la fibre patriotique, et surtout leur faire comprendre que les sanglants sacrifices demandés à leur valeur doivent avoir un résultat immédiat pour le salut de la patrie.

IV

Toutes les précautions pour le succès de la trouée étaient censées avoir été prises. Et si par divers avis et déclarations intempestives dont nous avons parlé plus haut, l'ennemi devait s'attendre à une attaque, il n'avait aucunement pénétré le secret de l'opération. Ce secret, il faut le dire, fut parfaitement gardé. Depuis le 26 novembre, on avait réuni sur les bords de la Marne, les trois corps de l'armée de Ducrot et les autres troupes qui devaient les soutenir. Dès le 28 au soir, les opérations étaient commencées. A l'est, le plateau d'Avron fut occupé vers 8 heures par les marins de l'amiral Saisset, soutenus par une division de l'armée de Paris. L'amiral, avec un admirable entrain et une énergie au-dessus de tout éloge, s'empressait dans la nuit même de faire traîner par ses braves matelots des pièces marines à longue portée sur le plateau dont on venait de s'emparer. En même temps, l'artillerie transportait, à l'aide de chevaux, des pièces-culasse de 7 cent.

L'amiral Saisset, sans perdre une minute, se fortifiait sur le plateau. Malgré le sourire ironique de quelques officiers du génie, qui prétendaient que cette position n'était pas tenable et que dès lendemain on en serait délogé, il déclara hautement qu'il s'y maintiendrait avec l'aide seul de ses hommes; et il tint parole.

La prise du plateau d'Avron était un magnifique début pour le succès général de l'entreprise. Car le 29 au matin, l'artillerie installée pendant la nuit pouvait balayer toute la vallée de la Marne, et nous mettre à même de jeter nos ponts dans d'excellentes conditions.

Ce même jour, la population parisienne se réveillait au bruit d'une formidable canonnade. De tous côtés s'étalaient trois proclamations datées du 28, écrites toutes trois dans le style le plus élevé et le plus entraînant, la première par Trochu aux citoyens de Paris, à la garde nationale et à l'armée ; la seconde par le gouvernement à la population ; enfin la troisième par Ducrot à ses troupes. Dans sa proclamation, Ducrot se laissa emporter par la fougue de son caractère, et commit plusieurs imprudences de langage, qu'il devait amèrement regretter quelques jours plus tard. Il brûlait même ses vaisseaux sans aucune nécessité, en jurant de ne rentrer à Paris que mort ou victorieux ; et on sait que, malgré son véritable héroïsme, il n'a trouvé sur le champ de bataille ni la mort, ni la victoire.

Toute la population était dans un état fiévreux inexprimable. Des flots de peuple se portaient avec une anxiété indicible vers les points de l'enceinte d'où venaient les grondements du canon. On était cependant un peu étonné d'entendre ces grondements dans la direction du sud, tandis qu'il avait bien fini par transpirer que l'effort principal devait avoir lieu du côté de l'est.

Sur ces entrefaites, à l'état-major général on annonçait, dès 9 heures du matin, à tout venant, que le coup était manqué, car les ponts n'avaient pu être jetés sur la Marne. Cet échec était attribué à une crue subite de la rivière, déterminée, disait-on, par la rupture intentionnelle de barrages que les Prussiens avaient établis aux environs de Chelles. On ajoutait qu'on allait donner l'ordre de suspendre partout les fausses sorties, qui devaient appuyer l'attaque principale, et dont on entendait justement la canonnade depuis le matin.

Aussi, par une indiscrétion inqualifiable, ou peut-être préméditée afin de faire excuser l'insuccès du jet des ponts qui formait la clef de voûte de l'entreprise, tout Paris savait dès midi que l'objectif de l'opération consistait dans le passage de la Marne; et, par conséquent, les Prussiens devaient le savoir quelques heures plus tard.

Examinons ce qui s'était passé depuis le matin :

Les ponts devaient être jetés dès le 29 à l'aube. Cette importante opération fut confiée à la marine et au service des ponts et chaussées. Malheureusement, ni Trochu, ni Ducrot, ni l'ingénieur en chef chargé de diriger le travail, n'avaient songé à faire explorer la Marne dès la veille par une vedette à vapeur. Au moment où les chalands destinés à former la base des ponts de bateaux arrivaient à la hauteur du pont de Joinville, dit *de Saint-Maur*, le vapeur qui les remorquait ne put lutter contre le courant considérable qui existait en ce point; et il fallut suspendre l'opération. Ce courant se trouvait produit par l'effondrement, au milieu de la rivière, d'une des arches du pont, qu'on avait fait sauter inconsidérément à l'approche des Prussiens. Il ne provenait donc point de cette fameuse crue sur laquelle on a tant insisté, et qui se trouve démentie par un procès-verbal déposé au ministère des travaux publics, et relatant l'invariabilité du niveau de la Marne pendant les journées du 28, du 29 et du 30. Nous devons toutefois prévenir que, d'après une autre version, la rapidité du courant ne s'opposa pas au remorquage, mais détermina seulement la rupture des liens qui jonctionnaient les différentes parties de quelques-uns des ponts de bateaux, ce qui amena leur dislocation. Cette version est certainement moins plausible que la précédente. Au surplus, elle ne rectifie en rien la cause même de la rapidité du courant, et n'excuse pas la faute de ceux qui n'ont pas su reconnaître en temps opportun cette rapidité, et prendre alors les précautions nécessaires pour prévenir tout incident malencontreux.

En apprenant que l'établissement des ponts était manqué, le général Trochu, qui commandait en chef toute l'affaire, entra dans un profond désespoir. Ducrot, qui se trouvait auprès de lui, ne fut pas moins désolé. Il comprit que son projet ne pouvait avoir un immense et sérieux succès que par une exécution rapide. Il demanda à ce qu'on modifiât aussitôt l'objectif, et que, par un changement de front immédiat, on portât l'attaque principale sur un autre point. Le général Trochu demeura très-irrésolu selon sa coutume. Il était peu confiant dans l'habileté des divisionnaires pour manœuvrer des troupes inexpérimentées ; et il n'avait pas lui-même le coup d'œil élevé du grand général qui sait, sur le champ de bataille, abandonner brusquement une combinaison pour en choisir une plus heureuse. Le général Foy de l'état-major, qui prenait part au colloque, partageait l'avis de Ducrot. Mais il fallait compter avec le commandant Bibesco, aide de camp et enfant chéri du gouverneur, dont il avait captivé toute la confiance par un dévouement sans bornes et une réelle affection. Bibesco, cœur loyal, mais nature un peu efféminée et superficielle, vint mettre son veto. Il maintint que l'opération était commencée, qu'il fallait quand même pousser outre, que le jet des ponts allait bien finir par s'effectuer, et que ce n'était qu'un retard de quelques heures. Le gouverneur se rangea à son avis. Par malheur, le retard de quelques heures seulement sur lequel on comptait, ne fut ni plus ni moins qu'un retard de vingt-quatre heures.

V

Entre-temps, Vinoy avait opéré au point du jour une sortie sur Thiais, l'Hay et Choisy-le-Roi. Cette sortie fut vigoureusement soutenue par le feu des forts et celui de quelques batteries flottantes placées sous les ordres du commandant de la flottille, Thomasset, et qui avaient remonté la Seine. Elle fut également appuyée par l'artillerie de quelques wagons blindés roulés sur le chemin de fer d'Orléans. Là, comme toujours, les braves marins, sous les ordres du vaillant amiral Pothuau, se firent remarquer par leur entrain et leur discipline.

Du côté de l'ouest, dans la presqu'île de Genevilliers, le général de Beaufort à la tête d'une brigade de l'armée de Paris, avait dirigé une reconnaissance sur Buzenval et les hauteurs de la Malmaison.

Mais ces attaques, qui du reste n'avaient pas été très-heureuses pour nous, furent suspendues vers 11 heures du matin sur un ordre de l'état-major général par suite du retard apporté, comme nous venons de le dire, à l'opération principale.

Du côté de Saint-Denis, le corps d'armée de la Roncière avait été renforcé par des troupes empruntées à l'armée de Paris et massées dans la plaine d'Aubervilliers. De ce côté-là, il devait aussi y avoir une vigoureuse sortie; mais on l'avait contremandée avant tout commencement d'exécution.

Enfin, le 30, au point du jour, les ponts étaient installés sous Nogent et Joinville; et les deux premiers corps de la 2e armée conduits par les généraux Blanchard et Renault exécutaient rapidement avec toute leur artillerie le passage de la rivière. Ce mouvement était appuyé par un feu soutenu partant des redoutes de Gravelle et de la Faisanderie, ainsi que de diverses batteries de position établies dans la presqu'île de Saint-Maur. A 9 heures, les deux corps d'armée attaquaient Champigny et les premiers échelons du plateau de Villiers. Mais à 11 heures l'ennemi, auquel notre retard de 24 heures dans le jet des ponts avait permis de deviner notre opération et de masser déjà un certain nombre de troupes pour s'y opposer, fit un vigoureux effort en avant. Cet effort était soutenu par de nombreuses batteries de campagne et des pièces fixes établies à Chennevières et à Cœuilly.

Nos généraux et nos officiers sentirent que le moment était venu de payer héroïquement de leur personne, pour soutenir leurs jeunes troupes et les empêcher d'être culbutées dans la Marne. C'est alors que sur la gauche, nos hommes furent ramenés au feu par Ducrot, qui chargea l'épée à la main avec une incomparable bravoure. Au même instant le général Renault obligé lui aussi de marcher en avant, tombait mortellement blessé.

Grâce au courage admirable de nos généraux et à l'entrain des officiers de tous grades, et grâce surtout aux efforts de l'artillerie engagée cette fois dans des proportions formidables et habilement commandée par le général Frébault, nos hommes purent prendre définitivement possession des crêtes en avant de Villiers. Les conscrits de la jeune république venaient de battre les meilleures troupes saxonnes et wurtembergeoises de l'armée allemande. Ils avaient combattu douze heures sous un feu meurtrier et conquis les positions sur lesquelles ils couchaient. Enfin pour la première fois dans les combats sous les murs de Paris, nous avions pris deux canons; et l'ennemi, disait-on, avait abandonné sur place ses morts et ses blessés.

Durant cette lutte acharnée, les pièces du fort de Nogent et plus encore celles du plateau d'Avron jouaient un rôle immense. Elles criblaient d'obus les renforts que les Prussiens envoyaient en grande hâte sur le lieu du combat, et les obligeaient à d'énormes détours. De plus elles protégeaient nos pontonniers, qui jetaient sur la Marne de nouveaux ponts de bateaux bien en amont des premiers.

En même temps, le 3ᵉ corps, sous les ordres du général d'Exéa, s'était avancé jusqu'à Neuilly-sur-Marne. Les ponts dont nous venons de parler étaient jetés au Petit-Brie ; et la division de Bellemare appartenant au corps en question, les franchissait vivement. Les efforts de cette division vinrent heureusement concourir à la prise de possession des crêtes désignées plus haut.

Ce même jour 30 novembre, la division Susbielle, détachée de l'armée de Ducrot, afin, comme nous l'avons dit en exposant le plan de la bataille, d'opérer du côté de Créteil, enlevait à l'ennemi la position importante de Montmesly. Mais faute d'une artillerie suffisante amenée en temps utile sur le point occupé, Montmesly dut être évacué avec des pertes sensibles de notre part, entre autres celle du général Lacharrière mortellement atteint. De ce côté, il faut le dire, l'opération fut manquée. Heureusement qu'elle n'avait pas dans le programme une importance capitale.

A l'intérieur de Paris, la surexcitation de la veille n'avait fait que croître. On se pressait en foule aux portes de Vincennes, Saint-Mandé et Charenton, pour voir rentrer nos pauvres blessés, les acclamer, et tâcher d'obtenir de ceux qui avaient conservé leur connaissance, ou des ambulanciers qui les accompagnaient, quelques détails sur les événements du champ de bataille.

Plusieurs dépêches affichées aux mairies annoncèrent

bientôt le véritable succès de notre jeune armée que nous venons de raconter. L'enthousiasme était immense. On comptait bien que le lendemain par un vigoureux effort, on achèverait de rompre la ligne d'investissement, qui venait d'être entamée si glorieusement.

VI

Le 1er décembre dès le point du jour, on sortait en foule des maisons, et on prêtait une oreille attentive à tous les bruits qui arrivaient du côté de l'est. La population fut grandement déçue, en n'entendant de ce côté que quelques coups de canon isolés, qui semblaient, d'ailleurs, partir de nos forts. On se demandait si nos troupes n'avaient pas marché en avant, et si la bataille ne continuait pas maintenant hors de la portée du bruit de l'artillerie. On ne pouvait croire à l'arrêt d'une opération si bien commencée.

La population fut un peu distraite de cette préoccupation par un rapport de l'amiral de la Roncière affiché depuis le matin. A l'aide des forts de Saint-Denis, il avait occupé le 30, au point du jour, dans la plaine d'Aubervilliers, Drancy et la ferme de Groslay, et retenu ainsi sur les bords de la Morée un bon nombre d'Allemands. Vers deux heures, d'autres troupes de Saint-Denis attaquaient, à l'ouest de cette ville, le village d'Épinay. Nos soldats soutenus par des pièces de position dans la plaine de Genevilliers et par le feu d'une batterie flottante, l'occupèrent avec succès. Mais ils l'abandonnèrent quelques instants après, puisqu'il ne s'agissait que d'une fausse attaque. Toutefois cette attaque suffit pour s'assurer que les Prussiens n'avaient de ce côté aucune batterie fortement organisée. La butte Pinson et le moulin d'Orgemont étaient à peine armés ; et c'est seulement après l'affaire dont il s'agit que les Allemands construisirent en ces deux points des batteries formidables. Aussi peut-on affirmer que le 30 novembre la route de Beauvais était à peu près libre. Les employés du chemin de fer du Nord qui se trouvaient en ce moment à Saint-Denis et qui connaissaient à fond les lieux, étaient très-édifiés sur la situation. Du reste, le rapport de l'amiral de la Roncière semblait empreint du regret que le gouverneur n'ait songé qu'à faire exécuter une fausse attaque du côté d'Épinay.

D'un autre côté, on apprenait aussi que, toujours pour faire diversion, Vinoy avait renouvelé dans la journée du 30 sa sortie de la veille vers Choisy-le-Roi et Thiais. C'est à cette nouvelle sortie que fut tué, à l'endroit appelé la Gare aux Bœufs, le capitaine de frégate Desprez. Cette perte fut un véritable deuil pour la marine, particulièrement pour les matelots du fort de Montrouge, qu'il avait commandés pendant quelque temps. Desprez s'était acquis depuis longues années l'estime et l'affection de toute la flotte. Quoique jeune encore, c'était le véritable type du marin de la vieille école. Il en possédait au plus haut point les qualités : l'austérité des mœurs, la loyauté du caractère, la bienveillance en même temps paternelle et ferme envers ses subordonnés. Tous les officiers, même les libertins, en trop grand nombre malheureusement aussi bien dans la marine que dans l'armée de terre, s'inclinaient avec respect devant cette honnêteté portée avec tant de droiture et de simplicité. Ce serait la première régénération de l'armée française que de compter désormais pour officiers des hommes de cette trempe. Commandée par de tels chefs, elle formerait bientôt une sorte de famille, où la discipline, le dévouement et le courage, seraient doublés par les sympathiques relations de tous ses membres.

Revenons à la journée du 1er décembre. Ce jour-là, on n'entendait plus canonner, comme la veille, du côté du sud, ni de Saint-Denis. On se demandait pourquoi les diversions ne continuaient pas avec vigueur, afin d'obliger l'ennemi à conserver des forces importantes dans ces directions. Puis, du côté de l'Est, on avait beau prêter l'oreille ; on ne percevait pas ce grondement continu, si lointain qu'il fût, qui accompagne toujours les engagements sérieux.

Bientôt on apprenait qu'il n'y avait eu dans la journée que quelques combats de tirailleurs, et une faible canonnade du plateau d'Avron, pour inquiéter les mouvements de l'ennemi à Chelles et à Gournay. Ces mouvements n'étaient autres qu'une concentration considérable opérée par les Prussiens pour amener de nouvelles forces en arrière de Cœuilly et de Villiers. Et pendant qu'au su et au connu du général en chef, cette inquiétante concentration s'effectuait, nos troupes étaient censées relever les blessés abandonnés par l'ennemi sur le champ de bataille, et ensevelir *religieusement* ses morts, suivant l'expression du rapport officiel. Pour qui a vu de près avec quelle prestesse fonctionnent les ambulanciers allemands au milieu même des balles, c'était là une assertion un peu aventurée; mais soit. Ainsi donc alors on pensait à ensevelir religieusement les morts étrangers; et on oubliait les Français vivants qui allaient, le lendemain, être inutilement sacrifiés. Aviez-vous donc peur de fatiguer vos troupes; et ne saviez-vous pas que par un froid rigoureux l'inaction est bien autrement pénible que la fatigue du combat. Que faisiez-vous donc en réalité? Je crains de le savoir. Toujours irrésolu et manquant de cette rapide initiative si indispensable à un commandant en chef, vous temporisiez avec les circonstances. Il ne fallait cependant pas hésiter. On devait continuer à attaquer vigoureusement le 1er décembre, en faisant donner le reste du corps d'Exéa maintenu jusque-là en réserve, et en ordonnant la continuation de sorties vigoureuses et à fond par Vinoy et de la Roncière. — Ou bien encore, si dès ce jour l'impossibilité de la trouée du côté de la Marne était devenue évidente pour le commandant en chef, il devait profiter des moyens de transport dont il disposait pour opérer dans une nouvelle direction, particulièrement du côté de la route de Beauvais, puisque l'attaque du 30 sur Épinay avait démontré que la direction dont il s'agit était à peu près libre. Les moyens de transport n'étaient pas, il est vrai, aussi considérables qu'ils eussent pu l'être, si on avait établi dès le principe les chemins de fer diamétraux, dont il a été parlé au chapitre VIII. Cependant ils étaient suffisants pour un déplacement rapide du matériel. Ils comportaient en particulier le chemin de fer de ceinture et la voie ferrée de la rue militaire, si hautement prônée après son prompt établissement, et qui n'a jamais servi, peut-être à cause de ses pentes mal ménagées, mais qu'il eût été possible de rectifier en peu de jours.

Il fallait alors, dès le 1er au matin, masquer les mouvements, pour laisser l'ennemi achever en pure perte sa concentration, et faire traverser Paris aux troupes, en profitant des moyens de transport que nous venons de relater. Rien n'empêchait de les grouper soit dans Saint-Denis, si on avait opté pour la direction susmentionnée de Beauvais, soit à l'intérieur de Paris dans l'hypothèse d'une autre combinaison, et alors près de l'enceinte, aux environs des portes par lesquelles le lendemain les colonnes eussent débouché. Dans tous les cas, il eût été nécessaire de loger les soldats pour une nuit dans les maisons et monuments à portée, afin de les tenir à l'abri de l'intempérie de la saison. Puis, le 2 au matin, on pouvait, comme l'avant-veille, se ruer avec des hommes dispos sur les positions dégarnies de l'ennemi. C'est ainsi qu'on aurait fini enfin par le surprendre et le culbuter à fond. Mais vous n'aviez foi ni en vous, ni en vos généraux, ni en vos troupes, ni en votre intendance, qui était appelée, en de pareils moments, à jouer un rôle immense. Et cependant n'auriez-vous pu arriver à une confiance réciproque, si vous vous y étiez pris plus tôt pour constituer les armées d'attaque, et avoir le loisir de les exercer à de grandes et rapides manœuvres.

Non, on ne fit rien le 1er décembre, pendant que les Prussiens faisaient tant sous nos propres yeux. Sans compter qu'ils avaient simulé une attaque sur la presqu'île de Genevilliers, du côté de Bezons, dans la nuit du 30 au 1er, afin de s'assurer si de ce côté-là il n'y avait pas des troupes massées, et si décidément nous avions bien réuni toutes nos forces sur les bords de la Marne.

Tous les hommes du métier craignaient pour le lendemain un immense désastre. Avec l'habileté qu'ils reconnaissaient à nos adversaires pour concentrer les masses, ils appréhendaient de voir toute l'armée de Ducrot jetée dans la rivière, comme peu s'en fallut du reste. Et en ces cruels moments d'anxiétés et d'angoisses, je ne pouvais chasser de mon esprit un mot qu'un des plus intelligents officiers de l'état-major général avait laissé échapper devant moi. Dans un moment d'amère mais consciencieuse critique contre les fautes et les négligences de chaque jour qu'il voyait commettre comme à plaisir, il me disait : « Ici, on ne laisse jamais échapper l'occasion de faire une bêtise. »

VII

Et de fait, le lendemain 2 décembre, avant le jour, les Wurtembergeois et les Saxons, furieux de leur défaite du 30, et soutenus par les meilleures troupes prussiennes rassemblées dans la journée et dans la nuit du 1er, s'élancèrent avec une extrême impétuosité sur l'armée du général Ducrot. L'attaque se produisit à l'improviste sur toute la ligne française depuis Champigny jusqu'à Brie, au milieu des hourras formidables des Allemands; et nos chefs ne s'y attendaient même pas.

Au premier moment, il faut l'avouer, ce fut une véritable déroute, surtout sur notre droite. Les mobiles de l'Ille-et-Vilaine et de la Côte-d'Or, à peine réveillés et à demi vêtus, lâchèrent pied. Ils ne purent être ramenés en avant qu'au prix de flots de sang versés par leurs officiers. C'est à ce moment que tomba mortellement frappé Mandat de Grancey, ancien officier de marine, lieutenant-colonel de mobiles, qui s'était déjà distingué à la tête de ses hommes, le 13 octobre, au combat de Bagneux. C'était un cœur généreux, qui n'avait pas hésité à quitter sa jeune femme, pour venir défendre Paris à la tête des enfants de sa province. Possesseur d'une immense fortune et allié aux grandes familles de France, il montra, comme tant d'autres héros de son rang tombés dans cette guerre, que la noblesse française n'a pas cessé d'avoir l'apanage des plus purs dévouements.

A la nouvelle des événements, le général Trochu accourut, entouré de son état-major, au milieu des lignes de tirailleurs. Comme Ducrot, la veille, il paya bravement de sa personne pour enlever les troupes. Dans ce moment suprême, où toute retraite devenait impossible sans une déroute, la lutte fut longue et terrible. Mais nos batteries de campagne, et plus encore les canons d'Avron, de Nogent et des redoutes de la Faisanderie, de Gravelle et de Saint-Maur, finirent par arrêter les colonnes allemandes. Dès 11 heures, les efforts de l'ennemi étaient complétement vaincus. A 4 heures le feu cessait, et nous restions maîtres du champ de bataille, qui n'était du reste que celui de la veille. Et cependant c'était pour nous un immense succès que d'avoir conservé nos positions. Oui, nos pauvres moblots et nos modestes lignards avaient en définitive vaillamment combattu; et leur gloire était grande, car ils avaient repoussé les phalanges victorieuses de Wœrth, de Forbach et de Sedan.

A ce moment encore, je ne dirai pas un homme de génie, mais simplement un général habile, aurait pu obtenir un résultat décisif. D'abord il se serait aperçu tout de suite que le parc de Cœuilly était la clef de la situation. En envoyant reconnaître ce point par un officier d'ordonnance intrépide, il aurait appris qu'il ne se trouvait dans le parc que quelques canons, admirablement servis, c'est vrai, mais soutenus seulement par une centaine de tirailleurs. Une position aussi faiblement défendue pouvait être enlevée sans de grandes pertes. Malheureusement, ces diverses circonstances échappèrent complétement au divisionnaire Faron, qui, à défaut du commandant en chef, aurait pu deviner la situation. C'était un général très-brave; mais de son propre aveu il se sentait écrasé par ses nouvelles fonctions; car il n'avait jusque-là exercé de commandement que sur un modeste régiment d'infanterie de marine. Il ne songea qu'à faire battre en brèche par des mitrailleuses! les murs du parc, qui avaient près de deux mètres d'épaisseur.

Dans un autre ordre d'idées, le général Trochu aurait dû songer que nos adversaires si rapides dans leurs concentrations, avaient certainement, dès le 2, réuni sur le lieu du combat toutes leurs troupes disponibles autour de Paris. Donc, il fallait résolûment, le 3 au matin, attaquer de nouveau, en engageant surtout le corps du général d'Exéa, dont une partie seulement avait donné jusque-là, et en mettant franchement en ligne les trente bataillons mobilisés de la garde nationale, que le général Clément Thomas avait lui-même conduits la veille sur le lieu du combat, à la nouvelle de l'attaque des Allemands.

Le gouverneur n'était pas de force à prendre une résolution aussi décisive. Peut-être croyait-il les Prussiens non moins lents que lui dans leurs mouvements, et craignait-il qu'ils n'eussent pas encore terminé la veille leur concentration, et ne fussent renforcés dans la journée du 3 par de nouvelles troupes fraîches. Or, vers la fin de décembre, on parvint à se procurer des journaux étrangers par les avant-postes prussiens du côté de Saint-Denis. Plusieurs de ces journaux renfermaient des correspondances dont on ne saurait suspecter la sincérité, puisqu'elles émanaient d'officiers wurtembergeois et saxons engagés dans la bataille du 2. Eh bien! ces correspondances avouaient qu'un effort suprême avait été tenté ce jour-là par les troupes alliées; et que si les Français avaient continué leur attaque le 3, les Allemands n'auraient pas pu tenir, et la ligne d'investissement était rompue.

Je sais bien que le général Trochu, dans son bulletin au gouvernement daté du fort de Nogent, le 2 décembre, à cinq heures du soir, donnait à entendre que ses soldats, fatigués, pourvus d'un matériel incomplet, et surtout glacés par des nuits d'hiver passées sans couvertures, seraient incapables d'un nouvel et suprême effort. Mais alors, à qui la faute? Comment! les soldats étaient pourvus d'un matériel incomplet; et on leur avait laissé passer des nuits sans couvertures! Bien plus, on a osé dire que c'était pour les alléger que l'ordre fut donné de laisser les couvertures à Paris. Ainsi, vous vous proposiez de faire une trouée. Par conséquent, vos troupes devaient forcément camper en plein champ pendant plusieurs jours avant d'atteindre les villes non envahies. Et vous n'avez pas songé que le vêtement du corps était aussi nécessaire que sa nourriture pour assurer le succès? Non, non, cette négligence est inexplicable et impardonnable. Il n'est même point possible qu'on songe à l'excuser.

VIII

Le bulletin déjà mentionné du 2 décembre, à cinq heures du soir, renfermait aussi la phrase suivante, qui est demeurée pour tout le monde une véritable énigme : *cette deuxième grande bataille est beaucoup plus décisive que la précédente.* A la lecture de cette phrase, le public crut sérieusement que la trouée était faite; et les membres du gouvernement eux-mêmes, qui, pendant le cours de ces graves événements, étaient réunis en permanence, s'y laissèrent prendre aussi. Ils délibérèrent toute une nuit, parait-il, sur la question de savoir s'il ne fallait pas donner au général Trochu un immense et éclatant témoignage de reconnaissance, en lui conférant du même coup la dignité de maréchal de France et la grand'croix de la Légion d'honneur Mais les plus fins d'entre eux, qui se méfiaient de la rhétorique nébuleuse du gouverneur, calmèrent cet enthousiasme. Ils décidèrent leurs collègues à ne *décréter* qu'après plus ample informé, et à se contenter pour le moment d'adresser une lettre chaleureuse de félicitations et de remercîments au commandant en chef des armées. Nos gouvernants s'arrêtèrent à cette sage résolution; et bien leur en prit, car le 3 décembre au matin tous ces bruits de bataille décisive s'en allaient en fumée. Aidés par le brouillard, les 100 mille hommes de l'armée de Ducrot qui avaient pris part au combat du 2, repassaient la Marne; et cette armée tout entière se concentrait dans le bois de Vincennes, afin de donner suite, disait-on, à ses opérations.

Le rapport militaire annonçait pompeusement que les Allemands avaient éprouvé des pertes écrasantes pendant les glorieuses journées des 29, 30 novembre et 2 décembre, à tel point, ajoutait le document officiel, que, « pour la première fois depuis le » commencement de la campagne, l'ennemi, frappé » dans sa puissance et dans son orgueil, a laissé passer » une rivière sous ses yeux et en plein jour, à une ar- » mée qu'il avait attaquée la veille avec tant de vio- » lence. » Il est vrai que les pertes des Prussiens étaient réellement considérables. Le fort de Nogent et nos batteries d'Avron les avaient horriblement mitraillés. Mais nous n'avions fait que huit à neuf cents prisonniers; et nos propres troupes avaient été fortement éprouvées. Nous avions eu plus de mille tués, environ cinq mille blessés, et sur le tout huit pour cent d'officiers, dont deux généraux qui succombèrent à leurs blessures. Quant à nos hommes disparus, on n'en a jamais parlé officiellement; mais ce n'est pas exagérer que d'en porter le chiffre à deux ou trois mille.

Cette véritable reculade fit un effet désastreux sur l'armée. Elle voyait que tous ses efforts avaient abouti à un résultat négatif, et qu'on n'avait pas su profiter de son entrain. Dans la bataille du 2, il y avait bien eu quelques cris séditieux de la part de mauvais soldats, comme ceux qui ont *fraternisé* avec les assassins de la butte Montmartre dans l'odieuse journée du 18 mars. Ils marmottaient entre leurs dents : « *Voici les immortels qui vont se mettre à l'abri,* » au moment où le général Trochu regagnait son poste central, comme c'était son devoir, après avoir courageusement chargé à la tête des mobiles, au milieu de leurs chaleureuses acclamations. Mais la grande masse de nos troupiers se couchaient le soir du 2, pleins d'enthousiasme et d'ardeur. Ils montraient de loin le poing aux Prussiens, et leur criaient : « *demain nous vous rempoignerons !*

A partir du 3 décembre, il ne fallait plus songer à demander aux soldats de vigoureux coups de collier. Ils n'avaient plus la foi dans leurs généraux, et encore moins dans l'efficacité d'une nouvelle bataille pour le salut de la France.

Je sais que pour expliquer sa conduite dans toute cette affaire, le général Trochu racontait quelques jours après à qui voulait l'entendre quel avait été son objectif, et pourquoi il n'avait pu le poursuivre. Mais rien n'est plus facile que d'imaginer après coup des explications, et cela avec la meilleure bonne foi, surtout chez les hommes qui parlent et se répètent beaucoup, car ils arrivent bien vite à se convaincre eux-mêmes que ce qu'ils disent a réellement existé. Selon les affirmations du gouverneur, le but de l'opération consistait dans la jonction de l'armée de Ducrot et de l'armée de la Loire entre Paris et Orléans. Mais on avait été obligé d'abandonner complétement ce projet, en recevant le 2 décembre d'Orléans un télégramme-pigeon, qui fut du reste rendu public. Dans ce télégramme Gambetta annonçait qu'il n'avait reçu que le 30 novembre la dépêche expédiée le 24 de Paris, qui le mettait au courant du projet de trouée, et que ce fâcheux retard provenait de la chute en Norwége du ballon porteur de la dépêche. Le gouverneur, toujours selon ses explications, avait inféré des communications de Gambetta que les mouvements de l'armée de la Loire, dont l'avant-garde ne lui était signalée qu'à Montargis, ne pouvaient plus concorder avec la sortie de Ducrot.

Eh bien! même dans cette conjoncture, n'y aurait-il pas eu un intérêt puissant à bousculer l'ennemi sous les murs de Paris, et à l'obliger d'appeler à son secours une partie de l'armée de Frédéric-Charles? Bon nombre d'officiers suivaient attentivement les opérations en province, à l'aide des lambeaux de renseignements qui nous parvenaient. Aucun d'eux ne doutait que cette armée ne dut faire très-prochainement sa jonction avec von der Tann et Mecklembourg, afin d'écraser l'armée de la Loire par des masses compactes.

Je me suis aussi étendu sur les batailles des bords de la Marne, parce que ce sont de beaucoup les opérations les plus importantes qui se soient accomplies sous les murs de Paris, et que, menées habilement, elles auraient eu une influence décisive sur le cours de la guerre. D'ailleurs, en faisant toucher du doigt les causes multiples qui ont empêché un succès définitif, j'ai voulu donner la preuve que toutes les négligences, toutes les irrésolutions de la défense, depuis le commencement de l'investissement, devaient fatalement porter leurs tristes fruits.

CHAPITRE XI.

Nouvelles prussiennes, et dépêches de Gambetta sur l'armée de la Loire.

I

La population était à peine remise des cruelles émotions des derniers combats, lorsque le 6 décembre, le gouvernement de la défense nationale porta à sa connaissance une lettre du comte de Moltke au général Trochu. Cette lettre, très-circonspecte du reste, annonçait que notre armée de la Loire avait été défaite le 4 décembre près d'Orléans, et que cette ville venait d'être réoccupée par les troupes allemandes. Le chef d'état-major de l'armée alliée proposait de laisser vérifier le fait par un officier du gouverneur. A côté du document prussien, se trouvait affichée la réponse du général Trochu, qui n'était autre qu'une paraphrase négative de la lettre du comte de Moltke.

Cette lettre fut considérée par le public comme une

manœuvre du général allemand pour terrifier les Parisiens. Les journaux criaient à tue-tête : « il a complétement manqué son coup ; pour s'en convaincre, il n'aurait qu'à prêter l'oreille à tout ce qui se dit dans les groupes. » Et comme toujours les chauvins déclaraient hautement que tout cela était un odieux mensonge.

Le général Trochu, après la rentrée des troupes de Ducrot, avait transporté son quartier général au château de Vincennes, et c'est là que lui parvint la lettre en question. Mais il crut ne devoir rédiger sa réponse qu'après s'être entendu avec les autres membres du gouvernement. Il se transporta à cet effet à Paris au sein du conseil. Picard, qui est toujours demeuré le membre du gouvernement ayant le plus de sens politique, fut d'avis de considérer la lettre de M. de Moltke comme une invite pour entrer en pourparlers. Il était naturel, en effet, de supposer qu'à ce moment la conclusion d'un armistice et subséquemment de la paix aurait pu être obtenue dans des conditions excellentes, meilleures qu'au lendemain de Sedan, M. de Moltke avait trop le respect de lui-même et de sa réputation, pour compromettre sa signature, comme aurait pu le faire avec plus de sans-gêne M. de Bismarck dans un but *psychologique*. Et comme d'autre part, tout en nous signalant une défaite, il n'annonçait pas un désastre, il était logique d'en inférer que Frédéric-Charles n'avait pas pu écraser notre armée de la Loire. Nous étions d'ailleurs au lendemain des journées du 30 novembre et du 2 décembre, qui avaient été pour nous de véritables victoires, puisque nos soldats étaient restés maîtres du champ de bataille, et qui avaient prouvé à l'ennemi l'existence d'une armée importante dans Paris. Enfin, le gouvernement savait, par une dépêche reçue le 2 décembre, que Bourbaki était dans le Nord à la tête d'une armée sérieuse avec une bonne artillerie et de la cavalerie, ce que les Prussiens ne devaient pas ignorer. En combinant ces diverses circonstances, il ne fut pas difficile à M. Picard de faire ressortir que la situation militaire de la France était meilleure qu'elle ne l'avait jamais été. Il posa nettement la question de savoir si nous ne devions pas, au moins par prudence, faire l'essai de nouvelles tentatives de pacification. Le général Trochu prit alors la parole ; et dans un discours plein de véhémence patriotique, il déclara que la nouvelle, qui nous venait d'ailleurs de l'ennemi, même supposée exacte, ne nous ôtait pas le droit de compter sur le grand mouvement de la France accourant à notre secours, et qu'elle ne devait rien changer aux résolutions et aux devoirs de Paris. Trochu termina son discours par les mots suivants, que malheureusement il ne devait pas mettre en pratique : « Combattre, encore combattre, toujours combattre ! » Le rhéteur l'emporta sur l'homme d'affaires. Le gouvernement se laissa encore prendre aux grands mots ; et à la presque unanimité, il décida l'envoi de la réponse de Trochu, qui coupait court à toute négociation.

Quelle fut, au fond de tout cela, la pensée du gouverneur ? Avait-il donc une foi robuste dans ces armées de province que Gambetta lui énumérait dans de trop pompeuses dépêches ? Comptait il que la France sauverait Paris, pendant que lui-même sommeillerait, laissant ses troupes au port d'armes, la mobilisation de la garde nationale traînante, et les travaux d'approche contre les lignes de contrevallation mollement conduits ou négligés. Ce fut une bien triste illusion de sa part, et une idée radicalement fausse : car c'était à Paris de sauver la province.

Il eût suffi pour cela de ne pas se laisser aller, comme nous le verrons dans la triste suite des événements, à un abandon presque absolu d'opérations militaires suivies. On eût ainsi empêché l'ennemi de faire de ses troupes autour de Paris à la fois une armée d'investissement et un rassemblement de réserves considérables, qu'il lançait avec une rapidité foudroyante pour renforcer ses armées de province ou y relever les corps fatigués.

II

Après sa réponse au comte de Moltke, le général Trochu semble vouloir se mettre en mesure de continuer une vigoureuse offensive. Il ne parait plus à Paris ; il demeure enfermé au château de Vincennes.

Rien de mieux, et loin de nous de blâmer cette réserve, qu'il aurait dû mettre en pratique beaucoup plus tôt ; car c'est dans cette calme retraite, et débarrassé de toute préoccupation politique, qu'il put un peu rétablir sa santé fortement ébranlée depuis le commencement du siége. Il y retrouva au moins en partie le sommeil, qui est si indispensable pour la conservation intégrale des facultés de l'intelligence, et dont la privation chez le général Trochu a dû jouer un rôle considérable dans toutes les négligences qu'il a commises, ou au moins laissé commettre, au milieu de ses multiples et accablantes fonctions.

Pendant son séjour à Vincennes, le gouverneur est censé s'occuper à réformer les cadres de l'armée de Ducrot, et à modifier son organisation. Tout ce travail était l'affaire de deux ou trois jours, s'il avait été bien entendu, à moins alors de supposer que les pertes des précédents combats, surtout en hommes disparus, ne fussent beaucoup plus considérables qu'on ne voulait l'avouer. Dans tous les cas, il suffisait de faire serrer les rangs partout, et de bien se garder de procéder à un remaniement complet.

Mais, au lieu de réorganiser l'armée de Ducrot, on la désorganise complétement. On disloque ses trois corps, pour ne plus former qu'un grand corps d'attaque et une réserve, et verser une division dans l'armée de Vinoy. Les brigades, les batteries d'artillerie, tout cela est livré à un chassez-croisé des plus complexes. Personne ne s'y reconnaît plus, et je ne sais ma foi si depuis on s'y est jamais reconnu.

En même temps, on se chamarre sur toute la ligne, c'est une pluie de grand-croix, de grands officiers, de commandeurs de la Légion d'honneur, à rendre jaloux l'empire ; et à côté de cela, maigre pitance pour les soldats, les mobiles et les simples matelots. Ah ! comme on déchirait avec aisance cette magnifique lettre du 18 octobre, où le gouverneur écrivait aux généraux, amiraux, etc., sous ses ordres ces sages paroles :

« Je suis absolument résolu à faire cesser les vieux
» errements, originaires de la guerre d'Afrique, qui
» consistent à citer après chaque engagement une foule
» de noms, qui commencent par ceux des généraux et
» finissent à ceux de quelques soldats..... Nous avons à
» faire pénétrer dans l'esprit de nos officiers et de nos
» soldats cette grande pensée : que *l'opinion seule peut*
» *récompenser dignement le sacrifice de la vie.* »

Oui certes, grande pensée qu'il eût été digne de faire consacrer par la République, au lieu de la faire fouler aux pieds par cette même République. On ne songeait pas assez que si quelques nobles âmes avaient subi plutôt qu'accepté ces récompenses intempestives, il était d'autres hommes qui ne voyaient là qu'une juste rémunération du courage qu'ils avaient montré, je l'accorde, devant l'ennemi ; mais alors c'était un courage nerveux,

et qui, soutenu seulement par l'intérêt individuel, devait tomber avec la plénitude de la satisfaction. Et
d'ailleurs du moment qu'on entrait dans cette voie
funeste à l'égard des hommes élevés en grade, n'allait-on
pas rétablir ces courses au clocher après les récompenses, qui éteignent le véritable patriotisme. C'était
en outre tenter les meilleures natures, et exposer leur
dévouement à dégénérer dans son désintéressement.

On avait aussi promulgué le 28 octobre un décret
pour statuer qu'à l'avenir la décoration de la Légion
d'honneur serait exclusivement réservée à la récompense des services militaires et des actes de bravoure.
Ce décret avait été rendu bien à la légère, quoique dans
une bonne intention. Il est évident qu'il établissait un
privilége tout gratuit pour les nombreux légionnaires
civils que l'empire avait créés, et pour un grand
nombre desquels cette faveur avait une origine fort
interlope. Au surplus, on en fraudait l'esprit, en comprenant dans les listes de décorations quelques officiers généraux et autres qui n'avaient pas été au feu
depuis le commencement de la guerre. Comme on se battait alors de tous côtés sous Paris, il eût été décent de ne
récompenser que ceux qui avaient assisté à quelque
affaire. Rappelons, du reste, qu'au commencement de
novembre, on avait, sans aucune nécessité, nommé à
des grades supérieurs quelques colonels et quelques
généraux qui n'avaient pas encore combattu sous les
murs de la capitale. Bien plus, la veille même de l'armistice, alors que le râle de l'agonie avait commencé
pour Paris, on avait encore l'impudique faiblesse de
distribuer quelques lambeaux de ruban et de semer
quelques étoiles, à la confusion même de plusieurs
des promus, dont l'âme fière et généreuse trouvait le
moment peu opportun pour cueillir des lauriers au
milieu d'un champ de cyprès.

Combien ne souffrirent-ils pas de ces actes dépouillés de toute grandeur d'âme, les hommes généreux qui, libres de toute obligation, avaient spontanément abandonné leur famille, et repris leur ancienne place dans l'armée, afin d'accourir à la défense de Paris. Ils étaient venus se grouper autour de la grande ville comme auprès du fils ainé de la commune patrie, afin d'y combattre l'étranger, ne briguant d'autre récompense que la mâle et pure satisfaction du devoir accompli dans toute la noblesse du désintéressement.

III

Entre-temps, le général Clément Thomas continuait la mobilisation de la garde nationale, mais mollement ; car les deux tiers à peine des bataillons mobilisés se trouvaient complétement équipés à la fin du siége. Les bataillons prêts au commencement de décembre, furent groupés par quatre, de manière à former 26 régiments de 2,000 hommes chacun en moyenne. On porta ultérieurement à 58 le nombre de ces régiments, quand la mobilisation se trouva plus avancée.

Les bataillons de mobilisés, aussitôt équipés, étaient envoyés aux avant-postes pour s'aguerrir. La plupart d'entre eux s'y comportèrent dignement et méritèrent les éloges des généraux et amiraux sous les ordres desquels ils furent placés. Mais on ne leur ménagea ni l'encens, ni les récompenses ; et on vit encore là poindre la fâcheuse habitude de flagorner les masses, au détriment de la dignité des flattés et des flatteurs. Par contre, divers bataillons des quartiers de Belleville, de Bercy et de la porte d'Italie, se signalèrent par leur indiscipline, leur honteuse intempérance, leurs déprédations et leur défaillance devant l'ennemi. Ce sont les mêmes misérables, braves dans l'assassinat et lâches au feu, au moins en face des Prussiens, qui ont formé le principal contingent de l'émeute du 18 mars et de la guerre civile qui l'a suivie. Au lieu de réprimer vigoureusement tous ces actes déplorables, on fermait les yeux ou à peu près, laissant de plus en plus s'inoculer dans la garde nationale et dans la population l'idée que toutes les violations de la loi étaient des peccadilles. On se contentait de dissoudre les bataillons les plus intraitables, tel que le bataillon des tirailleurs de Belleville.

C'est vers cette époque que reparut tout à coup le major Flourens, semblable aux diablotins qui servent de jouets aux enfants et qu'un ressort fait brusquement sortir d'une boîte. Il s'était prudemment caché depuis le 31 octobre, et avait dépisté toutes les recherches de la police. Mais il ne put résister plus longtemps au désir de rentrer en scène. Il crut l'occasion favorable au moment où on envoya les bataillons mobilisés de Belleville aux avant-postes du côté de Créteil. Un beau matin, il se présenta au milieu de ses anciens séides. Mais le plus grand nombre de ceux-ci renièrent, par dégoût, leur ex-chef, qui depuis le commencement du siége n'avait donné des preuves de courage et de talent que pour fuir et se cacher avec habileté à chaque échauffourée manquée. Il fut obligé de se retirer devant des manifestations peu sympathiques. La police avertie de son apparition, se mit de suite à ses trousses, et parvint à le saisir à Maisons-Alfort. De là on le conduisit à Mazas, d'où il devait encore s'échapper, comme nous le verrons plus tard, dans la nuit du 21 au 22 janvier.

De leur côté, quelques mobiles avaient cru pouvoir se lancer sur les traces des Bellevillois, en se livrant à un maraudage effronté aux environs du Mont-Valérien. Mais heureusement qu'ils étaient là sous une main de fer. Le général Noël réprimait énergiquement leurs écarts de sa propre autorité, en se bornant à rendre compte de ses mesures à l'état-major général, au lieu d'en attendre l'ordre de répression, qui aurait pu se faire longtemps désirer.

III

La curiosité publique était un peu aux abois depuis quelque temps. Le besoin se faisait sentir de l'alimenter à tout prix. Les journaux à racontars ne trouvèrent rien de mieux à cet effet que de publier que l'escadre française de la mer du Nord venait, en sacrifiant deux frégates cuirassées, de franchir les passes de Jahde, et de capturer toute la flotte prussienne mouillée au fond du port. Il fallut un démenti bien formel du ministre de la marine pour expliquer combien peu cette nouvelle était rationnelle et fondée. On se décida alors à croire, comme hélas ! ce n'était que trop vrai, que notre marine, qui se comportait si vaillamment sur terre, était demeurée tout à fait au-dessous de sa tâche sur son propre élément. Oui, dans cette guerre, notre formidable flotte cuirassée, qui a absorbé tant de millions et sur laquelle on fondait de si grandes espérances, n'a rendu qu'un service négatif. Cette flotte fastueuse a à peine capturé quelques navires de commerce. On donne pour raison, je le sais, que les bâtiments qu'elle renfermait avaient été construits plutôt en vue d'une guerre contre l'Angleterre que contre la Prusse, et qu'ils avaient un tirant d'eau beaucoup trop considérable pour pouvoir forcer les passes des havres allemands. Je n'ignore pas non plus que l'amiral Rigault de Genouilly, ministre de la marine au moment de la déclaration de la guerre, est unanimement accusé d'avoir voulu se réserver le commandement suprême de toute une flotte destinée à faire merveille sous ses ordres. C'est pourquoi l'escadre de la Méditerranée, commandée par l'amiral Fourichon, n'aurait pas été lancée, dès le début de la guerre, à la poursuite de l'escadre prussienne éloignée à ce moment de la mer du Nord. C'est pour cela aussi que l'escadre de l'amiral Bouët, à Cherbourg, n'aurait reçu l'ordre de prendre la mer que trop tardivement pour couper le chemin à la flotte ennemie. Cependant ces motifs ne satisfont pas tout le monde ; et on se demande si là aussi les chefs n'ont pas été au-dessous de leur tâche.

Quoi qu'il en soit, on vivait vite, en ces temps de fièvre, à Paris. Le prétendu héroïsme de la flotte française fut bientôt supplanté par les fameuses dépêches apocryphes dés Prussiens. Le 10 décembre, le gouvernement recevait deux télégrammes-pigeon annonçant la déroute complète de l'armée de la Loire, la reprise d'Orléans et l'occupation de Rouen par les Allemands ; leur marche sur Cherbourg, Bourges et Tours ; l'acclamation des Prussiens par les populations rurales ; le brigandage et la dévastation dans la province ; enfin le départ de Gambetta pour Bordeaux.

Le contexte même de ces dépêches était trop germanique pour qu'on pût s'y méprendre. D'ailleurs, le nom de M. Lavertujon, secrétaire du gouvernement et présent à Paris, était faussement apposé à la fin d'une des deux dépêches, ce qui éventait complétement un piége aussi grossier. Ce n'était qu'une grosse plaisanterie à la teutonne de quelque lourdaud de l'état-major prussien, qui croyait faire preuve par là d'une subtilité toute française.

Le gouvernement en portant les dépêches apocryphes à la connaissance du public, expliquait facilement la supercherie. Il rappelait que le 12 novembre un ballon contenant un certain nombre de pigeons, était tombé entre les mains des Prussiens, et que ceux-ci avaient abusé de nos innocents messagers.

Ces dépêches mirent le comble à l'incrédulité populaire ; et plus que jamais les Parisiens s'imaginèrent que notre armée de la Loire, loin d'être vaincue, devait être victorieuse. Toutefois le journal *la Patrie* fit paraître à ce propos un article fort remarquable par ses déductions toutes rationnelles. Le rédacteur de l'article établissait que les dépêches prussiennes étaient évidemment exagérées, mais qu'en fait elles devaient renfermer les germes de la vérité. Je n'ai pas besoin de dire que la *Patrie* souleva à cette occasion les *tolle* de messieurs du chauvinisme.

IV

Cependant, le 18 décembre, le gouvernement recevait trois dépêches de Gambetta datées du 5, 11 et 14 courant. Le temps s'étant beaucoup radouci à la suite des froids du commencement du mois, avait enfin permis à des pigeons voyageurs de rentrer à leurs colombiers ; car on sait que ces oiseaux ne voyagent ni par la neige ni par la gelée.

Gambetta avouait la défaite de l'armée de la Loire, l'occupation de Rouen par les Allemands, le transfert du gouvernement à Bordeaux, en un mot toute la substance, moins l'exagération, des dépêches prussiennes. Il annonçait en même temps la scission de l'armée de la Loire en deux parties. L'une sous le commandement de Bourbaki était en voie de réorganisation autour de Bourges et de Nevers. L'autre sous les ordres de

Chanzy, dont il faisait le plus grand éloge, avait soutenu une lutte admirable pendant six jours contre les masses de Frédéric-Charles et de Mecklembourg ; et, à la suite d'une habile retraite, elle venait de trouver un abri sûr dans le Perche. Il parlait aussi d'une armée de 30 mille hommes à Lyon commandée par Bressolles, et de quelques succès de Faidherbe qui avait remplacé Bourbaki à la tête de l'armée du Nord.

Ces nouvelles étaient une déception pour les incrédules à outrance des dépêches prussiennes. Mais pour les hommes sérieux, elles se trouvaient relativement bonnes. Dans tous les cas, elles indiquaient d'une manière précise quel devait être le rôle immédiat de l'armée de Paris, en dehors de tout plan préconçu. Il fallait faciliter à toutes nos armées de province le moyen de se réformer complétement, et de se renforcer par les contingents de mobilisés qu'on savait en voie de formation dans tous les coins de la France. On devait songer, non plus à faire une trouée, mais à retenir coûte que coûte des masses d'Allemands sous les murs de Paris, en y livrant d'incessants combats. Pour n'engager ces combats qu'avec toutes les chances favorables, il y avait à procéder de suite à d'innombrables cheminements vers les positions ennemies, à l'aide de cette fourmilière de terrassiers que renfermait Paris, et qui depuis longtemps en avaient fini avec les travaux des remparts et des forts. Ces terrassiers, en les payant bien, vous les auriez eus en aussi grand nombre qu'il vous aurait fallu. Vous en avez la preuve par la facilité avec laquelle vous vous étiez procuré ceux que vous avez employés, malheureusement en quantité insuffisante. Il va de soi que tous ces travailleurs auraient été pris dans la garde nationale sédentaire, de façon à conserver la mobilisation intacte et à ne pas diminuer le nombre des combattants à mettre en ligne. D'ailleurs toute l'armée de Ducrot, celle de Vinoy et les mobilisés eux-mêmes, auraient aidé les terrassiers ; et ce travail ne leur eût pas été plus pénible qu'une stérile et délabrante inaction aux avant-postes dans l'intervalle des gardes.

On eut un moment l'espérance que cet ordre d'idées allait prévaloir dans l'esprit du général Trochu, et qu'il le mettrait vigoureusement à exécution. Mais on comptait sans son hôte. On oubliait trop cette indécision chronique, qui était devenue un des traits saillants du caractère du gouverneur. Nous verrons dans un instant qu'il allait encore, comme tant de fois, croiser le fer sans se fendre à fond, mais au contraire en rompant presque aussitôt.

A la suite des dépêches de Gambetta, les racontars recommencèrent de plus belle. Un jour, on avait entendu distinctement, dans le silence de la nuit, le bruit sourd d'une canonnade en arrière des lignes prussiennes, du côté de Versailles : c'était évidemment une armée de secours qui arrivait. Le lendemain, on assurait que l'armée de Frédéric Charles était aux prises avec une inondation produite par l'ouverture des écluses de décharge de la Loire. Frédéric-Charles lui-même était blessé, disait-on, et se trouvait à Versailles pour se faire soigner. Quant au roi de Prusse, il avait une attaque d'apoplexie toutes les semaines. Quelques jours plus tard, il n'était bruit que de dissensions entre les troupes alliées : les Polonais, assurait-on, refusaient de continuer à se battre ; et des coups de fusil avaient été échangés entre des Bavarois et des Prussiens. Enfin, une autre fois, il s'agissait d'une bouteille miraculeusement sauvée des eaux de la Marne, et renfermant un billet qui contenait, au milieu des doléances d'un fermier à son propriétaire, l'annonce incidente de défaites des armées allemandes dans l'ouest.

Mais dans le courant de décembre, on put avoir quelques renseignements exacts sur ce qui se passait en province. A Saint-Denis, l'amiral de la Roncière avait trouvé un moyen, plus ou moins interlope, de se procurer par les avant-postes des journaux allemands, tels que les *Gazette de Prusse, de Schleswig, de Cologne et de Silésie*. Ces journaux nous donnaient des détails sur les rudes combats de l'armée de la Loire, et les efforts que l'armée prussienne avait été obligé de faire pour la refouler. C'est là aussi que se trouvait la correspondance signalée au chap. X, sur les batailles du 30 novembre et du 2 décembre.

Vers la même époque, deux messagers avaient pu franchir les lignes ennemies. L'un venait de Tours; mais il avait mis un mois pour accomplir sa mission, et ne nous rapportait que des nouvelles du 15 novembre. L'autre arrivait de Rouen; c'était le fameux Théramène dont nous aurons occasion de reparler au chap. XVII, et qui en était à sa troisième tournée. Il apportait avec lui bon nombre de numéros du *Journal de Rouen* et de l'*Indépendance belge*, qui furent publiés les jours suivants dans le *Journal des Étrangers*.

On savait par là que les Allemands commençaient à se décourager singulièrement des longueurs de la guerre. On y voyait aussi le texte d'une proclamation du roi Guillaume à son armée, où se réfiétaient de graves préoccupations sur l'issue de la lutte. Nous apprenions enfin que la Russie venait de dénoncer le traité de 1856, par un document diplomatique. Cette dénonciation touchait les Anglais d'une manière bien plus sensible que nous-mêmes ; et nous espérions qu'elle allait amener une complication européenne, dont la France ne pouvait que profiter. Malheureusement c'était encore là une illusion. Nos anciens alliés de l'Alma et de Sébastopol devaient dès ce moment subir les conséquences de leur ingratitude politique envers nous. La Grande-Bretagne s'est humiliée honteusement, quoi qu'en aient dit ses journaux, devant la Russie et la Prusse, qui l'ont obligée à rayer d'un trait de plume tout le fruit de la guerre de Crimée.

CHAPITRE XII.

Sortie du 21 décembre.

I

Depuis la mi-décembre, le général Trochu avait perdu un temps précieux. La température était devenue très-douce ; mais à cette époque de l'année, il fallait s'attendre à une reprise prochaine du froid. Les plus ignorants en matière de météorologie, les bonnes femmes mêmes le prévoyaient. Il est vraiment inexplicable que l'ancien élève de notre illustre tacticien d'Afrique n'ait point songé à consulter cette fois, pas plus que les autres, ce que le soldat appelait si judicieusement « *la grenouille du père Bugeaud.* »

Quoi qu'il en soit, afin que personne n'en ignore, même les Prussiens, on prévient à son de trompe, suivant l'usage, qu'à partir du 19 décembre les portes de l'enceinte seront fermées pour les simples mortels. Puis le 20, au soir, le rapport militaire annonce que le gouverneur est parti pour se mettre à la tête de l'armée, des opérations importantes devant commencer le lendemain 21, au point du jour. Le rapport ajoute que plus de cent bataillons de la garde nationale mobilisée sont hors de Paris, pour prendre part à l'action.

II

Le 21 décembre, vers 7 heures du matin, l'attaque commençait sur un immense développement, depuis le mont Valérien jusqu'à Nogent-sur-Marne. A deux heures, le gouverneur télégraphiait que le combat était engagé, et continuait avec des chances favorables pour nous sur tous les points. Mais en réalité que s'était-il passé ?

Du côté du mont Valérien, le général Noël avait fait une forte démonstration sur Montretout, Buzenval et l'île du Chiard.

Au centre de l'action, les troupes de l'amiral de la Roncière attaquaient le Bourget La première colonne, composée de six cents marins intrépides, sous les ordres du commandant Lamothe-Tenet, avait pénétré dans le village par le nord avec une audace inouïe. Mais la seconde colonne, composée de lignards et de mobiles, qui devait attaquer par le sud, refusa de donner à fond. Les marins, ne se trouvant pas soutenus, ne purent se maintenir dans les positions qu'ils avaient enlevées. Ils furent obligés de se retirer en emmenant une centaine de prisonniers, mais aussi en laissant dans le village près de la moitié des leurs. Les journaux ne tarirent pas d'éloges pour ces hommes vraiment courageux. Seulement, afin de dramatiser le récit, ils racontèrent que c'était la hache d'abordage en main qu'ils avaient attaqué l'ennemi. Les officiers de marine ont souri en voyant cette naïveté des journalistes, et l'avidité avec laquelle les lecteurs l'accueillaient. La hache d'abordage est une arme du bon vieux temps, qui ne figure guère aujourd'hui à bord des navires que dans les panoplies. Il est même utile d'ajouter, pour l'édification complète du public, que les marins fusiliers ne sont pas, à proprement parler, des matelots. On les embarque à bord des navires pour y faire le service d'infanterie et les corvées générales du bord; mais ils apprennent leur spécialité à terre. Beaucoup de ceux qui étaient présents à Paris n'avaient même jamais mis le pied sur un navire. C'étaient des jeunes gens de la conscription, qui sortaient fraîchement de l'école des marins fusiliers à Lorient.

Après la retraite de nos marins, le général Ducrot fit avancer une partie de son artillerie pour canonner le Bourget. Une batterie de position établie sur la route de Flandre, et un wagon blindé roulé sur le chemin de fer de Soissons, le mitraillèrent en même temps. Mais les batteries prussiennes du pont Iblon et du Blanc-Mesnil, admirablement servies, nous répondaient vigoureusement; et cette lutte d'artillerie n'était pas à notre avantage. Dans tous les cas, on peut se demander s'il n'eût pas mieux valu faire démolir le Bourget par le canon, avant que d'y lancer des fantassins. Il y avait, du reste, longtemps qu'on eût dû rendre ce point inhabitable pour les Prussiens par les feux croisés du fort de l'Est, qui ne se trouve distant que de 4,200 mètres du village, et du fort d'Aubervilliers qui n'en est qu'à 3,300 mètres. Sans compter qu'il était très-facile d'augmenter la convergence des feux au moyen d'une batterie de position établie dans le nord-est de Saint-Denis.

Pendant que ces événements s'accomplissaient, une

partie de l'armée de Ducrot s'emparait de Drancy et de la ferme de Groslay, et réussissait à s'y maintenir. Sur la droite, le général Vinoy prenait rapidement possession de Neuilly-sur-Marne, de la villa Evrard et de la Maison-Blanche. Cette opération réussit très-bien, grâce aux dispositions méthodiques que le général avait prises, et grâce également au tir du fort de Nogent, du plateau d'Avron et de l'artillerie de campagne. Notre feu avait éteint celui de l'ennemi sur tous les points où se trouvaient établies des pièces pour arrêter notre mouvement. D'ailleurs, l'amiral Saisset avait organisé à Bondy quelques batteries de position, qui mitraillaient dans le Raincy les réserves saxonnes, à mesure qu'elles venaient s'y masser. La garde nationale avait été engagée avec les troupes, particulièrement sous les ordres du général Vinoy, mais en petite quantité. Les mobilisés mis en ligne se conduisirent très-bien. Ils prouvèrent qu'on pouvait compter sur eux aussi bien que sur les mobiles et sur les lignards; et si plus tard le gouverneur n'a pas su utiliser sur une vaste échelle toutes ces bonnes volontés, il ne doit s'en prendre qu'à sa méfiance habituelle de tout ce qui n'était pas lui.

Malheureusement, même ce succès partiel de l'opération générale ne devait pas être sans nuages. Au commencement de la nuit, les troupes qui occupaient la villa Evrard furent surprises, et éprouvèrent une panique causée par l'irruption et les hourras de quelques soldats allemands restés dans les caves nombreuses de la villa. Dans cette panique, le général Blaise qui s'était porté en toute hâte à la tête de ses troupes, fut mortellement atteint. Il tomba victime de sa négligence impardonnable ; car le devoir le plus élémentaire d'un chef de troupes qui vient de conquérir une position, est de s'assurer que l'ennemi est délogé de tous les coins.

Si malheureux que fût cet incident, il n'était pas grave en lui-même. Il fournit du reste au général Vinoy une nouvelle occasion de montrer comment il entendait la discipline. Parmi les débandés, il fit saisir tout de suite quelques officiers qui n'avaient pas eu honte de fuir; et avant de les livrer au conseil de guerre, il commença par les désarmer en face des soldats. Exemple salutaire, surtout par la promptitude de la répression.

III

Le 22 décembre, le rapport militaire informe le public que la journée de la veille n'est que le commencement d'une série d'opérations, qu'elle n'a pas eu et qu'elle ne pouvait avoir de résultat définitif. En même temps, les troupes restent partout l'arme au bras; et on se borne à faire exécuter quelques tranchées du côté du Bourget. Le gouverneur est censé se concerter avec les généraux.

En définitive, pourquoi cette inaction? et quel avait été l'objectif de l'affaire? Le gouverneur a depuis laissé entrevoir qu'il espérait que le 22 les Allemands viendraient l'attaquer, et qu'alors l'armée de Ducrot, à l'abri des quelques retranchements élevés à petite portée des avant-postes ennemis, serait dans d'excellentes conditions pour les accabler. Cette espérance ne se réalisa pas, bien entendu. Pour tout officier ayant étudié quelque temps seulement l'idiosyncrasie militaire des Prussiens, un semblable espoir était une pure illusion.

Mais le froid arrivait, et arrivait grand train. Le 23 et le 24 décembre l'inaction continue. en même temps

que le soldat se décourage et se dégoûte, à la suite de
deux nuits déjà cruelles passées à découvert et sous
une bise glaciale. D'ailleurs, sous l'influence de la gelée
la terre avait durci et le maniement en devenait de
plus en plus difficile. Le 24 au soir, tout travail de
terrassement était devenu impossible, et la nuit de ce
même jour le froid prit une intensité extraordinaire ;
le thermomètre descendit à plus de 15 degrés au-dessous
de zéro sur cette immense plaine dénudée d'Aubervilliers et des alentours, où soufflait en outre une
implacable bise de nord-est. Les troupes souffrirent
horriblement, et de nombreux cas de congélation se
produisirent. Beaucoup de cadavres furent trouvés à
l'état de momie. La plupart de ceux qui survivaient
furent soignés trop tardivement ; et on vit des malheureux dont les pieds ou les mains se détachaient d'eux-
mêmes.

Le moral de l'armée était sérieusement atteint ; et
des officiers pleins de cœur m'avouaient plus tard qu'ils
eussent préféré mourir sur place plutôt que de bouger,
tant les ressorts de l'âme étaient brisés chez eux par
la souffrance physique.

Devant une situation aussi grave, et qu'avec un peu
de bon sens on devait prévoir et prévenir dès le retour
de la gelée, il n'y avait pas à hésiter. Il fut décidé que
les troupes qui ne seraient pas nécessaires à la garde
de nos positions avancées, seraient cantonnées de manière à être abritées.

Les mobilisés, étant demeurés en arrière de l'armée,
avaient pu se loger dans les maisons des villages près
de l'enceinte. Ils rentrèrent à Paris afin de céder leurs
gîtes aux soldats. Mais ces misérables abris étaient
eux-mêmes déjà dépouillés Il ne restait aux maisons ni
une fenêtre, ni une porte. Les gardes nationaux rendus
barbares par l'intensité du froid, avaient perdu les no-

tions du respect de la propriété Ils avaient brûlé tout ce qui était tombé sous leur main, pour conjurer l'effet douloureux d'une température glaciale. Les soldats, ne trouvant plus ni meubles, ni fenêtres à jeter au feu, se ruèrent sur les parquets et les lambris. Ils allèrent jusqu'à démolir les toitures, afin de se chauffer avec les poutrelles et les lattes du toit des maisons.

Pour consoler la population de ces nouveaux mécomptes, on lui disait que les mesures qui venaient d'être prises n'impliquaient à aucun degré l'abandon des opérations commencées. On lui annonçait que le général, l'armée, la garde nationale, persévéraient plus que jamais dans la résolution de continuer la défense jusqu'à la victoire définitive. Pour pouvoir remplir ces belles promesses, il eût fallu redoubler d'énergie dans la conduite des opérations militaires. La première chose à faire était d'accélérer l'équipement et l'armement des mobilisés, afin de remédier à la réduction exorbitante, de près du quart, de l'effectif des troupes de Ducrot et de Vinoy ; car à la suite des épreuves rigoureuses dont nous venons de parler, les pneumonies, les angines, les diarrhées, avaient, outre les congélations, atteint un grand nombre de soldats.

IV

Et d'ailleurs, était-il encore temps d'arrêter la décomposition morale qui gagnait d'heure en heure toute l'armée avec une rapidité effrayante ? Il faut avoir vu l'aspect des troupes à cette époque du siége pour comprendre la gravité du mal. Pauvres soldats ! non, jamais ne sortira de ma mémoire l'aspect navrant de votre misère. Je vous aperçois encore, mornes et pelotonnés autour d'un brasier fumeux, sales , défaits, couverts de lambeaux sans nom, ne répondant aux questions que par monosyllabes, n'entendant plus la voix de vos officiers, que j'aurais voulue, il est vrai, plus fraternelle dans ces inénarrables épreuves. Puis, à la pâle lueur de l'aurore d'hiver, demi-cadavres, vous vous leviez les membres engourdis et couverts de givre, le visage sans éclair et ne reflétant que l'indifférence la plus absolue. Tout ressort était brisé chez vous.

Les officiers eux-mêmes, surtout dans la mobile, glissaient sur la funeste pente. Une fois, certains d'entre eux s'oublièrent jusqu'à fraterniser, le verre en main, avec les officiers ennemis. Une autre fois ils désertèrent à trois ou quatre, en complotant d'emmener un grand nombre de leurs camarades. Ajouterons-nous qu'on avait dégoûté beaucoup de bataillons, en ne leur laissant jamais de repos, et en leur faisant, au contraire, supporter sans cesse toutes les fatigues, comme à plaisir, mais en réalité par incurie, selon l'habitude de l'état-major général. C'étaient presque toujours les mêmes bataillons de lignards ou de mobiles qu'on engageait dans les sorties. A côté de cela, on en affadissait d'autres par l'inaction prolongée où on les laissait s'engourdir. Ainsi un grand nombre de mobiles, notamment du Finistère et de la Somme, n'ont pas tiré un seul coup de fusil pendant le siége.

Devant tant de causes de découragement, il est cependant quelques poignées de braves qui sont demeurés jusqu'à la dernière heure fermes et résolus. Tels sont les dignes soldats des 42e et 35e régiments de ligne et nos valeureux matelots. Ils ont été sur la brèche presque chaque jour du siége ; et jusqu'au dernier moment l'énergie ne les a point abandonnés.

On a aussi beaucoup accusé l'intendance d'avoir contribué largement à démoraliser l'armée en accroissant, par ineptie, l'étendue de ses privations. Il y a un peu de vrai dans ces reproches ; mais il y a encore davantage une grande exagération. Nous ne défendrons pas systématiquement une organisation qui, à notre sens, doit disparaître dans notre future organisation militaire. Mais nous ne pouvons accepter, en historien consciencieux, que l'intendance n'a jamais su organiser le service des vivres aux avant-postes ou dans les sorties, ainsi que l'ont annoncé avec leur légèreté habituelle tant de journaux, même des mieux intentionnés. L'intendance, dans cette malheureuse guerre, a été, comme tout le reste de l'armée, bien au-dessous de sa tâche. Elle avait subi l'affaissement général de toutes les institutions au déclin de l'empire. Mais en Crimée et au Mexique notamment, elle avait fait preuve d'une habileté consommée ; et les officiers étrangers qui suivaient nos opérations dans ces parages, n'ont pas tari d'éloges à ce sujet. Si donc dans de certaines circonstances, les soldats n'ont pas mangé, qu'on sache bien que cela provenait surtout d'ordres inintelligents. Plusieurs fois, par exemple, au moment où les troupes allaient manger la soupe, on faisait renverser la marmite à la première alerte. Cette pratique absurde est une rengaine de beaucoup de vieux officiers, qui trouvent cela le suprême du genre à la guerre. Rien cependant n'eût semblé si simple, en pareille occasion, que de laisser tranquillement la soupe continuer à bouillir sous la surveillance de quelques hommes, pendant que les troupes se portaient au-devant du danger. De cette façon, elles auraient pu, après le coup de feu, venir se réconforter à l'aise.

Je l'avoue, il était devenu presque impossible à la fin de décembre de relever l'armée de la défaillance générale dont nous venons de tracer le douloureux tableau. Cependant le général Trochu n'avait pas encore perdu tout ascendant sur nos malheureux soldats découragés par tant de souffrances et de désastres. Ils l'acclamaient encore quand il venait à eux, et qu'il leur adressait quelques-unes de ces affectueuses paroles dont il avait le secret. Ah! quelle popularité aurait eu cet homme si bon, s'il eût été un grand général!

Il aurait dû ainsi réconforter les troupes chaque jour par des revues, des encouragements et surtout une surveillance directe de leur bien-être. Comme cela il y avait encore espoir d'enrayer le mal. Mais le bombardement allait éclater avec une soudaineté imprévue et donner au gouverneur d'autres soucis. Il lui eût fallu, dès lors, mener de front la réconfortation de l'armée, la défense des forts et la direction des sorties. Malheureusement cette triple charge était au-dessus de ses forces, à cause surtout de l'irrésolution qui entravait ses moindres décisions.

CHAPITRE XIII.

Bombardements des forts, évacuation du plateau d'Avron.

I

Le 27 décembre au matin, l'ennemi démasqua, avec sa méthode et sa vigueur habituelles, de nombreuses et puissantes batteries établies au Raincy, à Gagny, Noisy-le-Grand et Gournay. Ces batteries, composées de pièces à longue portée, ouvrirent un feu terrible contre les trois forts de Noisy (commandant Mallet), Rosny (commandant amiral Saisset) et Nogent (commandant Lefort), et plus encore contre le plateau d'Avron.

Ce plateau, depuis que nous l'occupions, gênait considérablement les Prussiens du côté de Chelles, qui était pour eux un centre important de ravitaillement et d'approvisionnement. Sans compter que les pièces d'Avron avaient joué un rôle considérable dans les batailles du 30 novembre et 2 décembre et dans la grande sortie du 21.

Afin que la population en prenne plus vite son parti, et dans un but plus phraséologique que pratique, le gouvernement porte avec solennité à sa connaissance que « *c'est le bombardement qui commence, le bombar-* » *dement par les fameux canons Krupp tant de fois* » *annoncé.* »

Annoncé par qui? Ce n'était certainement pas par nos officiers occupant les postes avancés. Bien au contraire ceux-ci étaient à cet égard dans les plus chimériques illusions. L'un deux, le commandant du fort d'Issy, dont nous aurons, du reste, à louer la belle conduite dans un instant, fut encore, s'il est possible, moins fin que les autres. Après une reconnaissance qu'il conduisait lui-même, il ne craignit point d'adresser un rapport au gouverneur, où il lui assurait qu'il n'y avait du côté de Châtillon, Clamart et Meudon, aucun terrassement préparé pour recevoir des pièces. L'établissement des batteries allemandes nous avait donc complétement échappé.

Au fort de Charenton, toutefois, on avait télégraphié un jour à l'état-major général, le passage à Choisy-le-Roi de tout un convoi de pièces de siége. Mais le gouverneur s'était bien gardé, ce qui eût été simple cependant, de faire pousser une pointe de ce côté avec quelques milliers d'hommes résolus, afin de faire enclouer ces pièces au passage.

Le bon public et le gouvernement lui-même, s'étaient beaucoup occupés au début de l'investissement de la question du bombardement. Mais on n'y songeait plus depuis longtemps. Beaucoup de gens avaient fini par se persuader que les Prussiens ne sauraient pas inventer des moyens de transport suffisants pour leurs grosses pièces de siége. Ils allaient même jusqu'à accueillir avec une entière confiance les soi-disant récits de francs tireurs, ayant été circuler dans les lignes ennemies. D'après ces récits, les Allemands, pour faire croire à un bombardement et frapper l'imagination des assiégés, avaient installé d'énormes tuyaux de tôle simulant des canons de gros calibre. Ces tuyaux de tôle étaient bel et bien de magnifiques Krupp, non pas d'un calibre monstre, mais la plupart de calibre moyen (14 et 12 centimètres) et quelques-uns seulement de gros calibre (22 centimètres).

Qu'étaient devenues les rassurantes assertions des rapports militaires, qui n'avaient cessé pendant de longues semaines de nous annoncer la destruction des travaux de l'ennemi par la canonnade de nos forts? L'état-major général ne connaissait donc pas cette persévérance et cette ténacité germanique que rien ne rebute. Les Allemands s'étaient livrés à de gigantesques travaux de taupe. Ne terrassant sérieusement que la nuit, ils se bornaient le jour à élever quelques épaulements factices destinés à nous leurrer et à servir de point de mire à nos forts, soustrayant du même coup à nos investigations leurs véritables travaux. A la fin de décembre, il y eut bien cependant plusieurs mobilisés intelligents, qui, étant de service aux avant-postes, avaient soupçonné l'entreprise de l'ennemi. Ils en parlèrent à quelques officiers du génie; mais ceux-ci se préoccupèrent peu ou point des appréciations de quelques naïfs bourgeois.

II

Pendant toute la journée du 27 et celle du 28, huit batteries prussiennes labourent le plateau d'Avron par leur tir convergent. Cette position, entièrement découverte, n'offre à nos soldats, en dehors de quelques tranchées, aucun abri naturel. Le 28 dans la soirée, de nouvelles batteries ennemies viennent appuyer celles qui avaient été établies les premières.

Nos pièces d'Avron, dit le rapport militaire, moins puissantes que les canons Krupp, ne peuvent plus lutter contre ceux-ci, et renoncent à faire feu. Le plateau devient intenable pour l'infanterie; et afin de soustraire notre artillerie et nos troupes à une situation que l'intensité croissante du feu ne peut qu'aggraver, le gouverneur ordonne et organise sur place la rentrée des pièces au nombre de 74, en arrière des forts.

Cette opération difficile et laborieuse s'effectua pendant la nuit du 28 au 29 et la matinée suivante avec le plus grand ordre et le plus grand calme de la part de nos troupes, que les obus ne cessèrent de poursuivre au milieu de leur retraite.

L'évacuation du plateau d'Avron causa un grand émoi dans la population. C'était encore un échec et un échec très-grave. Car avec le plateau d'Avron, la position de Chelles n'aurait pas tardé à être abandonnée par les Prussiens. La ligne d'investissement se serait ainsi trouvée reculée; et on eût pu tenter de ce côté des sorties importantes, pour se rabattre sur Montfermeil et le Raincy, occupés par les Saxons qu'on savait très-découragés.

En réalité, pourquoi nos artilleurs n'avaient-ils pas tenu sur le plateau? En Crimée on en avait vu de plus dures. Et d'ailleurs est-ce que les Prussiens n'occupaient pas, à proximité de nos forts, des positions aussi exposées? On les voyait, malgré nos feux, rester tranquillement installés à Saint-Cloud, Rueil, Argenteuil, le Bourget, etc., tous points qui se trouvaient à moins de 4 à 5 mille mètres de nos pièces.

Ensuite, comptons bien. Nous avions au plateau d'Avron du 16 cent., dont la plus grande portée efficace est de 6,400 mètres, et du 7 cent. culasse, tirant franchement à 5,500 mètres. Les pièces prussiennes atteignaient, il est vrai, à 7,500 mètres; mais elles ne se trouvaient pas à cette distance-là d'Avron. Les batteries les plus éloignées sises à Gournay, n'en étaient qu'à 5,000 mètres; et les plus rapprochées établies à Gagny et au Raincy se trouvaient à moins de 3,000 mètres. N'aurait-on pas pu essayer d'éteindre ces dernières batteries? Les feux ennemis auraient alors cessé d'être croisés, ce qui était le véritable danger. Nous aurions eu à subir, il est vrai, un feu terrible pendant quelques jours. Mais il va de soi qu'on n'y aurait exposé que les hommes strictement nécessaires au service des pièces. Aussitôt le croisement des feux annulé, on se serait empressé d'établir des casemates pour les hommes et des traverses pour les pièces, avant que l'ennemi ait eu le temps de son côté de rétablir ses batteries bouleversées.

Ou mieux, pourquoi n'aurait-on pas pratiqué sur le plateau, dès le premier moment du bombardement, le système de batteries dites *à la Duppel*, que les Prussiens avaient si avantageusement employées dans la guerre du Danemark? Sans entrer dans des renseignements techniques sur ce système, nous nous bornerons à rappeler que c'est le plus commode à organiser sous le feu même de l'ennemi, et en même temps celui qui offre le plus de garanties pour résister à un bombardement. Il est vrai que les Allemands ne l'ont pas appliqué autour de Paris, au moins dans ses détails principaux, et que même ils avaient beaucoup de pièces installées simplement en *barbette*. C'est que là ils étaient guidés par la considération de donner à leur champ de tir une plus grande étendue, afin de pouvoir varier les directions de leurs feux. Mais pour le plateau d'Avron, la question n'était pas du tout la même ; car il s'agissait simplement de le mettre sur une formidable défensive, en conservant principalement à son tir la direction de Chelles.

Au surplus, tout le monde se demandait comment depuis près d'un mois que le plateau était entre nos mains, le gouverneur n'avait pas songé à s'y fortifier d'une manière ou de l'autre. On aurait eu tout le temps de convertir cette position en une véritable redoute, comme les Hautes-Bruyères ou le Moulin Saquet. C'était encore là une de ces fautes de négligence, d'imprévoyance ou de laisser-aller, dont l'opinion publique ne pouvait se rendre aucun compte, et qui excitait à juste titre son indignation.

<h2 style="text-align:center">III</h2>

Après l'évacuation du plateau d'Avron, les batteries prussiennes s'acharnent principalement sur le fort de Nogent. Elles continuent aussi leur feu contre les forts de Rosny et de Noisy, qui font bonne contenance sous une pluie d'obus de grosse dimension. Comme ces deux forts sont très-solides, et que leurs pièces ne sont pas de force à lutter contre les Krupp, ils ne répondent pas au feu de l'ennemi. Au fort de Nogent, on se contente de monter deux pièces marines de gros calibre, qui ne tirent qu'à longs intervalles et à coups sûrs ; et on laisse par ailleurs les Prussiens user leurs munitions.

Les garnisons des forts se mettent à l'abri dans les casemates blindées, et n'ont en réalité que peu à souffrir. D'ailleurs la nuit on peut dormir tranquillement ;

car l'ennemi ne veut pas tirer au jugé, et cesse son feu à la fin du jour. En outre, avec son esprit systématique et réfléchi en toutes choses, il a soin de laisser au métal de ses pièces le temps de se reposer. Ses moments de tir sont réglés avec une précision chronométrique. On sait par le premier coup de canon du matin l'heure qu'il est; et le dernier coup du soir annonce exactement le moment du souper.

On ne se serait jamais attendu à voir les Prussiens bombarder les forts situés à l'est de Paris. Il est probable que ce sont nos batteries du plateau d'Avron, dont le feu les incommodait considérablement, qui les auront décidés à commencer l'attaque de ce côté. Ils ont dû en outre espérer que s'ils venaient à se rendre maîtres de l'un de ces forts, ils pourraient de là bombarder le quartier de Belleville. La population turbulente de ce quartier eût alors, selon leurs conjectures, reflué vers le centre de Paris, et y aurait déterminé une émeute. A ce point de vue, ils ont tout à fait été déçus dans leur objectif. C'est à peine si le fort de Nogent a été fatigué; et il n'y avait pas pour eux à songer à y faire brèche dans un bref délai, afin de s'en emparer.

Aussi vit-on bientôt leur tir diminuer à l'est de Paris, et rester très-modéré de ce côté jusqu'à la fin du siége. Il est certain que dès les premiers jours de janvier, les Allemands, qui n'avaient en somme qu'un nombre restreint de pièces de siége, ont dégarni leurs batteries de l'est, pour renforcer leurs batteries du sud, que nous allons voir dans un instant se mêler de la partie.

IV

Vers cette même époque, l'ennemi qui jusque-là était toujours demeuré très-circonspect dans ses attaques contre nos avant-postes, devient plus audacieux. Il semble se renforcer dans ses lignes, où on le voit se barricader. Tout cela, joint au grand tapage du bombardement qu'il sait très-bien plus bruyant qu'efficace, indique aux yeux les moins clairvoyants une manœuvre destinée à masquer l'expédition de renforts considérables aux armées alliées de province.

Afin de continuer à nous donner le change, et de rendre d'ailleurs le bombardement plus actif, le 5 janvier au matin, les Prussiens démasquent une série de nouvelles batteries à Choisy-le-Roi, Châtillon, Clamart, Meudon, Breteuil et Garches. L'attaque, comme celle du côté de l'est, débuta au matin avec une très-grande vigueur. Mais cette fois elle ne causa pas de surprise. Depuis le 2 janvier, des explosions se faisaient entendre sur les plateaux du sud au pouvoir de l'ennemi ; et tout indiquait qu'il déblayait par la mine les obstacles ménagés en avant des plates-formes de ses batteries.

Le bombardement fut d'abord dirigé contre les redoutes des Hautes-Bruyères et du Moulin-Saquet et le fort de Montrouge (commandant en chef amiral Pothuau), ainsi que contre les forts de Vanves et Issy (commandants Brunon et Guichard). Mais il s'attaqua bientôt au Point-du-Jour (commandant amiral Fleuriot de Langle), et aux bastions de Vaugirard (commandant amiral de Montaignac), dès que ces parties de l'enceinte eurent pris part à la lutte pour soutenir nos forts.

Les batteries prussiennes du sud suspendent, comme celles de l'est, leurs attaques contre les forts et les remparts au coucher du soleil. Mais elles consacrent la nuit au bombardement de la ville, indépendamment de quelques obus envoyés dans le jour comme mémoire. Ce bombardement, commencé aussi le 5 janvier, quoique moins actif que celui contre les forts et l'enceinte, est cependant très-régulier et très-suivi. Il débute chaque soir vers dix heures pour se terminer sur les huit heures du matin. A ce moment les batteries rouvrent un feu vif et serré contre les forts et l'enceinte.

Jusqu'à l'armistice, le bombardement de ce côté continue avec la même méthode et la même régularité, sauf quelques jours où son intensité prend des proportions inouïes. C'est ainsi que le dimanche 15 janvier, toutes les batteries ennemies, depuis Châtillon jusqu'à Meudon, font converger leurs feux presque exclusivement sur le fort d'Issy. Ce fort se trouve tellement accablé à un moment, qu'il cesse complétement de tirer. Les forts voisins, quelques pièces de position établies en avant de Vanves et d'Issy, enfin les secteurs de Passy, de Vaugirard et de Montparnasse, se mêlent à la lutte avec une vigueur sans égale, et tiennent en échec les batteries prussiennes.

Le temps était splendide. Le ciel d'une pureté éclatante laissait le soleil darder ses rayons contre les hauteurs du sud de Paris, recouvertes d'une légère couche de neige perlée par le froid. Sur cet immense linceul blanc, apparaissaient toutes les secondes des éclairs rougeâtres et de légers flocons de fumée. C'était un grondement continu. Près de 400 bouches à feu de gros calibre prenaient part à ce gigantesque concert. Je ne sache pas de siége au monde qui ait présenté un spectacle aussi grandiose.

Le gouverneur visita ce jour-là les forts et les bastions de l'enceinte les plus bombardés. Avec son courage et son calme habituels, il circula pendant plusieurs heures sur des points où s'entre-croisaient des milliers de projectiles.

V

Cette tentative énergique des Allemands n'eut pas le succès qu'ils en attendaient. Le fort d'Issy, quoique entamé, ne fut même pas en péril ce jour terrible pour lui. Grâce à l'énergie et au sang-froid de son brave commandant, le colonel Guichard, justement promu le lendemain général de brigade, on put garantir une poudrière construite dans de mauvaises conditions, et qu'on craignit un instant de voir sauter sous la pluie de projectiles qui l'écrasait. De plus, on remédia la nuit à un commencement de brèche pratiqué dans une des courtines. Le lundi matin, au point du jour, le fort d'Issy rouvrait le feu contre les batteries ennemies : le petit bonhomme vivait encore.

C'était donc pour les Prussiens un véritable échec contre nos forts du sud, qui formait le pendant de leur insuccès contre nos forts de l'est. Mais dans leur intention bien arrêtée de prendre le fort d'Issy, ils rapprochèrent considérablement leurs batteries, et vinrent les établir à un endroit appelé le Moulin-de-Pierre, à moins de 1,500 mètres du fort. En même temps, leur canonnade contre le fort de Montrouge reprenait de plus belle.

Grâce à l'appui des canons de l'enceinte, ces deux forts, les plus éprouvés de beaucoup de tous ceux qui ont été bombardés, ont pu résister jusqu'au jour de l'armistice, sans avoir été sérieusement compromis.

Les Prussiens ont reconnu eux-mémes, quand ils les ont occupés, qu'il leur aurait fallu encore bien des jours et des jours, avant que d'y faire une brèche assez large pour assurer le succès d'un assaut.

VI

En résumé, ce bombardement foudroyant et continu des Allemands n'a pas du tout été, quant au dégât matériel, en rapport avec son intensité. Je sais bien que beaucoup de journalistes, complétement étrangers à l'art militaire, ont affirmé qu'en visitant les forts de Montrouge et d'Issy, ils les avaient trouvés presque en ruines. Ces observateurs superficiels avaient pris l'apparence pour la réalité. Les casernes et autres corps de bâtiments étaient devenus, il est vrai, la proie des flammes et des obus, et ne formaient plus qu'un monceau de cendres. Mais il n'y a pas un simple artilleur ou sapeur du génie qui ne sache très-bien que c'est la conservation des casemates, des poudrières et des murailles, qui constitue toute la force de résistance d'un fort.

Les batteries prussiennes du sud ont été relativement plus éprouvées que nos forts. Ces batteries, ainsi que nous l'avons vu plus haut, n'avaient pas été établies suivant le système à la Duppel, afin d'avoir un plan de tir plus étendu. Les canons de l'enceinte, plus particulièrement ceux que servait la marine et qui étaient du 16 cent., en ont culbuté plusieurs, et ont fait sauter de leurs poudrières.

Quant aux pertes en tués et en blessés dans tous les forts et bastions de l'enceinte, elles ont encore été moindres que les dégâts matériels, eu égard à l'effroyable vigueur du tir de nos adversaires. Il y a eu, en résumé, un très-petit nombre d'individus atteints, 420 environ, dont vingt pour cent de tués.

Sous le rapport des pertes en hommes, c'est le fort de Montrouge qui a été le plus éprouvé. Il a reçu près de douze mille obus. La plus grande quantité est tombée à l'intérieur du fort. Parmi ses tués et ses blessés, on compte un nombre d'officiers de marine relativement élevé. La plupart ont été victimes d'une bravoure exagérée. Ils se sont trouvés frappés en essayant de lutter avec des pièces à découvert contre les feux croisés des batteries allemandes.

VII

Ce qui précède concerne le bombardement des forts. Nous nous réservons de revenir au chap. XVII sur celui de Paris lui-même. Il nous reste à dire ici que le 21 janvier, les Prussiens voulant donner au bombardement général un ensemble complet, démasquèrent de puissantes batteries contre Saint-Denis et les forts de l'Est, de la Double-Couronne et de la Briche, qui protégent la ville. Ces batteries étaient établies à Dugny, Stains, Pierrefitte, la Butte-Pinson, Villetaneuse, Enghien et au Moulin-d'Orgemont. Il faut y ajouter les batteries organisées depuis longtemps au Pont-Iblon et au Blanc-Mesnil, dont nous avons déjà eu l'occasion de parler, et qui venaient d'être reliées entre elles par de tranchées.

Pendant les journées du 22 et du 23, les obus pleuvent sur Saint-Denis et sur les forts qui l'entourent. Ils atteignent même le fort d'Aubervilliers. Le fort de la Briche est particulièrement éprouvé. Il subit les feux croisés à angle droit de six batteries vigoureusement servies. Il y a quelques pièces de démontées. Mais son enceinte ne souffre que très-peu.

Pendant les jours suivants, jusqu'à la signature de l'armistice, le feu continue presque avec autant de violence contre toutes les positions dont il s'agit ici. Comme il est inutile d'exposer trop le personnel des forts, on fait mettre les hommes à couvert dans les abris blindés ; et on ne répond presque pas à l'ennemi.

Les premiers jours du bombardement ont été très-durs pour la garnison de Saint-Denis. Mais la résistance s'y est bien vite organisée, aussi ferme et aussi dévouée que sur les autres points bombardés. Habitants et soldats s'abritèrent le mieux qu'ils purent dans les caves et les sous-sols. Partout des tuyaux de poêle sortaient de dessous terre au ras des trottoirs, et indiquaient que les caves étaient habitées.

Le bombardement de la ville de Saint-Denis a été bien autrement terrible que celui de l'intérieur de Paris. C'est facile à comprendre, parce que la ville a peu d'étendue, et que les feux ennemis y convergeaient. Les obus tombaient en moyenne à raison de trois par minute ; mais beaucoup n'éclataient pas, parce qu'ils s'enfonçaient dans des terres boueuses. Presque toutes les maisons ont été atteintes. Celles qui n'ont pas reçu des projectiles entiers, ont été au moins visitées par des éclats. Dans bien des quartiers, il n'y avait plus que décombres et ruines, maisons démolies et toitures effondrées. Les usines qui bordent la berge du canal se sont trouvées complétement dévastées ; pas une vitre, pas une muraille entière, pas une toiture qui n'ait été trouée.

Aux premiers jours du bombardement, il y eut un grand nombre d'habitants qui se réfugièrent à Paris.

Mais ce mouvement se ralentit bien vite. Beaucoup do personnes avaient pris le parti de rester ; car elles se trouvaient arrêtées par les difficultés de la fuite et la presque impossibilité d'emporter ce qu'elles possédaient. Grâce aux précautions prises, les victimes, somme toute, ne furent pas très-nombreuses à Saint-Denis. Il n'y a pas eu plus de 60 personnes atteintes, et sur ce nombre 20 tués seulement.

CHAPITRE XIV.

Dissentiments dans les conseils du gouvernement.

I

Voyons maintenant ce qui se passait à Paris pendant les événements *extra muros* que nous venons de décrire, et revenons sur nos pas.

Vers la fin de décembre, l'émotion populaire était vivement surexcitée non-seulement par le résultat négatif de la sortie du 21 et la connaissance de la démoralisation survenue dans l'armée; mais surtout par l'évacuation du plateau d'Avron.

Les maires pensèrent qu'il était de leur devoir d'intervenir dans les affaires militaires, qui, aux yeux de tous, étaient si déplorablement conduites. Ils se réunirent en meeting au ministère de l'intérieur sous la présidence de M. Jules Favre. Le vice-président du gouvernement se substituait d'ordinaire à M. J. Ferry dans les circonstances graves, où ce dernier eût été incapable, par son autorité et sa valeur personnelles, de faire face à l'orage. Les adjoints n'étaient pas convoqués. Ils se crurent cependant autorisés, vu la gravité des événements, à accompagner les maires.

Le feu fut ouvert par Delescluze, grand vieillard à cheveux blancs et à l'allure ascétique, libelleur bien connu du *Réveil*, et accessoirement maire de l'arrondissement de la Villette. Il se mit à lire, avec son accent habituel de conviction plus apparent que réel, un réquisitoire foudroyant contre le général Trochu et ses collègues.

Le classique et sincère Vacherot, maire du quartier du Panthéon, prit la parole pour soutenir le gouvernement. Il lui fut répondu par l'austère mais ambitieux Clémenceau, maire de Montmartre, qui réclama le droit pour les municipalités de participer plus intimement à la défense de Paris.

M. Jules Favre pendant tout ce débat écoutait grave, impassible. Il se leva enfin ; et prenant la parole, il parla longuement et éloquemment. Il reprit la thèse déjà bien usée des travaux énormes entrepris et menés à bonne fin par le gouvernement provisoire pour achever la défense de Paris. Il excusa faiblement le général Trochu, dont il avoua même les hésitations et le manque d'énergie. Puis, par une de ces subtilités oratoires qui endorment les hommes et perdent les situations, il termina en s'écriant que le gouvernement avait confiance dans le résultat définitif, qu'il voulait le triomphe et le maintien final de la république, et qu'il la maintiendrait et la ferait triompher.

A cette magnifique péroraison, nos bons doctrinaires du républicanisme applaudirent à outrance. Il ne fut plus question de sauver Paris, ni de courir sus à bref délai et en grandes masses contre les Prussiens. D'autant que le vice-président du gouvernement s'abandonna jusqu'à confier à son auditoire un racontar semi-officiel sur l'armée de la Loire : Après avoir battu Frédéric-Charles et von der Tann, elle n'était plus, paraissait-il, qu'à douze lieues de Paris.

La circonspection la plus grande n'eût cependant pas été hors de saison ; car peu de jours auparavant, la population avait encore été dupe d'un conte ridicule. Le bruit s'était répandu que cent soldats de l'avant-garde de Faidherbe venaient d'entrer à Paris du côté de la plaine Saint-Denis, apportant la nouvelle que l'armée du Nord était arrivée jusqu'à Creil. Ce bruit avait une certaine apparence de réalité, parce qu'il émanait de divers états-majors. Malheureusement, il n'était pas plus véridique que tant d'autres histoires publiées pendant le siége. Les cent soldats se réduisaient à un seul ; et encore était-ce un pauvre fou appartenant à un des régiments de l'armée de Paris.

Toutefois, Delescluze ne se paya pas de la monnaie anecdotique de M. Jules Favre. Il essaya d'entamer derechef une discussion à fond. Vacherot voulut tout de suite opposer argument à argument. Il s'ensuivit une discussion orageuse entre les deux fougueux maires. On en profita pour lever la séance au milieu d'une tempête d'interpellations. Jules Favre promit du reste aux représentants des municipalités, de les convoquer de nouveau à bref délai, pour les tenir au courant de la situation.

II.

Le conseil du gouvernement qui suivit le meeting des maires se ressentit violemment des récriminations qui s'y étaient produites. Picard attaqua à fond de train Trochu, et ne lui ménagea pas les reproches. Il le mit même au pied du mur, pour le forcer à donner sa démission de commandant en chef de l'armée.

Jules Favre, on se le rappelle, avait eu, avant la journée du 31 octobre, des pressentiments sérieux de l'insuffisance du général Trochu. Néanmoins, à la suite des tristes événements de cette journée, il avait retrouvé sa sympathie des premiers jours pour le gouverneur. Mais à l'époque où nous nous trouvons, il était revenu à son manque de confiance antérieur, et au fond il partageait l'avis de Picard. Toutefois, craignant avant tout le mauvais effet de scissions violentes, il désira temporiser. Il essaya, dit-on, de décider Trochu à accepter l'adjonction de quelques maires pour l'examen des questions de défensive et d'offensive. A cette insinuation, le gouverneur se cabra ; et, avec une suffisance toute militaire, il refusa catégoriquement l'immixtion d'aucun civil dans l'étude des opérations du siége.

On songea alors un instant à le faire sauter, et à le remplacer par un trio de généraux On prononça les noms de Vinoy, Frébault, de la Roncière ou de Bellemare, qui était poussé par le parti avancé. Mais cette combinaison ne prit pas de consistance.

Trochu se sentant menacé et pressé de toutes parts, eut recours à son grand moyen, que naïvement il croyait encore héroïque, bien que depuis longtemps il fut tombé dans une déconsidération générale. Il eut recours, dis-je, à une proclamation adressée à la population et à l'armée.

De grands efforts, déclare-t-il, se font pour rompre le faisceau d'union et de confiance réciproque auquel on doit de voir Paris, après plus de cent jours de siége, debout et résistant. Il parle ensuite du bombardement ; et il termine en ne craignant pas de déclarer, ce qui malheureusement, au su de tout le monde, n'était pas la réalité, qu'aucun dissentiment ne s'est produit dans les conseils du gouvernement. En même temps pour faire croire à des projets sérieux, un entrefilet de l'*Officiel* prévient qu'on va associer la garde nationale mobilisée à l'armée, afin de tenter un effort suprême.

D'ailleurs, pour calmer les maires, on leur annonce, dans la réunion ultérieure qui leur avait été promise, que le gouverneur recevra volontiers une délégation des municipalités de Paris, et lui fournira toutes les explications désirables.

Il y eut, en effet, parait-il, une entrevue entre quelques maires et le général Trochu. Ce dernier les séduisit par son abord loyal et ouvert. Il leur promit qu'il allait beaucoup faire. Il leur demanda un peu de patience, et leur assura que tout irait pour le mieux. On se sépara enchanté les uns des autres. C'était du Napoléon III pur sang. On se rappelle, en effet, que lorsque cet entêté personnage avait quelque chose dans l'idée, il ne voulait jamais en démordre, et qu'il éconduisait ses conseillers par de semblables manœuvres.

III

Mais la population n'était plus dupe des phrases pompeuses et des belles promesses. Elle avait les nerfs très-surexcités, et justement surexcités, surtout après que le bombardement de Paris eut commencé. On lui faisait manger du pain bis depuis la mi-décembre. Vers cette époque, on lui avait annoncé sur tous les tons et avec un aplomb inouï que le pain *ne serait pas rationné,* qu'elle ne devait avoir aucune préoccupation à cet égard, et que *le temps où les approvisionnements devien-draient insuffisants était encore bien éloigné.* Mais au-jourd'hui des bruits fondés circulaient sur l'épuisement très-prochain des vivres.

Et puis, malgré la proclamation dont nous venons de parler, ou plutôt même à cause de cette proclamation, personne ne doutait plus qu'il n'y eût au sein du gouvernement des tirages de toutes natures. Joignons à cela que devant l'inaction à peu près complète de nos troupes, la population et la presse concluaient naturellement que le gouvernement ménageait une prochaine capitulation, en se préoccupant tout au plus de tomber avec grâce devant le public. Et alors, pour calmer ces légitimes anxiétés, vite le 6 janvier une proclamation sur tous les murs de Paris. Ce fut la dernière du général Trochu, mais aussi de beaucoup la plus compromettante, et la moins honorable pour lui. Elle n'eut qu'une supériorité sur les autres, c'est qu'elle fut la plus courte, ce qui nous permettra de la transcrire en entier :

» *Au moment où l'ennemi redouble ses efforts d'inti-*
» *midation, on cherche à égarer les citoyens de Paris*
» *par la tromperie et par la calomnie. On exploite nos*
» *souffrances et nos sacrifices. Rien ne fera tomber les*
» *armes de nos mains. Courage, confiance, patriotisme.*
» *Le gouverneur de Paris ne capitulera pas.* »

A la lecture de ce document, les gens sérieux crurent que le général Trochu allait tenter quelqu'un de ces coups de désespoir qui permettent à un soldat de tomber en héros. Les hommes courageux se ceignaient déjà les reins pour être prêts à répondre à un suprême appel. Ils étaient résolus à se grouper autour du chef qui, ne voulant pas apposer sa signature au bas d'une malheureuse capitulation, chercherait, entouré d'un noyau d'hommes ayant fait le sacrifice de leur vie, à franchir coûte que coûte les lignes ennemies, pour rejoindre une de nos armées de province, ou pour tomber dans une lutte sans merci.

Cette appréciation était d'autant plus rationnelle que Mᵐᵉ la générale Trochu avait laissé échapper quelques mots faisant allusion à un semblable projet devant plusieurs dames de diverses ambulances et de la Société de secours aux Bretons. On sait, en effet, — et nous aimons en passant à rendre un juste hommage à cette noble et digne femme, — qu'elle fut l'âme de ces charitables associations, et qu'elle les dirigea pendant tout le cours du siége avec un dévouement généreux, en conservant, au milieu de ses angoisses personnelles, un calme qui ne se démentit pas un instant.

Personne n'aurait osé soupçonner à ce moment que le gouverneur songeât à se ménager une retraite par un jeu de mots. Qui l'obligeait à tant parler? et que ne s'est-il inspiré, surtout en cette circonstance, de l'exemple de son rude adversaire, M. de Moltke, qui passe pour l'homme d'Europe sachant le mieux se taire en sept langues.

Le général Trochu s'exposait ainsi, sans aucune nécessité, à une déconsidération dont il ne se relèvera jamais. Ses amis les plus dévoués ne pourront trouver d'autre excuse pour des paroles aussi inconsidérées que l'affaiblissement momentané de ses facultés intellectuelles, sous le poids des travaux et des fatigues qui l'excédaient depuis quatre mois.

Au surplus, il ne s'agissait pas ici de la personne du gouverneur, mais de la ville elle-même. Et que nous importait après tout qu'il refusât de signer la capitulation, si nous étions obligés de la conclure. Aussi la population ne pouvait-elle plus lire de pareilles palabres sans être prise d'une impatience bien légitime.

IV

Entre-temps, on faisait diverses sorties, un peu de tous les côtés. Mais on ne se préoccupait guère d'établir des parallèles et des tranchées, qui nous eussent permis d'approcher avec succès des ouvrages ennemis, pour les détruire et enclouer les canons. Ducrot se bornait, au nord avec son armée, à reconnaître les forces de l'ennemi, et à faire enlever par des coups de main heureux quelques troupes d'avant-postes. Ce dernier genre d'opération avait l'avantage de nous procurer des journaux étrangers, qui nous fournissaient des nouvelles de l'extérieur. C'était le commandant Poulizac des éclaireurs de la Seine qui avait la direction de ces sortes d'entreprises. Il s'en acquittait avec un véritable succès. Il est vraiment regrettable, ainsi que nous l'avons dit au chap. V, qu'on n'ait pas dès le début pensé à affecter les francs tireurs à ce service spécial sur tout le périmètre des lignes d'investissement.

Dans le sud, le général Vinoy lançait de temps à autre pendant la nuit, des colonnes de mobiles et de marins, pour essayer de détruire les ouvrages avancés de l'ennemi. Mais ces sorties étaient pour la plupart du temps douteuses; et même la dernière dirigée contre le Moulin-de-Pierre aux environs du fort d'Issy, fut un échec assez caractérisé.

De son côté, l'ennemi continuait, sur toute l'étendue de sa ligne d'investissement, le système de fausse attaque contre nos avant-postes dont nous avons déjà parlé plus haut. Il l'avait inauguré, si on s'en souvient, avec le bombardement, afin sans nul doute de masquer des envois de renforts dans le nord et dans l'est, à ses armées de province.

Sur ces entrefaites, le calme et l'espérance renaissent un peu à la réception de trois dépêches-pigeon arrivées le 9 janvier. Les deux premières émanaient de Gambetta. Elles étaient datées de Lyon, l'une du 23 décembre et la seconde du 31. Elles fournissaient des renseignements satisfaisants sur l'armée de Chanzy et les forces aux ordres de Bourbaki, dont on faisait pressentir la manœuvre vers l'est. Elles parlaient aussi du rude combat de Nuits du 18 décembre, où le jeune général Cremer était signalé comme un chef de talent. Cremer n'avait reçu pendant la campagne qu'une commission provisoire de général. Après la guerre, il fut prévenu qu'il serait réintégré dans de plus modestes fonctions. Mais manquant de réserve et de dignité au milieu des douleurs de la patrie, il ne craignit point de se plaindre aigrement de ce procédé pourtant tout rationnel. Bien plus, il prouva, en prêtant son pâle et éphémère concours au comité révolutionnaire du 18 mars, qu'il n'a jamais eu pour mobile que la mesquine ambition d'une âme sans noblesse et sans patriotisme.

Dans sa correspondance, Gambetta mentionnait aussi le meurtre du commandant Arnaud à Lyon par les communeux, et annonçait que justice exemplaire serait faite de ses meurtriers. Ce dernier paragraphe produisit un effet excellent sur tous les hommes d'ordre, et en fit revenir beaucoup sur le compte de Gambetta. Ils lui reconnurent à cette occasion un certain sens pratique, dont tant de gens l'avaient jugé dépourvu jusqu'à ce jour.

La troisième dépêche était datée de Bordeaux, 4 janvier. Elle annonçait deux victoires de l'armée du nord sous Faidherbe, à Pont-Noyelles et à Bapaume.

V

Ces bonnes nouvelles donnent un peu d'émulation et d'entrain à tout le monde ; et le gouverneur pour contenter l'opinion publique, prépare vers le 11 janvier une sortie importante contre les batteries de Châtillon. Il voulait prendre ces batteries à revers en attaquant du côté de Villejuif. Des mouvements de troupes importants avaient été ordonnés à cet effet. Mais au moment où l'opération allait entrer en cours d'exécution, elle fut décommandée.

Plusieurs journaux publièrent alors avec insistance qu'un plan d'opération avait été arrêté dans un conseil de guerre tenu par Trochu, Vinoy, Ducrot et Schmitz ; et que ce plan n'avait pas été suivi d'exécution par suite de la connaissance que l'ennemi en avait eue. Ils mettaient même les points sur les *i*, et le chef d'état-major du gouverneur se trouvait flagramment dénoncé à la vindicte publique. Cette accusation était toute banale. Prêter au général Schmitz une pareille trahison, était une ineptie. Tout ce qu'on pouvait lui reprocher, c'était son manque de discrétion par légèreté ou scepticisme ; et son incapacité radicale pour les hautes fonctions qu'on avait eu la faiblesse de lui confier pendant tout le cours du siége.

Du reste, l'avortement de l'opération s'expliquait tout simplement. Il y avait bien eu un plan d'arrêté, quoiqu'en ait dit le gouverneur. Mais les Prussiens devaient évidemment s'attendre à ce que l'assiégé tenterait une sortie importante contre les batteries qui bombardaient la ville. Ils savaient, aussi bien que nous, que ces batteries ne pouvaient être prises à revers que du côté par lequel nous voulions opérer. Ils étaient donc sur leurs gardes ; et le moindre mouvement de troupes se produisant du côté de Villejuif les avertit suffisamment de nos intentions. Ils firent aussitôt avancer des réserves importantes, qu'ils tenaient à portée. Nous vîmes par là que notre plan était déjoué, et qu'il n'y avait pas lieu de pousser outre.

Le gouverneur eut le tort d'insister sur cet incident tout à fait secondaire. Il prit solennellement la défense de Schmitz, alors qu'il eût suffi de l'explication simple que je viens de donner, pour faire tomber d'eux-mêmes tous les commentaires calomnieux.

VI

A la même époque, l'*Officiel* publia un long document relatif à la conférence réunie à Londres pour examiner la dénonciation par la Russie du traité de 1856, dénonciation dont nous avions eu connaissance vers la mi-décembre (chap. XI) par des journaux étrangers. Le document dont il s'agit était adressé par M. Jules Favre, en qualité de ministre des affaires étrangères, à nos agents diplomatiques.

Il y exposait qu'à la suite de pourparlers engagés entre les puissances européennes et la France, le gouvernement de la défense nationale avait décidé que s'il était régulièrement appelé à la conférence de Londres, il s'y ferait représenter, pourvu que l'Angleterre voulût bien se charger d'obtenir le sauf-conduit nécessaire au plénipotentiaire français, dans le cas où celui-ci serait choisi à Paris. M. Jules Favre annonçait que cet arrangement avait été accepté par le cabinet anglais, et que lui-même venait d'être désigné comme devant représenter la France à la conférence. Toutefois, ajoutait-il, j'ai pensé que le ministre des affaires étrangères ne pouvait, à moins d'un intérêt supérieur, quitter Paris au milieu du bombardement que l'ennemi dirige sur la ville. — Puis venaient une série de lamentations sur les exécutions inhumaines résultant du feu des batteries prussiennes.

Il annonçait ensuite qu'il adressait au Foreign-Office une réponse, dans laquelle il développait les motifs qui l'empêchaient d'abandonner pour le moment la capitale bloquée par les armées prussiennes. Il déclarait enfin qu'il ne prendrait la route de Londres que lorsque la situation de Paris le lui permettrait, espérant que les représentations de l'Europe mettraient un terme au bombardement.

Cet acte, comme tant d'autres émanant de la même source, était un chef-d'œuvre de non-sens pratique. Des lieux communs et des futilités en remplissaient presque entièrement le texte. Jules Favre avait l'air de plaider le pour en s'appuyant sur le contre, de façon, somme toute, à se ménager un départ honorable.

Et de fait, ce n'était pas la présence de M. le ministre des affaires étrangères à Paris, qui pouvait en quoi que ce soit adoucir les rigueurs du bombardement. D'un autre côté, personne n'aurait jamais songé à reprocher à Jules Favre de manquer de dévouement en quittant la ville. Il avait déjà donné des preuves irrécusables de courage, particulièrement dans la journée du 31 octobre. Cependant, son devoir le plus impérieux était vraiment de rester à Paris, mais non pour les motifs invoqués.

Le général Trochu avait complétement perdu sa popularité. A peine lui restait-il quelques adhérents dans la population. En outre, le parti avancé l'accablait de ses outrages, et lui adressait chaque jour de sanglants reproches malheureusement trop fondés. Dans cet état de choses, et attendu, comme nous l'avons déjà dit, que le gouvernement se résumait dans les deux personnes de Trochu et de Jules Favre, il était impossible que ce dernier songeât à quitter Paris, sans l'exposer à une véritable anarchie dans la conjoncture d'une démission forcée du gouverneur. C'est ce que lui firent comprendre ses collègues, qui eurent au moins en cela le sentiment de leur insuffisance.

Cette situation était vraiment fâcheuse pour nous ; car je ne doute pas que la présence de Jules Favre à Londres dans les premiers jours de janvier n'ait pu avoir une grande influence sur le sort de la France. M. de Bismarck le sentait si bien qu'il n'y a sorte d'entraves qu'il n'ait inventées ou suscitées contre le départ de notre ministre des affaires étrangères. Il suffit à cet égard de se rappeler la mauvaise grâce et la lenteur qu'il mit à lui accorder un sauf-conduit.

CHAPITRE XV.

Bataille du 19 janvier.

I

Vers le 15 janvier, malgré les dénégations officielles dont nous avons parlé au chapitre XIV, le pain qui de bis était devenu noir, se trouvait brusquement rationné à raison de 300 grammes pour les adultes et de 150 grammes pour les enfants. On ne songea point à augmenter par compensation la ration de cheval. Cependant, cette augmentation était très-praticable ; et elle nous eût empêchés de *courir droit au typhus,* suivant l'expression énergique du doyen de la faculté de médecine, s'adressant à l'inepte maire de Paris, M. Jules Ferry.

A la même époque, de mauvaises nouvelles de la province filtraient à travers les lignes ennemies. Des hourras frénétiques poussés par les avant-postes des Prussiens, des feux de joie dans leurs campements, et cela sur tout le pourtour de l'investissement, prouvaient certainement que les chefs allemands avaient annoncé à leurs soldats quelque victoire de leurs armées de province.

Deux ou trois jours après, ces bruits prenaient de la consistance. La rédaction du journal *le Français*, qui passait pour avoir des attaches avec le cabinet de Trochu, laissait comprendre, sans toutefois les publier, que le gouvernement avait reçu de mauvaises nouvelles de l'armée de Chanzy.

Il est donc probable que c'est sous l'empire d'une aussi douloureuse situation et pour tenter un dernier coup, en donnant au moins satisfaction à l'opinion publique, que fut décidée la grande sortie du 19 janvier. Toutefois, l'objectif n'en était pas bien net.

Il paraîtrait même qu'il y eut à ce sujet une vive altercation entre Trochu et Ducrot. Ce dernier estimait que c'était une tentative tout à fait inutile, au moins dans les conditions qu'on lui soumettait, et qui semblait n'avoir pour but que d'*écœurer* la garde nationale. Il demanda à ne prendre aucune part comme général dans cette affaire, proposant d'y commander comme simple capitaine les volontaires de Néverlée. Mais le gouverneur lui donna l'ordre formel de marcher; et il dut s'y conformer.

II

Le 17 et le 18 janvier, une grande partie des troupes de Ducrot, qui étaient restées cantonnées depuis les fameuses gelées de la fin de décembre dans les environs de Pantin, et quelques brigades de Vinoy, furent dirigées dans la presqu'île de Genevilliers. On se servit pour ces mouvements de toutes les voies de communication qui ont accès dans la presqu'ile, y compris les chemins de fer. Toutefois deux ou trois ponts de bateaux jetés sur la Seine n'eussent pas été de trop, pour éviter l'encombrement et surtout la lenteur du défilé.

D'un autre côté, le 18, dès le matin on battait le rappel dans la plupart des quartiers de Paris pour les bataillons de marche. Dès midi, près de trente régiments de mobilisés s'ébranlaient, en se dirigeant tous par des voies différentes du côté de Neuilly, pour aller franchir le pont de Courbevoie, et de là être répartis entre trois corps d'armée dont nous allons parler dans un instant.

Ils avaient vraiment une tenue martiale et digne, ces jeunes hommes appartenant à des classes si variées de la société, mais groupés tous aujourd'hui en un même faisceau pour la défense commune de la grande cité. La forfanterie des premières semaines du siége avait complétemeut disparu. Les physionomies étaient braves et résolues. Presque tous les visages reflétaient une intelligence qu'on ne rencontre pas d'ordinaire chez le simple soldat.

J'avoue que ce spectacle était fait pour inspirer une sérieuse confiance. On y puisait l'espoir d'un grand succès, si le général en chef savait tirer parti du tempérament particulier de ces troupes, et les engager avec habileté dans l'importante affaire du lendemain.

Malheureusement, les dispositions premières de l'attaque étaient déjà peu propres à rassurer. Trochu avait partagé l'armée en trois colonnes, commandées par Vinoy à gauche, de Bellemare au centre et Ducrot à droite. Ce partage indiquait tout d'abord que l'armée de Ducrot avait été disloquée. Bien plus, à chacune de ces colonnes composées de troupes de ligne et de mobiles, devait venir s'incorporer, par fractions égales,

la garde nationale mobilisée sortie de Paris. Cette incorporation se fit à mesure que les régiments de marche arrivaient sur le terrain, c'est-à-dire pendant la
nuit du 18 au 19. Quelle homogénéité, quelle cohésion
pouvait-on attendre des corps d'attaque, en les formant
avec une telle précipitation et avec aussi peu de méthode?

Quoi qu'il en soit, le gouverneur prit congé le 18,
dans l'après-midi, de toutes les personnes de son état-
major et de son hôtel qui ne devaient pas l'accompagner. Il leur fit ses adieux dans des termes tels qu'on
pouvait supposer qu'il ne rentrerait pas à Paris. Cette
supposition prenait d'autant plus de consistance que le
général Le Flô était désormais investi du commandement de toutes les troupes restées à Paris. Le gouvernement lançait de son côté une proclamation très-
énergique, terminée par ces mots : « Souffrir et mourir
s'il le faut, mais vaincre. »

Ainsi, de tous les côtés, on voyait poindre les indices
d'une bataille qui devait être sanglante et décisive.

III

Le 19 janvier, vers six heures du matin, les trois
corps d'armée formant plus de 100 mille hommes et
pourvus d'une puissante artillerie, commencèrent leur
mouvement général. Le centre et la gauche se heur-
taient vers huit heures aux avant-postes ennemis.
Malheureusement Ducrot n'entra en ligne que deux
heures après ; et le gouverneur signala ce contre-temps
dans sa première dépêche datée du Mont-Valérien,
dix heures du matin. Ducrot s'est vivement défendu
d'avoir été la cause du retard en question. Il prétend

avoir prévenu Trochu qu'il en serait ainsi, dans la
conversation ou plutôt dans l'altercation qu'il eut avec
lui la veille et dont nous avons parlé il y a un instant.
Dans cet entretien, il aurait démontré au gouverneur
l'impossibilité pour la colonne de droite de pouvoir
commencer l'attaque en même temps que les corps de
gauche et du centre, par suite du chemin extrêmement
long que cette colonne devait parcourir au milieu de la
nuit. Il avait demandé en conséquence qu'on remit de
quelques heures l'attaque des autres corps d'armée. Il
assure même que ceci avait été convenu et arrêté ; mais
que le gouverneur oublia de contremander l'heure du
signal de l'attaque, qui devait être donné par le Mont-
Valérien au moyen d'une fusée.

En tout état de choses, la colonne de gauche sous
les ordres de Vinoy enlevait, dès onze heures du ma-
lin, la redoute de Montretout et les maisons avoisinan-
tes, qui lui avaient été données comme premier objectif. En même temps, le général de Bellemare à la tête
de son corps d'armée occupait à gauche la ferme de la
Fouilleuse. Puis, franchissant la route de la Malmaison, il s'emparait du parc de Buzenval, après un combat meurtrier, où les mobilisés donnèrent des preuves
du plus grand courage. Vers dix heures et demie, de
Bellemare faisait sa jonction à gauche avec Vinoy, et
attaquait avec sa droite la crête du plateau de la Bergerie. Mais en attendant qu'il fût appuyé de ce côté, il
dut employer une partie de sa réserve pour se maintenir sur ces positions. Malheureusement, il ne songea
pas à renforcer celle-ci par quelques milliers de gardes
nationaux qu'il avait laissés à la traine dans les bois.
Il ignorait que ces hommes fussent sous ses ordres,
par suite de la précipitation qui avait été mise, comme
nous l'avons vu, à l'incorporation des mobilisés dans
les brigades.

Sur ces entrefaites, la colonne du général Ducrot entrait en ligne. Mais ia droite de cette colonne établie à Rueil, était canonnée des bords de la Seine par de fortes batteries allemandes qui avaient pris position aux environs de Carrières-Saint-Denis. Nous tenions en respect ces batteries à l'aide de notre artillerie de campagne, du Mont-Valérien et de quelques wagons blindés armés par des marins et placés sur le chemin de fer de Saint-Germain.

Il y eut un moment où les batteries allemandes défilant pour se rendre à leur poste, se trouvèrent complétement à découvert pour le Mont-Valérien. On aurait pu à ce moment sinon les écraser, au moins leur faire beaucoup de mal. Un commandant du génie placé en observation dans la forteresse prévint le gouverneur de ce défilé. Il insista pour qu'on ouvrît immédiatement un feu acharné. Mais le général Trochu se tournant vers son cher Bibesco, le pria de regarder à son tour avec la longue-vue. Ce dernier répondit d'un air dégagé que c'était purement et simplement quelques compagnies d'infanterie qui défilaient. Le commandant du génie, piqué au vif et voyant d'ailleurs qu'on laissait échapper une superbe occasion de causer un tort considérable à l'ennemi, remit l'œil à la lunette ; et après avoir acquis la conviction qu'il ne s'était pas trompé la première fois, il s'écria : « C'est vrai, mon général. Ce » sont bien des fantassins ; seulement ils sont montés » sur des chevaux qui traînent des canons. » Cette boutade aurait dû au moins engager le gouverneur à examiner la chose par lui-même. Mais avec cette présomption qu'on lui prête de n'avoir confiance qu'en lui ou dans les hommes de son choix, il s'en rapporta à l'opinion de Bibesco. Il ne donna aucun ordre aux artilleurs du fort, qui n'attendaient qu'un signal ; et on laissa tranquillement les batteries ennemies s'établir dans une situation où elles se trouvaient défilées en partie du Mont-Valérien. Dans cette position, elles purent, comme je viens de le dire, canonner la colonne de Ducrot, et entraver son attaque ; d'autant que l'action étant venue à s'engager sur la porte de Lonboyau, ce corps d'armée rencontra là une résistance acharnée, en arrière de murs et de maisons crénelés. Plusieurs fois, Ducrot ramena ses troupes à l'ennemi, mais sans gagner de terrain ; et il ne put par suite faire sa jonction avec de Bellemare.

Vers quatre heures, un retour offensif des Prussiens exécuté avec une violence extrême contre le centre et la gauche de nos positions, fit reculer nos troupes, qui cependant se reportèrent en avant vers la fin de la journée. La crête de la Bergerie fut encore une fois reconquise. Mais la nuit arrivait ; et il était trop tard pour songer à amener de l'artillerie au milieu de l'obscurité, par des chemins que les pluies abondantes des jours derniers avaient défoncés en partie.

Il eût fallu, pour que l'opération réussît, être complétement maître de la Bergerie à midi. Beaucoup de militaires sérieux suivaient avec assez de facilité les mouvements depuis le matin, malgré ce fameux brouillard qui dérobait au gouverneur, suivant son assertion, les phases de la bataille. Ils furent fixés dès deux heures de l'après-midi sur l'insuccès de la journée.

Vers le soir, on sonna la retraite. Les troupes se retirèrent dans les tranchées aux environs du Mont-Valérien. Dans cette retraite, effectuée sans méthode, on oublia à Saint-Cloud quelques centaines de mobiles de la Loire-Inférieure. Après avoir combattu jusqu'à l'épuisement de leurs munitions, ils furent faits prisonniers dans la soirée, en compagnie du commandant de Lareinty qui se trouvait à leur tête, et qui, avec son originalité habituelle, n'était peut-être pas fâché de cette fin semi-épique.

IV

Ce stérile combat, sans but bien déterminé, avait été engagé dans un terrain effondré par des pluies récentes, au milieu de pentes abruptes et en outre sur un espace étranglé. Cet état de choses ne permit de mettre en ligne qu'une petite partie des troupes tant régulières que mobilisées dont disposait la défense. On eût dû au moins faire attaquer en même temps d'autres points de la ligne d'investissement, par les troupes qui demeuraient inoccupées dans leurs cantonnements, et aussi par les mobilisés laissés en grand nombre à l'intérieur de Paris. Mais il est manifeste que rien de tout cela ne fut fait, parce qu'on n'avait aucun objectif, et que c'était un véritable coup de dé qu'on jouait.

Le résultat le plus clair de l'affaire, ce fut la preuve que les gardes nationaux pouvaient se battre avec un grand courage et un admirable entrain, du moins à en juger par ceux qui avaient voulu suivre les colonnes d'attaque ; car, par suite du manque de méthode déjà signalé pour la concentration des combattants, les mobilisés qui n'aimaient pas la poudre eurent la faculté de rester prudemment en arrière, voire même de refluer du côté du pont de Courbevoie. Mais ce fut une faible minorité qui profita de ces facilités pour se soustraire au feu. La majorité, la très-grande majorité, montra le plus patriotique dévouement. Le général Trochu dut alors regretter amèrement de ne pas avoir plus tôt tiré parti de ces milliers de jeunes gens pleins de bravoure et de bonne volonté, et qu'il aurait dû au surplus apprécier dès l'affaire du 21 décembre.

Au combat du 19 janvier, toutes les classes de la société parisienne payèrent largement leur tribut de sacrifices à la France dans la personne de leurs membres les plus chers. C'est là que par des morts héroïques furent glorieusement représentées toutes les noblesses : la noblesse du sang, par le marquis de Coriolis, digne représentant d'une des plus anciennes familles du faubourg Saint-Germain; — la noblesse des arts, par Henri Regnault, le jeune peintre de la Salomé, qui promettait un artiste de génie; — la noblesse des sciences, par Gustave Lambert, le chef de l'expédition au pôle nord.

Le rapport militaire du 19 au soir portait à la connaissance du public que la journée n'avait pas eu l'issue qu'on pouvait espérer. On lui donnait pour toute consolation le récit de la bonne tenue de la garde nationale. Puis, on terminait par le boniment ordinaire : « nous ne savons pas encore le chiffre de nos pertes; » mais les prisonniers nous ont appris que celles de » l'ennemi étaient considérables. » En résumé, comme toujours et toujours, on venait de faire verser inutilement du sang, pour n'obtenir aucun résultat.

Le 20 janvier, on fait rentrer les troupes dans leurs cantonnements; et les mobilisés sont renvoyés à domicile. A ce moment, le général Trochu semble avoir perdu la tête; ou sinon montre qu'il jette le manche après la cognée. Il télégraphie à Schmitz de parlementer d'urgence à Sèvres pour obtenir un armistice de deux jours, qui permette l'enlèvement des blessés et l'enterrement des morts. Il ajoute qu'il faudra pour cela du temps, des efforts considérables, des voitures très-solidement attelées et beaucoup de brancardiers. Comme cette communication était gaie pour la population pari-

sienne ! Un grand nombre de ses enfants venait de recevoir un glorieux mais stérile baptême de feu. Beaucoup
d'entre eux n'avaient pas encore rejoint leurs foyers ;
on ne songeait même pas qu'on allait ainsi jeter l'effroi
dans les cœurs, et d'une manière toute gratuite encore.
Il y avait, Dieu merci, une exagération énorme dans
la dépêche du gouverneur : le chiffre de nos pertes en
tués et blessés ne dépassait pas deux mille.

Pour le coup, c'en était fait à tout jamais de la considération du général Trochu. Il venait de couronner
l'édifice à sa façon, juste au lendemain du jour où le roi
de Prusse couronnait lui aussi son œuvre, mais glorieusement, en prenant le titre d'empereur d'Allemagne.
C'est, en effet, le 18 janvier que dans la galerie des
glaces au château de Versailles, au milieu d'une foule
de princes de la Confédération germanique et de hauts
dignitaires du royaume de Prusse, Guillaume de Hohenzollern déclara accepter la couronne d'empereur d'Allemagne, et que le chancelier fédéral donna lecture de la
proclamation adressée à ce propos au *Vaterland*. Cette
cérémonie, terminée au milieu des hourras frénétiques
de nos vainqueurs, rappelait au monde la grande mu-
tabilité des choses humaines ; car c'était justement dans
le château où Louis XIV avait conçu le plan d'abaisser
l'Allemagne, que celle-ci venait de se rehausser par
l'étendue de nos désastres, jusqu'à ce que, par un revirement de la fortune, elle subisse à son tour l'humi-
liation d'une décadence.

V

Chose singulière, la popularité du gouverneur avait
été si puissante que sa disgrâce irrémédiable à la suite

du 19 janvier, produisit comme un immense serrement de cœur chez tous les hommes d'ordre. Ceux qui l'avaient unanimement acclamé au 3 novembre, malgré les torts qu'ils lui reconnaissaient déjà, ne pouvaient se consoler de rompre avec leur élu, tant la dignité des mœurs, la loyauté et l'élévation des sentiments, ont une juste influence sur les consciences honnêtes.

Je le confesse, je partageais moi aussi ces sentiments. Les ouvriers eux-mêmes, les bons, bien entendu, tout en s'associant à l'immense *tolle* qui s'élevait de toutes parts, avouaient combien il leur en coûtait d'abandonner leurs sympathies envers le général en qui ils avaient espéré trouver un sauveur pour la France et la République. Cette impression de la classe ouvrière se trouve parfaitement rendue, quoique d'une manière triviale, par ce mot d'un homme du peuple : « J'aime bien » Trochu, disait-il au lendemain du 19 janvier. C'est un » honnête homme et un brave ; mais c'est un fichu gé- » néral. »

A la suite de tous ces événements, il va de soi qu'il éclata un orage au sein du gouvernement. Le général Trochu proposa de se retirer purement et simplement. Mais on n'accepta pas cette démission *in extremis*. On l'obligea d'abord à rester président du gouvernement, en lui remontrant qu'il n'avait pas le droit d'abandonner ses collègues dans des circonstances aussi critiques. Mais en même temps, on le destitua du titre et des fonctions de gouverneur de Paris, qui furent supprimés.

Le 22 janvier au matin, le numéro de l'*Officiel* qui promulguait ces décisions, renfermait aussi la nomination du général Vinoy comme commandant en chef de l'armée de Paris.

Mais cette nomination était trop tardive pour le salut de la grande ville. Faite trois semaines plus tôt, elle aurait peut-être donné aux événements un autre cours ; et dans tous les cas, elle ne nous aurait pas plus malheureusement précipités dans une triste capitulation.

FIN DE LA DEUXIÈME PARTIE.

TROISIÈME PARTIE.

(De la négociation de l'armistice à l'évacuation de Paris par les
Allemands.)

CHAPITRE XVI.

Événements pendant la négociation de l'armistice.

I

A la nomination du général Vinoy comme commandant en chef, beaucoup de personnes se firent encore
illusion. Elles crurent que le général avait accepté pour
continuer la lutte. Mais cette idée ne prévalut pas dans
le public intelligent, après un examen sérieux de l'état
des choses.

Les mauvaises nouvelles de l'armée de la Loire
étaient entre les mains du gouvernement depuis le
17 ou le 18 janvier, ainsi que nous l'avons dit plus
haut. Ce fut avec des ménagements infinis qu'on les
porta petit à petit à la connaissance de la population.

Une première note, insérée dans l'*Officiel* du 20 janvier, fait savoir qu'il y a un temps d'arrêt dans les progrès de nos armées de l'Ouest, mais que nous avons remporté dans l'Est des succès importants. Le 22, communication est faite de l'extrait d'une dépêche datée de Bordeaux, 14 janvier, où on avoue la défaite de Chanzy du 13. Après deux jours de glorieuses batailles près du Mans, ce général s'était vu dans l'obligation de se retirer derrière la Mayenne. Cette retraite avait été admirablement soutenue par l'amiral Jauréguiberry et les marins sous ses ordres. Néanmoins, nous avions perdu une douzaine de canons et 10 mille prisonniers. Pour nous consoler un peu, l'*Officiel* confirme les victoires de Bourbaki du 9 et du 13 janvier, à Villersexel et à Arcey ; et il annonce quelques nouveaux succès de Faidherbe.

A la suite de ces renseignements, se trouvait une première série de dépêches adressées au ministère de la guerre à Bordeaux par les commandants en chef de nos armées de l'Est et de l'Ouest. On y reproduisait surtout les rapports de Bourbaki, et on se bornait à citer quelques télégrammes de Chanzy, très-anciens d'ailleurs et sans grande importance. On promettait la fin de ces dépêches dans le numéro du lendemain. Ce numéro, qui contenait justement la nomination de Vinoy, ouvrait les portes à deux battants. Il donnait la triste suite, annoncée la veille, des dépêches de Chanzy, d'où il résultait que son armée était en pleine déroute : c'était notre coup de grâce. La fin des télégrammes de Bourbaki établissait bien que du côté de l'est, il avait remporté de véritables victoires. Mais il n'y avait plus d'illusions à se faire, et l'effrayante nécessité de la capitulation de Paris paraissait inévitable.

Cependant, dira-t-on, le public n'avait pas encore connaissance de la défaite de Faidherbe, à Saint-Quentin, le 19 janvier, ni de la retraite de l'armée de Bourbaki commencée dès le 18. Malgré cela, il était manifeste que Paris ne pouvait plus désormais être sauvé par nos armées de province de l'est et du nord, même victorieuses. Il fallait s'attendre, en effet, à ce que les Prussiens enverraient dans ces parages d'énormes renforts. Rien ne les empêchait d'emprunter ces secours soit à Mecklembourg et à Frédéric-Charles, qui n'avaient plus devant eux que des troupes en déroute, soit à l'armée autour de Paris, qu'ils ne devaient pas craindre d'affaiblir, puisque notre nouvelle tentative du 19 avait dû les convaincre que notre funeste système de sorties consistait toujours dans des feintes d'offensives plutôt que dans de véritables attaques à fond.

N'y avait-il donc plus rien absolument à tenter dans ce moment suprême? Et d'abord quelles étaient les forces dont on disposait encore? Eh bien, c'est navrant à avouer, mais il faut savoir parler sans détour pour l'intégrité de l'histoire.

Au moment de se rendre, Paris pouvait encore dans une tentative désespérée mettre en ligne 280 mille combattants, pourvus d'armes à tir rapide. Nous allons prouver la rigoureuse exactitude de ce chiffre par le procédé qui servit si bien aux Prussiens, lors du plébiscite du 8 mai en faveur de l'empire, pour connaître exactement l'effectif de notre armée.

Au plébiscite du 3 novembre, le vote seul de l'armée (troupes régulières, mobiles, marins, douaniers, etc.), avait donné, d'après le journal officiel. 218 mille *oui* et 8 mille *non*, soit en tout 226 mille votants. Au milieu de janvier, il y avait à déduire sur ce total 40 mille hommes au plus, par suite de morts, de maladies ou de disparition. L'armée régulière comprenait donc à ce moment 186 mille soldats. Il eût suffi pour le dernier moment de laisser 10 mille canonniers dans les forts pour le service des pièces. Il reste donc 176 mille combattants qu'on pouvait mettre en ligne.

Toutefois, pour arriver à ce chiffre, il eût fallu d'abord faire rallier leurs corps aux soldats éprouvés en si grand nombre par les froids de la fin de décembre, mais dont la plupart se trouvaient alors guéris. La réintégration des hommes rétablis ne s'est jamais effectuée, soit dit en passant, pendant tout le cours du siége, qu'avec une mollesse et un désordre inouïs. Les militaires à leur sortie de l'hôpital erraient des journées entières à travers l'immense ville, avant de trouver un bureau qui pût les diriger exactement sur leurs corps. On aurait dû aussi, pour atteindre le chiffre mentionné plus haut, faire rejoindre leur poste de combat à une myriade de jeunes et vigoureux individus, qui se cachaient honteusement dans les ambulances, les états-majors des secteurs et des ministères, les bureaux d'intendance, etc. Il y avait bien là près de cinq mille gaillards qui aimaient mieux jouer de la seringue ou de la plume que du fusil. Leurs emplois auraient été avantageusement confiés à beaucoup de braves gens, auxquels leur santé ou leur âge ne permettait pas de combattre, et qui n'eussent pas mieux demandé que de prendre gratuitement la place de ces héros du pansement et du grattoir.

Si on adjoint aux 176 mille hommes que nous venons de citer, les 104 mille mobilisés portés sur le tableau officiel de la garde nationale de Paris, on arrive bien à un total de 280 mille combattants. Les deux tiers étaient armés de chassepots; et les autres, de fusils à tabatière, valant bien certainement les armes transformées de beaucoup de contingents allemands. Sans compter que cette armée pouvait être appuyée d'une formidable artillerie comprenant 700 excellentes pièces de campagne environ, dont plus de 150 du dernier modèle.

Rien ne se fût d'ailleurs opposé à faire appuyer ces combattants en temps utile par les 276 mille gardes nationaux sédentaires dont on disposait, et qui, somme toute, étaient munis d'armes suffisantes pour poursuivre un ennemi en déroute.

Ah! je le sais bien, vous répondrez que tout cela n'était qu'une horde immense. Mais à qui la faute? Vous aviez laissé vos troupes régulières se démoraliser. En outre, vous ne vous y étiez pas pris à temps pour mobiliser les gardes nationaux. Il était donc difficile, au moment où nous en étions, de tirer parti de ces derniers : la plupart étaient pleins de dévouement et de bravoure, mais n'avaient appris que l'école du peloton, et votre retard à les organiser ne les avait pas rompus à l'habitude de porter un sac de 30 kilogrammes pendant plusieurs heures. Il eût fallu, par un *entraînement méthodique*, les rompre à la fatigue, et les habituer à passer des nuits sous la pluie et sous la neige. En les exposant brusquement à de pareilles épreuves, vous étiez bien certain de n'avoir plus le lendemain devant vous que de pauvres diables livides, grelottants de fièvre et bien peu disposés à se battre. Au début du siége, alors que la saison était encore douce, rien ne vous eût empêché de les tenir hors des remparts et de les habituer aux marches militaires et à la vie en plein air. Ceci eût été beaucoup plus sain que de laisser chanter *la Marseillaise* sur les boulevards par des bataillons à la débandade, ou de fermer les yeux, avec une faiblesse inexcusable, sur les libations copieuses auxquelles se livraient d'innombrables désœuvrés.

Oserez-vous invoquer comme excuse qu'il n'y avait pas à se fier à la garde nationale pour résister au feu? Chaque fois que vous l'avez mise en ligne, elle vous a prouvé qu'elle ne reculait pas. Aux combats du 21 décembre et du 19 janvier, les mobilisés ont fait leurs preuves. C'est encore là une bien grande infériorité chez un chef que de ne pas savoir deviner l'âme de ses troupes et apprécier sûrement leur degré de bravoure et de dévouement. Et quand je parle des mobilisés courageux, je ne veux pas seulement mentionner ceux qui appartenaient aux quartiers du centre de Paris, et qui par leur intelligence et leur éducation étaient portés à avoir des sentiments généreux; mais j'entends parler également de cette population ouvrière qui habite les quartiers de Bercy, des Gobelins, de Vaugirard, et les hauteurs de Belleville, Ménilmontant, Montmartre et Clignancourt. Là se trouve une foule de travailleurs, dont la conduite a prouvé pendant le cours du siége des sentiments patriotiques. Je sais bien que dans ces quartiers tous ne leur ressemblent pas, et qu'il existe une classe de misérables, qui reçoivent de toutes les mains, n'ont pour mobile que la satisfaction des plus grossiers instincts et pour moyens que l'assassinat et le pillage. Ce sont ces derniers qui formaient le principal contingent des braillards des clubs, aussi lâches en actions, au moins pendant le siége, que vantards en paroles. Ce sont eux aussi qui ont été au début les instruments de la guerre civile. Et disons à ce propos que si bientôt un grand nombre d'ouvriers ont suivi le comité révolutionnaire, c'est que ces gens sont faciles à tromper, et qu'ils se laissent trop aisément mener par ceux qui savent capter leur confiance. C'est aussi que, désœuvrés depuis de longs mois avec l'idée fixe de se battre d'un instant à l'autre, ils avaient l'esprit très-monté. Enfin, les idées de réaction, manifestées par l'Assemblée nationale, leur faisait craindre de voir la République sombrer, et, plus encore, d'être privés de leurs trente sous avant la reprise complète du travail. Au surplus, les bons ouvriers qui ont pris part à la folle et odieuse guerre civile que nous venons de subir, ont donné une nouvelle preuve qu'ils avaient du courage, et même, — aveu douloureux à faire, — beaucoup trop de courage. Si on songe qu'il en a été ainsi pour une cause méprisable, que la plupart d'entre eux ne servaient que par entraînement et dans un moment de délire révolutionnaire, que n'eussent-ils pas fait, mis en face des Prussiens, en ayant au cœur un noble but et le sentiment généreux de l'amour du pays.

Toutefois, il ne manque pas de gens pour prétendre que les hommes de la commune ne se seraient pas aussi bien battus, si on les avait menés à l'ennemi. Selon eux, ces hommes n'auraient jamais apporté à la défense du territoire national la moitié de l'ardeur qu'ils ont mis pour essayer de conquérir leurs soi-disant droits économiques, qui en fait se résument dans le droit au partage ou mieux au pillage. Nous sommes loin d'accepter en entier cette opinion ; et nous sommes d'autant plus sincères, en parlant ainsi, que nous n'avons pas d'objurgations assez fortes au fond du cœur contre tous les individus qui ont pris part à la guerre civile, en portant, avec un égoïsme farouche ou une ignorance barbare, un préjudice incalculable à notre malheureux pays déjà si désolé. Un bon nombre des communeux sont, je l'accorde, des misérables de la pire espèce, qui se sont battus avec beaucoup plus de résolution et de ténacité contre les Français qu'ils ne l'auraient jamais fait contre les Allemands. Mais beaucoup d'autres, je dirai presque la très-grande majorité, de par le sang gaulois qui coule dans leurs veines, ne demandaient qu'à être conduits vaillamment à l'ennemi par des chefs ardents et ayant au fond du cœur la foi dans le succès.

III

C'était à vous, hommes du 4 septembre, à grouper autour du drapeau de la République dans une lutte dernière toutes les bonnes volontés. Mais avouez que vous n'avez pas cru un instant à un résultat heureux de la campagne. Ce sentiment a trop percé dans toute votre conduite. La direction énergique, la méthode, l'unité d'action, l'entente entre les chefs, et surtout la foi robuste et invincible en l'efficacité de la défense, vous ont certainement manqué. Ce n'était pas là le moyen d'encourager les combattants; et vos physionomies et vos actes ne répondaient pas aux proclamations qui couvraient les murs.

Eh bien, malgré tant d'imperfections et tant de causes d'hésitation, un gouvernement vraiment héroïque pouvait encore tenter un suprême effort. Le peuple et l'armée étaient arrivés à un tel point de dégoùt et de lassitude de la vie, que si on avait su profiter d'un de ces grands moments de désespoir où chacun a fait complétement le sacrifice de son existence, on aurait eu de grandes chances d'obtenir un résultat extraordinaire et imprévu.

Par exemple, si le jour où cinq enfants furent tués d'un même coup par un obus tombé dans un pensionnat de la rue de Vaugirard, on eùt promené, au milieu de la population exaspérée, les cadavres de ces innocentes victimes d'une guerre barbare; si on y eùt joint les corps de plusieurs hommes du peuple qui presque au même instant venaient d'être foudroyés près du Panthéon, je ne doute pas qu'on n'eût soulevé, au milieu de Paris et dans l'armée, un de ces immenses flots d'indignation d'un peuple aux abois. Le lendemain vous auriez pu faire se ruer sur les lignes ennemies, avec un acharnement sans pareil, vos 280 mille combattants de troupes régulières et de mobilisés. Bien plus, vous auriez pu compter sur les 276 mille gardes nationaux sédentaires pour appuyer ces combattants, et au besoin les pousser par derrière. Et je vous réponds qu'ils n'auraient pas laissé rentrer un seul fuyard.

Oui, il fallait faire sortir de Paris tous les hommes valides, et risquer un de ces coups qui sauvent un peuple, en lui faisant massacrer ses envahisseurs, ou en lui permettant de succomber avec un si noble héroïsme qu'il se relève ensuite plus fort que jamais.

IV

Je vous vois sourire d'ici, mes maîtres, et traiter avec un dédaigneux mépris de semblables chimères. Il est vrai qu'une pareille tentative demandait à sa tête un Kosciuszko, qui n'eût pas craint, pour le salut de la patrie, d'immoler 50 mille de ses enfants. Malheureusement nul de vous n'avait l'étoffe d'un héros. D'ailleurs, vous mettiez deux jours à faire changer de campement cent mille hommes; et les plus petits mouvements de troupes étaient pour vous un véritable labeur.

Vous objecterez encore, j'en suis sûr, les trois lignes d'investissement, contre lesquelles de malheureux citoyens eussent été se briser en vain. Mais ces lignes d'investissement, en réalité, y en avait-il trois sur tout le périmètre occupé par l'ennemi? Ce chiffre cabalistique n'est-il pas devenu un mythe pour ceux qui ont pu dès le lendemain de l'armistice franchir les avant-postes allemands? Certainement les Prussiens avaient bien établi une série de tranchées et d'épaulements, se reliant les uns aux autres sur un immense pourtour. Mais ces fortifications passagères se réduisaient en beaucoup d'endroits à très-peu de chose. Il n'y avait vraiment de parties fortes que les villages dont on avait crénelé les maisons. D'ailleurs nos troupes avaient franchi ces lignes dans plusieurs combats heureux, particulièrement à l'affaire de la Malmaison, le 21 octobre. Si vous aviez bien étudié la manière de combattre des Prussiens, vous auriez dû remarquer qu'à nos attaques ils commençaient par se replier successivement, et que c'était seulement à l'abri de leurs batteries et soutenus par des renforts importants, qu'ils parvenaient à nous tenir tête. Donc, en tous les points où ils n'auraient pu nous opposer ces renforts, leurs lignes eussent été traversées. Et alors rien ne se serait opposé à ce que nous prissions à revers leurs batteries et leurs centres d'approvisionnements et de munitions. Vous deviez également savoir qu'à la mi-janvier, les lignes prussiennes étaient considérablement dégarnies de troupes tout autour de Paris. Dès lors, et vu la masse d'hommes dont vous disposiez, vous eussiez pu faire une immense attaque sur un vaste périmètre. Dans bien des points peut-être on aurait été vaincu; mais qui sait, si dans beaucoup d'autres, la victoire ne nous eût pas favorisés au delà de toute espérance?

Tout cela est fort bien, dira-t-on. Mais en cas de défaite générale, Paris aurait été à la merci des Prussiens. Ils auraient alors eu le droit de le traiter en ville conquise, voire même d'en permettre le pillage aux soldats. Hélas! comme si les Prussiens n'avaient pas imposé à cette grande cité les conditions les plus dures;

et comme si toutes celles qu'ils sont censés lui avoir épargnées ne sont pas devenues la cause de notre désastreuse guerre civile.

Pour dégager complétement sa responsabilité au point de vue que nous venons de traiter, le gouvernement a affirmé dans diverses proclamations qu'il avait consulté les généraux en chef et les divisionnaires. Il a ajouté qu'on avait aussi appelé en présence des ministres et des maires de Paris, les colonels et les chefs de bataillon signalés comme les plus braves dans l'armée et dans la garde nationale. Tous, a-t-il assuré, ont été unanimes pour répondre qu'après le 19 janvier il ne restait aucune chance de débloquer Paris, ou de jeter une armée active au dehors pour la transformer en armée de secours. Car si, par impossible, nous fussions parvenus à passer sur le corps des Allemands, nos troupes n'auraient ensuite trouvé qu'un désert de trente lieues, où elles eussent certainement péri de faim. Cette opinion, je l'accepte; seulement ce n'est plus d'une trouée que je viens de parler, mais bien de l'immense *exode* d'un peuple en fureur contre d'intraitables ennemis. Mais, encore au dire du gouvernement, cette combinaison aurait également paru impraticable aux officiers consultés. Tous auraient répondu qu'on pouvait se faire tuer, mais qu'on ne pouvait plus vaincre.

Eh bien, non, il n'est pas possible que tous aient répondu cela. Il n'est pas possible qu'une réunion d'hommes de cœur ait décrété à l'unanimité que la France était au-dessous de la Pologne. Quand de malheureux Polonais, avec de simples faulx ou des armes non moins primitives, ont tant de fois tenu tête aux masses fortement organisées de l'autocrate du Nord, 556 mille Français bien armés n'eussent pas osé tenter une lutte de désespoir contre un nombre certainement

bien inférieur d'Allemands, qui les enlaçaient à ce mo
ment dans leur cercle de fer?

Dans une pareille sortie, il y aurait eu des flots de
sang de versés; mais ces flots de sang eussent fécondé
la régénération de notre pauvre pays. Tandis qu'en
n'utilisant pas tant d'activités surexcitées par les tribulations d'un long siége, on n'a su que préparer une
affreuse guerre civile, sans exemple dans les annales
du monde.

V

Le général Vinoy était, lui aussi, trop classique pour
tenter une semblable entreprise. Il ne lui était plus
d'ailleurs possible de se charger d'opérations militaires
méthodiques et suivies. Ceci eût exigé une réorganisation complète de l'armée, et avant tout le rétablissement intégral de la discipline. Tout cela aurait demandé
plusieurs semaines, et on n'avait plus que quelques
jours devant soi. Sous la pression des maires, on venait
de faire, pour la première fois depuis le siége, un inven-
taire sérieux des céréales existant en magasin et réqui-
sitionnées. Il avait été reconnu qu'à partir du 15 janvier,
avec le rationnement de 300 grammes de pain par
personne et par jour, le stock devait être épuisé au
8 février. Aussi tous les gens de bon sens étaient-ils
convaincus que le gouvernement allait entrer en pourparlers avec l'ennemi, afin d'obtenir un armistice.

Dès lors, le nouveau commandant en chef de l'armée
ne devait avoir accepté pareille charge que pour maintenir l'ordre dans la capitale. Animé d'un patriotique
dévouement, il voulut rendre service jusqu'au dernier
moment à son pays, même dans la position la plus

cruelle qui puisse être faite à un brave général. Il prêta généreusement son concours au gouvernement de la défense nationale, pour les moments critiques qu'il allait avoir à traverser dans les négociations de l'armistice.

Sur ces entrefaites, MM. de la commune, avec leur odieuse et persévérante audace, essayèrent de pêcher en eau trouble. Dans la nuit du 21 au 22 janvier, ils délivrent de la prison Mazas l'énergumène Flourens, le coadjuteur indispensable de toutes leurs folles entreprises, qui avait été arrêté, on se le rappelle, à Maison-Alfort dans les premiers jours de décembre. Ils vont immédiatement l'installer de vive force à la mairie de Belleville. Là les frères et amis se distribuent deux mille rations de pain, destinées aux indigents du quartier dont ils se souciaient fort peu ; et ils arrosent le tout d'une barrique de vin, réservée aux malades nécessiteux.

Le 22, dès six heures du matin, ils furent délogés de la maison commune par les soins du commandant du 2e secteur, et disparurent en s'éparpillant. Mais l'après-midi, massés en un corps de 100 à 150 gardes nationaux armés avec officiers et tambours en tête, ils se portèrent sur la place de l'Hôtel de Ville, qui se garnit aussitôt de groupes nombreux et animés.

Cette fois, c'était le général Vinoy qui était chargé de la sécurité publique, et il entendait la force morale à sa façon. Ordre avait été donné aux mobiles chargés de la garde de l'hôtel de ville de riposter énergiquement à la première attaque des émeutiers. Suivant leur tactique habituelle et pour sonder le terrain, ceux-ci commencèrent par envoyer des délégués auprès des membres de la municipalité.

Mais comme à leurs vœux insensés on ne répond que par des fins de non-recevoir, les délégués sortent

furieux vers les trois heures pour donner le signal
de l'attaque. Aussitôt les communeux armés se dé-
ploient en tirailleurs sur toute l'étendue de la place.
Des coups de feu sont tirés sur quelques officiers de la
garde mobile placés près de la porte du palais municipal, mais ne les atteignent pas. Cette première décharge
des émeutiers est bientôt suivie d'une seconde, qui
frappe un adjudant-major des mobiles. Ceux-ci, postés
aux quatre entrées principales de l'hôtel, dans les cou-
loirs des bureaux et dans la salle du Trône, ripostent
alors ; et la place se trouve instantanément vidée.

Quelques-uns des émeutiers, les braves de la bande,
répondirent par quelques coups de feu. Mais le plus
grand nombre d'entre eux se couchèrent à plat ventre
sans plus de façons, et se relevèrent aussitôt avec un
glorieux crachat de boue sur la poitrine, pour s'enfuir
dans quelques maisons formant le coin des rues adja-
centes. Ils s'y réfugièrent les uns pour se cacher, les
autres pour essayer de continuer la lutte.

Le premier moment de panique passé, les émeutiers
disséminés au coin des quais et dans les maisons dont
nous venons de parler, criblent l'Hôtel de Ville d'une
nuée de balles. Toutes les vitres du palais municipal
sont brisées ; des parties de corniche sont enlevées, et
les panneaux de la salle du Trône se trouvent troués
comme à l'emporte-pièce. Mais bientôt des troupes arrivent de toutes parts, ainsi que quelques bons bataillons de la garde nationale ; et le calme se rétablit
comme par enchantement. Une brigade, avec batterie
de canons et de mitrailleuses, occupe tout le quai sur
la rive gauche de la Seine depuis le Pont-Neuf jusqu'à
l'Hôtel de Ville.

Grâce à ces mesures énergiques, en moins d'une
heure toute l'échauffourée était terminée. L'émotion
n'avait même pas eu le temps de gagner les arrondis-

sements voisins. Si le général Vinoy avait suivi là l'exemple du gouverneur au 31 octobre, on serait tombé dans une anarchie et une cacophonie à ne plus s'y reconnaître.

Mais au 18 mars, me dira-t-on, le général n'a pas aussi bien réussi. J'en conviens, et j'avoue même qu'il est resté ce jour-là beaucoup au-dessous de sa tâche. Toutefois, nous expliquerons plus tard que les conditions n'étaient plus les mêmes. Bornons-nous à dire que dans ces dernières et douloureuses circonstances, il a perdu de vue ces trois principes primordiaux applicables dans tout trouble public :

Les émeutes, pour être réprimées efficacement et sans que les troupes songent à pactiser avec elles, doivent l'être à l'état naissant, pour ainsi parler. Car, en ce moment, les moutons de Panurge, qui dans tout événement se trouvent toujours en énorme majorité, ne se sont encore arrêtés à aucun parti, et cela aussi bien parmi les troupiers que parmi les émeutiers. Dès lors si, par faiblesse ou hésitation, on perd du temps, les indécis de l'émeute gagnent en audace ce que les indécis de l'ordre perdent en énergie.

En second lieu, les jours de troubles, il ne faut jamais échelonner les soldats dans les rues ou sur les places Les troupes doivent être nombreuses aux points menacés.

Enfin, il est indispensable de leur laisser subir une première décharge. Dans ces conditions, elles sentent leur force et comprennent tout de suite leur droit; et alors elles ne bronchent pas devant des gens qu'elles reconnaissent bientôt pour des misérables.

Pour en revenir à l'échauffourée du 22 janvier, nous dirons qu'en dehors de l'adjudant blessé dont nous avons parlé, les mobiles n'eurent personne de touché. — Quant aux insurgés, une quarantaine des leurs, tant tués que blessés, restèrent sur le carreau. Ils furent ramassés par des ambulanciers accourus sur le lieu de la lutte. Au nombre des victimes se trouvait l'ex-commandant Sapia, intrigant bilieux, qui cherchait toutes les occasions de désordre pour se produire. Dès le début du siége, il avait été cassé de son grade de chef de bataillon de la garde nationale, et répudié par les hommes mêmes qui l'avaient d'abord choisi.

Quant à messire Flourens, ni vu ni connu. Avait-il pris la tangente dès les premiers coups de feu; ou même, avec sa prudence des derniers temps, s'était-il éclipsé avant l'arrivée des gardes nationaux sur la place de l'Hôtel de Ville? c'est ce qu'on ne peut savoir. Toujours est-il qu'il sut encore cette fois se soustraire aux recherches de la police. C'est par contumace que le conseil de guerre chargé de l'affaire du 31 octobre le condamna à mort dans les premiers jours de mars. Nous ne le verrons plus reparaître maintenant qu'aux journées d'avril, où il trouva le juste châtiment de son incurable et folle ambition.

Le gouvernement a insinué à propos de l'échauffourée du 22 janvier, comme pour celle du 31 octobre, que M. de Bismarck n'y avait pas été étranger. C'est une opinion que nous ne partageons pas en entier. On a bien la preuve que des thalers avaient été distribués à quelques-uns des émeutiers. Cela montre seulement que des espions prussiens ont contribué au mouvement séditieux; mais ils n'auraient certainement jamais pu le faire surgir. Je ne doute pas que leur rôle n'ait été très-secondaire, et dans tous les cas fort dangereux.

VI

Le lundi 23 janvier, à la demande du général Vinoy, qui ne se contentait pas des demi-mesures, on décrète la fermeture des clubs, dont la plupart avaient été le foyer des excitations criminelles qui avaient abouti à l'échauffourée de la veille. On supprime en outre les journaux émeutiers *le Réveil* et *le Combat*.

De leur côté, les rapports militaires, qui sous le régime Trochu étaient très-concis, deviennent verbeux. Ils font ressortir que l'ennemi augmente partout ses batteries et qu'il masse derrière des troupes de soutien. En d'autres termes, ils acclimatent peu à peu la population avec l'idée que la résistance est devenue impossible. Ils ont même l'aplomb d'annoncer qu'on remarque sur toute la ligne ennemie des mouvements de troupes considérables, et que de nombreux convois sont entendus à l'est et au nord. On ne pouvait mieux laisser comprendre que les Prussiens envoyaient des renforts considérables contre Bourbaki, et qu'il ne fallait plus compter sur une délivrance de ce côté.

Afin d'appuyer davantage sur la chanterelle et d'enlever toute lueur d'espoir, le gouvernement publie des extraits du *Journal prussien* de Versailles du 16 au 23 janvier. Ces extraits parlent de la poursuite de l'armée de Chanzy par les troupes de Frédéric-Charles, des tentatives infructueuses de Bourbaki contre Belfort et de sa retraite dès le 18 janvier. Ils annoncent enfin la défaite de Faidherbe à Saint-Quentin le 19.

On avait d'ailleurs laissé toute latitude aux journaux pour préparer l'opinion publique à la résignation, et lui offrir les prémices des conditions de l'armistice. Le 27 janvier, le gouvernement se décide à faire une déclaration officielle, pour prévenir que les négociations ont lieu en ce moment. En même temps il explique qu'il ne peut en énoncer les détails sans de graves inconvénients, mais qu'il espère pouvoir les publier le lendemain. Il déclare toutefois que le principe de la souveraineté nationale sera sauvegardé par la réunion immédiate d'une assemblée, et que l'armistice a pour but la convocation de cette assemblée, qui aura à se prononcer sur la question de savoir si la guerre doit être continuée ou à quelles conditions la paix doit être faite. Pendant cet armistice, ajoute l'*Officiel*, l'armée allemande occupera les forts, mais n'entrera pas dans Paris ; et le ravitaillement de la ville s'opérera librement par la circulation des voies ferrées et fluviales. De plus, la garde nationale conservera ses armes ainsi qu'une division de l'armée, composée de 12,000 hommes, et 3,500 gardes républicains, gendarmes et pompiers. Enfin, aucun de nos soldats ne sera emmené hors du territoire.

Le lendemain 28, alors qu'on s'attendait à lire dans l'*Officiel* le texte de l'armistice, le gouvernement lance une note pour annoncer que la convention n'est pas encore signée, mais que les bases en demeurent fixées telles qu'elles ont été annoncées la veille. Afin qu'on n'en ignore, on répète ces conditions. Puis on se lance tout de suite à pleine voile dans la voie des excuses. On énonce avec pompe que la résistance a duré jusqu'aux dernières limites du possible, en ayant bien soin de ne pas mentionner que ces limites avaient été singulièrement abrégées par une ineptie et une incapacité sans exemple. Du reste, continue le document, on prouvera que s'il reste assez de pain pour attendre le ravitaillement, la prolongation de la lutte eût été la condamnation à une mort certaine de deux millions d'hommes, de femmes et d'enfants. Et puis toujours la même péroraison creuse et gonflée pour flatter les masses : « L'ennemi le premier rend hommage à l'éner- » gie morale et au courage dont la population tout » entière vient de donner l'exemple, » et si on l'eût osé, qui sait si on n'aurait pas ajouté « et à l'habileté de la défense. » — Mais la république, ajoute-t-on, profitera de ces longues souffrances de Paris. Nous sortons de la lutte qui finit retrempés pour la lutte à venir, pleins de foi dans les destinées de la patrie.

La lutte à venir, ce n'était pas là un mot très-heureusement choisi. Il aurait pu éveiller les susceptibilités du chancelier de la Confédération, alors qu'il est de principe quand on négocie de ne pas s'exposer à compliquer les questions par des phrases vaines et oiseuses. Peut-être encore le rédacteur de la note avait-il fait allusion, sans en avoir exactement conscience, à la désastreuse guerre civile que de nouvelles fautes allaient encore amener.

VII

Les atermoiements dans la conclusion de l'armistice qu'on savait durer depuis plusieurs jours, n'étaient pas sans préoccuper ceux qui, depuis le commencement du siége, s'étaient toujours méfiés de l'habileté de nos gouvernants. Ils avaient malheureusement raison; et ils purent s'en convaincre quand, le lendemain 29 janvier, ils lurent dans l'*Officiel* le texte complet des conditions de l'armistice. Un préambule avouait que le gouvernement négociait depuis le 23, et que l'acte n'avait été signé que le 28 au soir. Sauf le cas où il serait renouvelé, l'armistice devait se terminer le 19 février, à midi. On était inquiété du temps que M. de Bismarck, avec son écrasante supériorité sur son honnête mais inférieur antagoniste, avait su gagner dans un but qui ne devait être qu'à notre désavantage. Et de fait, en lisant attentivement le texte de la convention, on était effrayé d'y voir que les opérations militaires dans le Doubs, le Jura et la Côte-d'Or, devaient continuer indépendam-

ment de l'armistice, jusqu'au moment d'un accord ulté-
rieur. Cette dure condition avait été certainement obtenue par le chancelier, moyennant les quelques
concessions plutôt de forme que de fond qu'il était censé
avoir faites en faveur de Paris. Car, pour qui sait lire
entre les lignes, il n'y avait pas de doute qu'à l'expira-
tion de l'armistice, la paix conclue ou non, les troupes
allemandes entreraient dans la ville. Quant à la conservation de l'armement de la garde nationale, c'était
moins pour nous faire honneur que par un raffinement
de perfidie que von Bismarck avait accordé une pareille grâce à notre naïf négociateur. On prétend, il est
vrai, que le chancelier allemand aurait à trois reprises
différentes tenté d'obtenir que l'armée prussienne dés-
armât la garde nationale. Pour que ce désir eût été
sincère. il faudrait admettre que de Bismarck attachait
le plus grand prix à l'occupation triomphale de Paris
par les Allemands. Mais pour qui connaît à fond le fin
matois, il y a lieu de supposer que son insistance était
toute jouée, et qu'il ne se proposait que de tendre un piége
à son innocent partenaire. Oh! certes, il ne comptait que
trop, le Machiavel prussien. qu'en laissant des armes
aux mains des faubourgs, il nous ménageait quelque
odieuse émeute, comme celle du 18 mars, suivie bientôt
de la guerre civile. Et nous expliquerons plus tard l'intérêt que la Prusse pouvait avoir à user, selon les traditions des Hohenzollern, d'une aussi infâme politique.

Ajouterons-nous que le diplomate allemand s'était réservé une légère contribution municipale de 200 millions de francs? Mais ce n'était qu'un détail en comparaison des autres clauses qui laissaient tant de points
noirs à l'horizon. L'article qui affligeait le plus, au
moins par le résultat immédiat qu'il devait entrainer,
était, ainsi que nous l'avons dit plus haut, celui en vertu
duquel les opérations militaires ne seraient pas sus-

pendues dans l'Est. Il était manifeste que le chancelier s'était arrangé là de façon à avoir le temps d'écraser ou de tourner Bourbaki.

M. Jules Favre a essayé, dans une note de l'*Officiel* du 4 février, de se disculper de son inhabileté diplomatique à propos de la clause en question. Mais ses explications nous paraissent sans valeur. Nous n'accepterons pas davantage la récrimination fausse et exagérée de Gambetta, où il prétend que notre armée de l'Est a été perdue, parce qu'elle avait suspendu son mouvement de retraite pendant 48 heures dès la promulgation de l'armistice. Il appert de l'étude attentive des faits (1) relatifs tant aux négociations de l'armistice

(1) Afin qu'il ne reste aucun doute à ce sujet dans l'esprit du lecteur, voici la série des faits dont il s'agit, et les déductions qui en découlent logiquement :

15, 16 et 17 janvier, attaque générale de Bourbaki contre les Prussiens depuis Montbéliard jusqu'à Montvaudois.

18, Bourbaki bat en retraite, poursuivi par de Werder. ·

21, le général Treskow rejoint l'arrière-garde de Bourbaki et la bat.

23, Jules Favre entre en pourparlers avec Versailles.

24, l'armée allemande commence à passer le Doubs pour tourner les Français.

26, Bourbaki poursuivi continue à se retirer sur Besançon. Plusieurs corps d'armée sous les ordres de Manteuffel, lui coupent les communications sur ses lignes de retraite.

27, les Prussiens continuent à être renforcés par des troupes qui leur arrivent de Paris, notamment par le 2e corps d'armée. Tentative de suicide de Bourbaki, après la lecture d'une lettre où Gambetta lui reproche son mouvement rétrograde.

28, les Prussiens se portent vers Pontarlier pour empêcher la retraite des Français par le Sud. Clinchamp prend le commandement en chef de l'armée de l'Est, à la place de Bourbaki. La délégation de Bordeaux est avisée pour la première fois de l'armistice.

29, combat près de Pontarlier sur la frontière suisse.

30, 31 janvier et 1er février, l'armée française se réfugie en Suisse du côté de Porrentruy et de Neufchâtel.

Il résulte clairement de cette série de faits :

1º Que l'armée de l'Est n'a pu même songer, malgré le dire de Gam-

qu'aux opérations militaires dans l'Est, qu'avec un peu plus de perspicacité et un ordre d'idées plus large que celui qui consistait avant tout à ménager Paris et sa population, même au détriment de la France, l'armée de Bourbaki aurait pu être sauvée.

Que n'a-t-on, dès l'ouverture même des négociations, déclaré que Paris ne pouvant plus attendre, il fallait une solution immédiate, et fait en même temps un appel énergique à l'Europe, au moins pour le ravitaillement de la ville. On ne devait pas craindre de laisser les Prussiens imposer toutes espèces de charges pour la reddition de Paris. Les conditions qu'ils ont faites étaient les principales dans leur intérêt. Les autres, telles que l'occupation de la ville, le désarmement de la garde nationale, l'extradition en Allemagne de l'armée, eussent été pour eux bien plutôt une sujétion qu'un avantage. Elles les eussent obligés à conserver beaucoup de troupes à Paris, et empêchés, par conséquent, d'envoyer des renforts dans l'Est en quantité suffisante pour couper toutes les lignes de retraite de Bourbaki. Dans tous les cas, il fallait avertir la délé-

betta, à arrêter son mouvement pendant 48 heures, puisqu'elle était attaquée dès le 28, à un moment où elle n'avait encore pu avoir aucune nouvelle de l'armistice.

2° Pendant le temps que de Bismarck atermoyait avec Jules Favre, Bourbaki avait sa retraite coupée par une armée sous les ordres de Manteuffel, et composée en grande partie de corps de troupes pris autour de Paris et expédiés du 20 au 28 janvier par les voies rapides. Cette armée de Manteuffel n'aurait pu certainement être constituée, si notre négociateur s'y était pris de façon à mettre les Prussiens en demeure d'occuper immédiatement Paris.

3° Si Gambetta avait été informé dès le 20, au lieu du 27, de l'intention formelle où était le gouvernement de Paris de traiter avec l'ennemi, il eût certainement pris des mesures pour accélérer la retraite de l'armée de l'Est, et la faire couvrir par l'armée de Garibaldi. Dans tous les cas, il se serait abstenu, à la nouvelle de l'armistice, de se lancer dans d'intempestifs reproches, qui ont sûrement amené de désastreuses perturbations dans cette retraite.

gation de Bordeaux, dès que votre intention de traiter avec l'ennemi était bien arrêtée, c'est-à-dire au lendemain du 19 janvier. Oui, si vous aviez fait tout cela, notre armée de l'Est aurait pu être sauvée.

Or, cette armée conservée à peu près intacte eût sans aucun doute pesé d'un grand poids pour atténuer les dures prétentions que l'ennemi nous a imposées dans les préliminaires de paix. Bien plus, si en habile politique notre ministre des affaires étrangères s'était formé une opinion exacte de l'état de fermentation de la populace parisienne, il aurait dû manœuvrer sur le terrain diplomatique de façon à obtenir le désarmement de la garde nationale par les Allemands, au lieu de solliciter le contraire avec une imprudente simplicité. Il aurait ainsi prévenu notre terrible lutte intestine, ou du moins la querelle se serait vidée entre les Prussiens du dehors et les misérables adhérents de la Commune, qu'on ne peut appeler que les Prussiens du dedans.

CHAPITRE XVII.

Tableau de Paris pendant le siége : aspect des rues; — police; — théâtres; — clubs; —journaux; — messagers; — ballons; examen de la question de leur direction; — l'aviation et son avenir; — pigeons et autres procédés de correspondance.

Au lendemain du 4 septembre, les rues et les places publiques tombèrent dans un état complet de malpropreté. Cela provenait de la désorganisation de la police, qui, de fait, eut lieu dès ce jour. Comme toute surveillance avait cessé, personne ne se gênait plus; les ménagères déposaient leurs déchets à toute heure du jour sur la voie publique; et les promeneurs des basses classes plus nombreux que jamais leur faisaient concurrence. Cette belle ville de Paris d'ordinaire si parée tournait rapidement au foyer d'infection; d'autant plus que le service du balayage, de l'arrosage et de l'enlèvement des ordures, confié aux Allemands pauvres qui habitaient Paris et qui s'en étaient fait une spécialité, se trouva en partie désorganisé après l'expulsion de ces gens décidée par mesure de sûreté. Cependant la municipalité centrale finit par remédier tant bien que mal à ces désordres, et prendre des précautions suffisantes pour sauvegarder au moins l'hygiène publique.

Les rues et les carrefours furent encombrés, au lendemain de la révolution, par des marchands ambulants qui exhibaient de grossières et de turpides images de l'homme de Sedan et de la ménagerie impériale. Ce caricatures étaient non moins honteuses pour ceux qui les vendaient et les achetaient que pour les personnages qu'elles représentaient. Des brochures à titres infâmes étaient également annoncées à tue-tête par des enfants des deux sexes. Bien des personnes indignées de ces scandales tout gratuits, invectivaient en passant les misérables qui se livraient à ces trafics honteux. Mais leurs récriminations avaient peu de succès; et c'est plutôt par lassitude que par dégoût des acheteurs, que ce petit commerce finit par s'éteindre peu à peu. A ces cris de vendeurs de brochures, se joignaient les réclames de milliers d'enfants, qui débitaient, sur toutes les voies publiques, les journaux du matin, de midi et du soir. Dès l'aube, on était réveillé par ces voix glapissantes, qui à cette heure et sous l'impression des circonstances revêtaient un accent douloureusement sinistre. Au début, les vendeurs de journaux ne se gênaient pas pour faire du boniment, en exagérant les nouvelles publiées ou même en inventant des réclames de fantaisie et à sensation, afin d'allécher les acheteurs. La préfecture de police intervint pour empêcher ces procédés plutôt propres à alarmer qu'à rassurer. Les crieurs de journaux n'eurent plus que le droit d'annoncer le titre et le prix de leurs feuilles. Pendant quelque temps, cette consigne fut respectée ; puis elle se relâcha ; puis elle fut reprise pour se relâcher encore, et ainsi de suite, en passant par des fluctuations en harmonie avec celles des autres actes du gouvernement.

Dès les premiers jours de l'investissement, on craignait à tel point le bombardement ou une prise de vive force, qu'un bon quart des maisons de Paris furent surmontées de drapeaux d'ambulances, d'ambassade ou de consulat. Bien que plus tard l'administration ait fait cesser en partie ces abus, en réglementant le droit d'arborer les pavillons aux maisons particulières, on n'aperçut pas moins à bien des fenêtres, jusqu'aux derniers jours du siége, des lambeaux d'étendards de toute forme et de toute couleur.

Pendant le mois de septembre, les rues et plus encore les boulevards étaient sillonnés par un incroyable fouillis d'uniformes. Aux voitures encore aussi nombreuses que d'habitude, se mêlaient de lourds tombereaux chargés de munitions, ou portant de puissantes pièces d'artillerie. Puis, de temps à autre, passaient un troupeau de moutons conduit par un berger, et plus loin des bœufs traînant d'énormes chariots de foin. Au milieu de tout cela, les éternelles promenades de gardes nationaux, dont nous avons parlé au chapitre III, avec accompagnement de tambours et de clairons, et même parfois de musique militaire, qui faisait mal à entendre par le contraste entre la tristesse de la situation et la gaieté factice des airs.

Le soir, le macadam des boulevards et les cafés étaient encombrés d'une foule animée et bruyante, composée d'officiers de mobiles et autres. Un trop grand nombre de ceux-ci se livraient en mauvaise compagnie à des ébats, qui finirent par exciter les réclamations des honnêtes gens. Il en résulta bientôt une ordonnance de police pour la fermeture des cafés à dix heures du soir. Le monde interlope de Paris était cependant presque entièrement disparu ; car le général Trochu avait pris les mesures les plus sévères pour faire sortir de la capitale toutes les femmes douteuses de haut et bas parage. Ce fut un de ses actes les plus louables pendant son passage aux affaires, et celui qu'il exécuta avec le plus de décision et d'énergie.

Les boulevards furent encore assez fréquentés le jour et même le soir jusqu'à la fin de novembre. Mais après la fermeture des cafés, à 10 heures, ils se trouvaient vite déserts, et les rues se vidaient. Les habitants devenus presque tous soldats avaient besoin, quand ils n'étaient pas de service aux bastions, de prendre de bonne heure un repos, que la garde de la nuit précédente aux remparts leur rendait bien nécessaire.

Vers le milieu d'octobre, les rues prirent une physionomie particulière. On y voyait aux portes des boucheries et des cantines des files sans fin de femmes du peuple et de bonnes de tout étage, qui allaient chercher leur ration une carte à la main. Dans le commencement de janvier, les queues se firent aussi aux boulangeries, par suite du rationnement du pain décrété à cette époque.

Depuis le début du siége, le fracas des rues alla toujours en diminuant progressivement. Dans le courant de décembre, il y avait absence presque complète de fiacres ; il n'en restait plus que trois cents pour tout Paris, leurs chevaux ayant été réquisitionnés pour la consommation. Quelques lignes d'omnibus avaient été supprimées, et toutes les autres dédoublées ; car, sur les neuf mille chevaux de la Compagnie, le tiers avait été affecté aux transports militaires.

Après le 4 septembre, les usines et les fabriques furent désertées, et leurs outils se trouvèrent abandonnés à un lugubre repos. Mais dans le courant de novembre, à la suite de la commande longtemps attendue de canons et de mitrailleuses pour le compte du ministère des travaux publics, il y eut reprise du travail dans plusieurs établissements, notamment dans les grandes usines de Cail et de Flaud, aux quais de Grenelle et de Billy. L'une fabriquait des mitrailleuses et des pièces-culasse; l'autre confectionnait des munitions pour ces engins.

Les gares de Paris restèrent tristes et silencieuses pendant quelques semaines après l'investissement; mais plusieurs d'entre elles reprirent assez vite de la vie et de l'animation. La gare d'Orléans et celle du Nord furent employées à la confection des aérostats pour l'administration des postes. Dans d'autres, on acheva les canons qui sortaient des fonderies. Puis, à la mi-décembre, on installa dans plusieurs d'entre elles de petits moulins à grains, mus par des locomotives.

Depuis la fin d'octobre, le gaz était rationné pour les établissements publics et particuliers; au 30 novembre il leur fut complétement supprimé. On eut alors recours à l'éclairage à l'huile ou au pétrole. Quant à l'éclairage au gaz des rues, on le diminua petit à petit, en commençant par supprimer un bec sur deux. Vers le 15 décembre, certains quartiers ne furent plus éclairés qu'à l'huile; et à la fin du mois, il en fut de même pour toutes les rues. On voulait réserver le peu de houille dont on disposait encore, pour le gonflement des ballons et la confection des engins de guerre Comme le changement s'était fait peu à peu et de rue à rue, on avait fini par s'accoutumer à cet éclairage et aussi à la fermeture des magasins, qui avait lieu à la chute du jour. Tout cela rappelait les villes de province les plus sombres et les plus tristes, dans le bon vieux temps. Cependant on croyait rêver, quand tout à coup on se remettait en mémoire ce Paris d'avant le siége, si étincelant de lumières jusqu'aux heures les plus avancées de la nuit. On essaya bien de l'éclairage électrique ; malheureusement on s'y prit trop tard. Un appareil fut établi au centre de la place de la Concorde vers le 15 janvier, et fonctionna avec succès. Mais le gouvernement était trop fixé à cette époque sur ce qui allait advenir, pour pousser à la généralisation du système.

On ne saurait croire combien l'aspect morne de la ville s'accentua de plus en plus, à mesure que le siége s'avançait. Quel sombre Noël! pas une seule messe de minuit ne fut dite, et le classique réveillon ne trouva pas un convive. A l'approche du premier de l'an, on cherchait en vain l'animation de circonstance des boulevards et des rues. De chétifs étalages le long des grandes voies, et deux ou trois confiseries en renom où quelques-uns se rendaient par la force de l'habitude, voilà tout le bilan de ces journées, qui, en d'autres temps, étaient les plus brillantes de l'année dans la ville la plus animée du monde Et le jour même du premier janvier, quelles tristes visites ! Paris rappelait une immense fourmilière, qu'un gigantesque Titan aurait bouleversée d'un coup de pied : les familles disloquées par la guerre ne se trouvaient plus représentées que par quelques-uns de leurs membres. Au milieu des souhaits d usage, on ne pouvait retenir ses larmes, en pensant aux absents ou en parlant des parents ou des amis déjà tombés victimes de la guerre. Du reste, pas de réceptions officielles ; le gouvernement avait judicieusement pensé qu'en ces temps de deuil, les félicitations et les compliments seraient hors de propos.

II

La police des rues, pendant tout le temps du siége, fut pour ainsi dire abandonnée à la garde nationale. Il y avait bien quelques sergents de ville, qui, sous le titre de gardiens de la paix et avec un nouveau costume, circulaient trois par trois dans les rues. Mais ces malheureux sentaient leur autorité si compromise, qu'ils avaient plutôt l'air de chercher à complaire aux passants qu'à réprimer les infractions aux lois. Malgré l'absence de police, c'est à peine si la chronique judiciaire eut à enregistrer quelques crimes isolés pendant tout le cours du siége. Durant cette période, il ne s'est presque pas commis de vols à l'intérieur de la ville ; et les assassinats et les suicides ont été si rares, que la salle de la morgue a presque constamment été vide de cadavres. Toutefois, ce résultat s'explique par l'expulsion qui avait été faite, toujours d'après les ordres du général Trochu, du plus grand nombre des gens sans aveu que renfermait la capitale. Il faut aussi l'attribuer à ce que les gredins restés à Paris trouvaient leur vie à piller hors de l'enceinte les maisons abandonnées par leurs habitants, et à marauder dans la banlieue, alors livrée à toutes les entreprises. Cette pauvre banlieue, dont une grande partie a encore été si mutilée pendant la guerre civile, servit ainsi d'exutoire à Paris ; et elle souffrit d'autant plus que beaucoup de mobiles parisiens et de francs tireurs faisaient concurrence à toute cette pègre, ainsi que nous l'avons dit à plusieurs reprises. Ce qu'il y a de plus triste encore, c'est que tous les profits de ces déprédations rentraient dans la ville au grand jour. Cependant les portes de l'enceinte étaient gardées par d'anciens sergents de ville. Mais, sous l'empire de l'indolence qui partait d'en haut, ils fermaient les yeux sur ces trafics honteux, qui ont servi plus d'une fois à cacher la trahison. Beaucoup de ces maraudeurs étaient protégés par les Prussiens et franchissaient impunément leurs lignes, pour leur porter chaque jour les journaux publiés à Paris, y compris l'*Officiel*.

Les produits du maraudage et du pillage étaient accaparés à leur entrée à Paris par des revendeurs aussi éhontés que les voleurs eux-mêmes, et qui guettaient ceux-ci au passage pour leur acheter à vil prix leurs rapines.

III

Les théâtres furent fermés quelques jours après la révolution, par ordonnance du préfet de police. On décréta cette mesure comme signe de deuil public. Du reste plusieurs salles n'avaient pas attendu l'invitation officielle. Elles avaient été obligées de fermer faute de spectateurs.

Après la fermeture de tous les théâtres, la population parisienne qui pratique beaucoup le spectacle et qui a l'habitude de se coucher tard, se trouva désœuvrée. Elle se rejeta alors avec frénésie sur les clubs. La *high-life* elle-même ne dédaigna pas ce mode de distraction. Nous la verrons dans un instant se prélasser au club de la porte Saint-Martin. Mais on se fatigue vite de toutes choses à Paris; et cette distraction qui sentait trop son Belleville ne plut pas longtemps aux bourgeois ni aux rentiers. Bientôt, sous la pression des désœuvrés et des amateurs du plaisir à tout prix, les journaux et les clubs mêmes entreprirent une campagne sur la question de savoir si on ne devait pas rouvrir les théâtres. Les uns soutenaient que cette distraction serait inconvenante à côté de nos pauvres soldats, qui se battaient et mouraient chaque jour pour le salut de la ville. Mais les épicuriens, chez qui l'égoïsme de la jouissance prime tout autre sentiment, prétendaient que la joie était nécessaire pour soutenir le moral, et que d'ailleurs la réouverture des théâtres serait une preuve donnée aux Prussiens de notre sécurité sur l'issue de la lutte. Ils ajoutaient qu'il serait facile de choisir des pièces en harmonie avec les circonstances, et qu'enfin on ferait ainsi gagner leur vie aux artistes et aux employés de tout rang des théâtres, dont la position était devenue des plus misérables. Mais, objectaient les moralistes, beaucoup de foyers ont été convertis en ambulance, et sont remplis de malades qui souffrent horriblement ou même agonisent à chaque instant. Qu'importe! répondaient les enragés du plaisir, on n'ira pas aux foyers, voilà tout.

Chose triste à avouer, ces derniers finirent par l'emporter. Tout ce qu'on put faire pour masquer cette quasi-immoralité fut d'afficher toutes les représentations au profit d'une œuvre charitable ou patriotique. Un jour on jouait pour les blessés, un autre pour les cantines municipales, d'autres fois pour l'achat d'un canon ou d'une mitrailleuse. On sait maintenant ce que ces armes payées au milieu de sourires et d'applaudissements, ont rapporté de larmes et de douleurs à Paris.

Ce fut M. Pasdeloup qui donna le signal de la réouverture des distractions publiques. Il organisa pour le 23 octobre un concert populaire, où l'abbé Duquesnay accepta le triste rôle de désarmer les susceptibilités les plus légitimes, par une allocution pompeusement annoncée. Cette allocution fut naturellement très-goûtée et fort applaudie par les jouisseurs qui se retrouvaient là dans leur élément. Aux autres concerts de Pasdeloup, on continua à servir comme entremets une lecture, une conférence ou un discours. Seulement comme on voulait satisfaire tous les goûts, on substitua au curé de Saint-Laurent, qui était bon pour une fois, afin d'apprivoiser les bonnes âmes, d'abord un prédicant en renom à la parole gaillarde, puis un grand rabbin, puis un immortel.

Le directeur de l'Opéra donna, de son côté, tous les dimanches, des soirées musicales, où on entendait un méli-mêlo de symphonies en renom et de fragments d'opéras célèbres. Le Théâtre-Français rouvrit également, mais pour donner des matinées littéraires. Ce fut M. Legouvé qui débuta, en faisant une conférence sur l'alimentation morale pendant le siége. Il est à peine besoin de dire que ces sortes d'entretiens étaient un mélange de chauvinisme et d'idées creuses, que le nom de ceux qui les débitaient pouvait seul faire passer. Aux conférences, on substitua bientôt la lecture des *Châtiments* de Victor Hugo. Le théâtre de la porte Saint-Martin prit l'initiative de cette exploitation. Le succès fut immense : la foule était enchantée d'entendre débiter des torrents d'invectives contre Napoléon le Petit. Beaucoup de ces invectives étaient certainement fondées ; mais elles avaient le tort, en général, d'enraciner de plus en plus dans le peuple l'idée que le détestable régime impérial a été l'*unique* cause de toutes nos ruines. Cette idée est profondément fausse dans son sens absolu. C'est par trop commode pour les coupables sans nombre des malheurs du pays, de rejeter tout sur le compte du plus misérable d'entre eux, de faire en un mot de l'ex-empereur le bouc-émissaire de nos défaites et de nos ruines. D'abord l'immense majorité de la France, en s'étant laissée séduire par le sire de Sedan, est presque aussi coupable que son séducteur. Quant à la minorité, qui, en s'étayant de son incessante opposition à l'empire, a l'air de se draper dans nos désastres, en s'écriant : « Je vous l'avais bien dit! » est-elle donc assez perfide ou assez aveuglée, pour ne pas avouer au fond de sa conscience que ses doctrines insensées sans base et sans frein, ont troublé les masses et perverti leur jugement, en passant par la bouche des scribes dans les clubs, les comités et les journaux du parti socialiste. Elle a ainsi amené l'esprit de réaction des conservateurs, qui préféraient l'empire à une tyrannie bien plus odieuse, qu'ils prévoyaient malheureusement trop bien au bout de ces doctrines. Elle est de plus, quoiqu'elle puisse dire pour s'en défendre, la cause première de tous les troubles qui ont d'abord paralysé en partie la défense nationale, et amené ensuite les déplorables orgies de la commune.

Dans tous les cas, l'enthousiasme pour aller entendre les *Châtiments* se refroidit bien vite. Le nom de Victor Hugo ne tarda pas à disparaitre des affiches. Les spectacles subirent bientôt le même sort, avec quelques alternatives de reprises quand les nouvelles étaient bonnes.

IV

Comme nous venons de le dire, pendant l'interrègne des théâtres ce sont les clubs qui offrirent une distraction quotidienne aussi bien au public intelligent de Paris qu'à la populace. Ils s'étaient ouverts en foule aussitôt après la révolution du 4 septembre. Les uns se désignaient par une appellation résumant leur programme politique ; tels étaient le club de la *Patrie en danger*, rue d'Arras (quartier Mouffetard), sous la présidence de Blanqui ; les clubs de la *Résistance* et de la *Vengeance* qui s'établirent à l'Alcazar et au boulevard Rochechouart ; enfin le club de la *Délivrance*, qui s'installa à la salle Valentino, rue Saint-Honoré, sous la présidence de M. Vrignault, alors rédacteur de la *Liberté*, qui s'honora au moment de la guerre communeuse par ses articles frondeurs dans le journal le *Bien public* fondé après l'armistice.

D'autres clubs furent appelés du nom des quartiers où ils se tenaient. Nous citerons parmi ceux-ci le club de *Belleville*, organisé dans la salle Favié et où régnaient les partisans de Flourens ; le club de la *Cour des miracles* et celui de la *Maison-Dieu*. Ce dernier, situé rue du même nom à Montrouge, était présidé par le jeune Henry, fort inconnu alors en dehors de son petit monde, mais que nous retrouverons plus tard un des généraux de l'insurrection.

Enfin d'autres clubs étaient désignés par le nom de la salle dans laquelle ils s'établirent. Signalons, entre ces derniers, les clubs de l'*Élysée-Montmartre*, des *Folies-Bergère*, de l'*École de médecine*, du *Casino Cadet*, du *Pré-aux-Clercs*, et enfin celui de la *Porte-Saint-Martin*, présidé par l'avocat Desmarets.

A cette longue énumération, il convient d'ajouter le *Club des femmes*, où les hommes n'étaient admis que comme spectateurs. Au bureau, bien entendu, il n'y avait de place que pour le beau sexe, sauf pour le poste de secrétaire, qu'on se décida à confier à un Adonis discret, afin de sauvegarder l'orthographe et le style des comptes rendus. Cette mission délicate fut dévolue au citoyen Jules Allix que nous reverrons dans la suite membre de la Commune. On peut dire que c'est par les femmes qu'il est arrivé à cette haute position sociale. Sa situation de secrétaire du beau sexe véreux de la capitale lui permit, en effet, de se produire comme homme politique aux yeux de ces dames. Le club des femmes eut une existence très-éphémère. Les discussions tournèrent vite au ridicule, au grotesque et à autre chose. Ce fut le gymnase Triat qui eut le triste honneur de ces représentations interlopes. C'était une réclame comme une autre que le sieur Allix avait ménagée à son beau-frère de la main gauche, à la fois directeur et vocable dudit gymnase.

Dans presque tous les clubs, on prêchait la commune à outrance ; et on se livrait aux anachronismes les plus ridicules avec 92, notamment à propos de la guerre actuelle, ainsi que nous l'avons mentionné au chapitre IV. Quelques meneurs habiles, visant avant tout à se créer une popularité électorale, étaient les directeurs suprêmes de ces débauches de logomachie et de déraisonnement. En vérité, les publicistes qui prétendent que le peuple des grandes villes est incomparablement plus intelligent que celui des campagnes, sont de mauvaise foi, ou n'ont pas fait une étude consciencieuse de la perversion du jugement, de la perte du sens commun chez les ouvriers des centres populeux soumis aux doctrines des clubs, des comités internationaux et des journaux populaciers. Ces malheureux ne puisent guère auprès de leurs docteurs un enseignement sérieux et surtout pratique. Sur les questions sociales en particulier, ils n'ont pour toute instruction que les opinions creuses et souvent contradictoires d'énergumènes, dont l'audace le dispute à l'incapacité et aux idées paradoxales les plus extravagantes. Pauvres gens ! combien ne sont-ils pas à plaindre. Ils servent d'instrument à d'abjects intrigants, tous individus déclassés, qui cherchent, en flattant bassement les mauvaises passions des ouvriers, à se créer une situation que leur nullité ou leur mauvaise conduite les empêche d'obtenir par des voies honnêtes.

Pour prouver à quel degré d'abêtissement en étaient venus les malheureux auditeurs des clubs, il suffit, entre mille, de citer le fait vraiment incroyable d'une quête pour un fusil à eau chaude. Le principe de cette arme merveilleuse était censé reposer sur une découverte scientifique des plus récentes. Il devait infailliblement en résulter la déroute complète des Prussiens. Le projet avait le degré d'absurdité voulu pour avoir un plein succès. La quête fut abondante. Eh bien ! grands prôneurs de la supériorité d'intelligence des ouvriers citadins sur les campagnards, venez dire à présent si de pareilles aberrations d'esprit, si un manque de jugement aussi radical, se verront jamais chez un paysan, chez un *rural*, comme vous l'appelez dans votre haineuse ironie. Sachez-le bien, il y a plus de bon sens dans le clignement d'œil méfiant du rural en face d'un beau parleur, que dans vos frénétiques applaudissements aux Tyrtées du socialisme.

Est-il besoin de dire que dans les clubs exaltés, tout orateur qui essayait d'émettre, même dans les formes les plus conciliantes, quelque idée juste et saine, était immédiatement honni et obligé de descendre de la tribune pour échapper aux sévices des habitués. Avec quelle profonde tristesse n'assistait-on pas à de pareilles scènes; et combien douloureusement retentissait au fond du cœur cette parole de l'Écriture : *margaritas ante porcos.*

Que le lecteur permette à un homme qui a parcouru bien des pays, de déclarer que jamais au milieu de ses nombreuses pérégrinations, il n'a rencontré un tel abaissement d'esprit, sauf peut-être chez les nègres de Haïti au milieu de leurs sanguinaires révolutions. Les Peaux-Rouges, les métis des Antilles, les Indiens des Marquises et des Salomon, ont certainement l'intellect plus sain, car il est plus primitif. Au surplus ces sauvages ont un sentiment de respect envers leurs chefs et la loi de leurs tribus, qui leur donne une incontestable supériorité sur les fameux produits du centre des lumières et de la civilisation.

Hâtons-nous de dire que quelques clubs firent une honorable exception aux errements des autres réunions de même nature. Nous citerons en particulier le club de la porte Saint-Martin. Son auditoire composé de dilettantes de la parole, n'accueillait avec sympathie que de véritables orateurs, qui par leurs opinions, leurs personnes et leurs discours, méritaient d'ailleurs de pareils égards. Là on faisait la guerre à outrance à la Commune. Des avocats en renom et des prédicants bien posés ne craignaient pas de se faire entendre, avec l'intention plus ou moins déguisée de poser leur candidature pour les futures élections à l'Assemblée nationale. Parmi tous ces orateurs, un de ceux qui ont eu le succès le plus soutenu est sans contredit le ministre protestant Coquerel. Il racontait bien, et avait le talent de ne jamais être sérieux ; c'est assez dire qu'il faisait les délices des gens de la classe aisée, qui venaient là en foule comme à une véritable représentation théâtrale. Mais ce club ne dura que trois semaines ; et il s'éteignit un jour, faute de questions et d'orateurs. Son héritage fut recueilli par le club de la Délivrance cité plus haut. Les premières séances de ce nouveau club furent très-brillantes. Mais petit à petit il s'en alla aussi à vau-l'eau. Il y eut également beaucoup de clubs du parti avancé qui disparurent faute d'orateurs et de sujets de discussion. Mais la plupart tinrent bon jusqu'au moment de leur suppression au 23 janvier ; et certainement ils ne perdirent pas leur temps dans l'intérêt de leur parti.

Beaucoup de gens considéraient pendant le siége

et auraient peut-être encore aujourd'hui l'audace ou la simplicité de considérer les clubs comme peu dangereux. Selon eux, tout ce qui s'y passe est plutôt propre à entretenir une douce gaieté qu'à exciter des craintes pour la tranquillité publique. Nous sommes loin de partager ces illusions ; et l'insurrection terrible à laquelle nous venons d'assister doit être considérée comme ayant pris sa source première au sein même des clubs, et sous l'influence des doctrines insensées qui y étaient prêchées.

V

De leur côté, les journaux formaient, pendant le siége, trois catégories bien distinctes. Les premiers, parmi lesquels nous citerons en tête le *Temps* et les *Débats*, conservaient cette rédaction habile et sérieuse, qui leur a toujours attiré l'estime même de leurs adversaires. — Dans la seconde catégorie, on voyait figurer les journaux rouges : la *Patrie en danger* du vénérable Blanqui, le *Combat* du virulent Pyat, le *Réveil* du formaliste Delescluze, et avec une nuance moins foncée le *Rappel*, où écrivait la bande Hugo, et en particulier un sieur Lockroy, que nous verrons plus tard député de Paris. Le journal de Blanqui fut obligé de disparaître faute d'acheteurs vers la fin de décembre. Cela tient à ce qu'il était l'organe du parti communeux proprement dit, et que ce parti était peu nombreux. Mais nous verrons au chapitre XIX, qu'à côté des communeux il y avait l'Internationale bien autrement dangereuse et solidement constituée, qui se délectait dans le *Réveil* et le *Combat*, sans cependant que ces feuilles fussent les organes accrédités de la Société. Jusque-là, du moins en France, toutes les communications s y étaient toujours faites secrètement ou à peu près, de section à section. Les doctrines ainsi que les voies et moyens se transmettaient par les discours des grands chefs et les entretiens intimes. En temps ordinaire les internationaux lisaient un peu tous les journaux. C'était seulement dans les moments de lutte qu'ils recherchaient plus avidement les feuilles communeuses, où ils trouvaient des arguments pour justifier tous les désordres. — Enfin, la troisième catégorie des journaux pendant le siége renfermait les feuilles à racontars, ne songeant qu'à flatter l'imagination des Parisiens et à les nourrir d'anecdotes plus ou moins apocryphes et gonflées d'un ridicule chauvinisme. Il est à peine besoin de dire que le *Figaro*, le *Gaulois* et le *Soir*, tenaient la tête de ces infatigables amuseurs de Paris.

A propos des journaux, nous signalerons encore une spécialité du reste très-éphémère, qui s'est produite pendant le siége et a disparu avec lui. Nous voulons parler du *Journal des étrangers*. Ce journal était la reproduction des feuilles anglaises, allemandes, belges et de province, que la rédaction se procurait à prix élevés par l'intermédiaire des divers messagers qui arrivaient à franchir les lignes ennemies.

VI

Il est intéressant de faire connaître les efforts tentés pour établir pendant le siége une correspondance entre Paris et la province. Vers le milieu de septembre, l'administration des postes avait essayé de cacher des lettres à destination des départements sous des bottes de paille ou de foin, dans des charrettes de maraîchers. Mais pas une de ces voitures ne put passer. On eut recours alors au système le plus naturel, celui des piétons.

Du 20 septembre au 30 octobre, date après laquelle on renonça au système, quatre-vingt-cinq messagers furent expédiés. Sur ce nombre, neuf ont été faits prisonniers Mais l'un d'eux parvint à s'évader et à gagner Tours. Un autre a été arrêté, puis mis en liberté. Le onzième a disparu. Le douzième est arrivé sans dépêches à Tours. Cinq autres ont pu y remettre leurs correspondances. Les soixante-huit derniers messagers, après avoir essayé de passer par toutes les localités des environs de Paris, ont dû rétrograder devant l'impossibilité de franchir les lignes ennemies. Quant aux dépêches expédiées par les piétons, les unes furent cachées dans des pièces de monnaie vidées, d'autres dans des clefs forées ou dans les semelles des souliers. Certains messagers enfin ne craignirent pas, prétend-on, de se faire inciser la peau, pour cacher leurs dépêches sous l'épiderme. Des sept envoyés de la poste ayant pu arriver à Tours, deux seulement sont parvenus à rapporter à Paris des dépêches de province.

Nous avons déjà avancé au chap. V que le gouvernement n'avait pas fait des choix heureux sous le rapport de ces messagers. Au lieu de ne s'adresser qu'à des agents habituels des postes, il eût dû faire appel à tous les bohêmes de Paris, en promettant des récompenses énormes. La meilleure preuve que ce système eût réussi, c'est que divers industriels parvinrent à établir une correspondance à peu près régulière, quoique à de longs intervalles, entre Paris et la province. Le plus célèbre d'entre les courriers au service de l'industrie, fut le sieur Théramène, qui fit pour le compte d'une maison Grimbert plusieurs voyages entre Paris et Rouen. Il allait prendre dans cette dernière ville les correspondances que de différents points de la province on y adressait chez un négociant bien connu, M. Pelle-vilain. L'adresse de celui-ci avait été signalée par ballon aux personnes qui devaient envoyer par là leur réponse. Théramène déploya dans ses diverses courses une énergie et un courage extraordinaires. C'est lui, assure-t-on, qui fut obligé de rester une demi-journée dans l'eau au milieu des roseaux, pour échapper à la chasse que lui faisaient les Prussiens.

VII

Devant l'insuccès de ses piétons, la poste se décida à avoir recours à un service régulier de ballons. Ce service ne fut parfaitement organisé qu'après deux ou trois semaines de tâtonnements. Il suffit pendant tout le temps du siége à expédier la totalité des correspon-dances *nées* à Paris et même un certain nombre d'exem-plaires de journaux. Dans chaque aérostat, il partait presque toujours un officier, un ingénieur ou un fonc-tionnaire, chargé d'une mission pour la délégation de province, sans compter les gros personnages, tels que Gambetta et de Kératry.

La confection des ballons fut confiée à Godard, qui s'installa dans la gare d'Orléans, et à Nadar, qui organisa son atelier dans celle du Nord. De ces deux endroits, partaient tous les ballons officiels, à raison de deux par semaine à peu près, à partir du moment où le service fut bien organisé, c'est-à-dire à partir de la fin d'octobre. On lança au début quelques ballons libres, dans lesquels on mettait des correspondances écrites sur cartes sans enveloppe. Mais on aban-donna bientôt ce moyen. Il en fut de même du système des cartes - réponses, qui consistait en demandes numérotées adressées de Paris, et auxquelles il devait être répondu simplement par *oui* ou par *non*. L'administration des postes en province avait la charge de faire parvenir aux demandeurs les *oui* et les *non*. Mais elle ne se donna pas la peine d'employer même une seule fois ce système, à cause de sa complication, ou plutôt à cause de l'emploi qu'elle allait faire de la photographie microscopique pour la reproduction intégrale des dépêches privées. — A côté des ballons officiels, il y en eut deux ou trois qui furent expédiés pour le compte de particuliers, avec autorisation du gouvernement. Ils partirent de diverses usines à gaz de Paris, et emportèrent quelques passagers, qui en avaient assez du siége, et qui payèrent jusqu'à trois mille francs leur fuite aérienne.

Les départs des ballons eurent lieu d'abord pendant le jour. Mais on prétendit que les Prussiens les apercevaient et tiraient sur eux avec des fusils de rempart. Il fut alors résolu de ne plus faire partir les aérostats que de nuit. Cette combinaison avait des inconvénients encore bien plus graves que la première; car si les balles prussiennes n'étaient plus à craindre, il y avait tout à redouter des grands vents, surtout à cette époque des longues nuits. Dans ce cas, les aéronautes, transportés avec une rapidité effrayante et obligés d'attendre le jour pour fixer le moment de leur descente, étaient exposés à ne pouvoir s'y reconnaître, que quand il était trop tard pour atterrir. C'est ainsi qu'un des ballons partis de Paris est allé se perdre en pleine mer, à en juger par quelques épaves recueillies aux environs de Belle-Ile.

La conduite des ballons fut d'abord confiée à des aéronautes de profession. Mais comme cette catégorie d'individus devait être vite épuisée, on prit ses précautions pour ne pas se trouver à court. Godard fut chargé de former des élèves aéronautes avec des matelots intelligents mis à sa disposition par la marine. Mais tout ce que le célèbre praticien put leur montrer se borna en quelque sorte à la manœuvre à blanc des aérostats. Il fallut une véritable hardiesse aux marins qui acceptèrent ces missions pour se charger d'emblée de la conduite d'un ballon, sans avoir jamais auparavant quitté le sol. Aussi s'acquittèrent-ils de ce service insolite avec plus de courage que d'habileté. La plupart des ballons attérirent plus que médiocrement. Les aéronautes se blessèrent souvent à la descente. Mais enfin ils purent presque tous remplir leur mission ; et c'était là le principal.

Le procédé des ballons permettait de donner des nouvelles à la province à peu près par tous les vents ; car ils pouvaient presque toujours être poussés vers des parties non envahies de la France ou en Belgique. Mais pour la réciproque, c'est-à dire pour transporter des correspondances de la province à Paris, le moyen des aérostats ordinaires n'était plus praticable. C'est à ce sujet que fut soulevée la grande question de la *direction des ballons*, et que l'Académie des sciences, pour la première fois, ne dédaigna pas de s'en occuper, après l'avoir systématiquement écartée pendant nombre d'années. Un de ses membres, M. Dupuy de Lôme, le célèbre ingénieur des constructions navales, imagina un projet qu'il soumit à la docte assemblée, et pour lequel le gouvernement alloua un crédit de 40 mille francs. Il prit la question à un point de vue vraiment pratique. Il ne promettait pas merveille ; il se proposait seulement d'obtenir dans un air calme une vitesse de 2 lieues à l'heure, à l'aide d'une hélice confectionnée en toile, montée sur la nacelle elle-même et mue à bras d'homme. Le ballon avait la forme d'un œuf immense ;

et l'axe de l'hélice devait être installé parallèlement à celui de l'œuf, de manière à le faire avancer par la pointe dans une direction déterminée à chaque instant au moyen d'une boussole, et maintenue constante à l'aide d'une voile formant gouvernail. M. Dupuy de Lôme sentit très-bien qu'il n'arriverait à aucun résultat, s'il ne s'éclairait des lumières d'un praticien. Il s'adressa donc à Godard, qui lui fournit amples renseignements. Mais usant vis-à-vis de ce dernier du procédé dont on l'accuse de s'être souvent servi avec les ingénieurs et les contre-maîtres de la marine pour la construction de ses navires, il lâcha mons Godard dès qu'il n'eut plus besoin de lui. Ce dernier furieux crie depuis à tue-tête qu'on est venu lui voler ses secrets. Au surplus, le ballon Dupuy de Lôme n'était pas terminé au moment de la signature de l'armistice; et nous ne savons ce qu'il en est advenu.

L'amiral Labrousse avait, de son côté, imaginé un ballon propulsé par une hélice. Son système différait du précédent en ce qu'il conservait à l'aérostat la forme ordinaire. Alors pour obtenir une propulsion dans une direction voulue, l'axe de l'hélice pouvait se déplacer de manière à être toujours maintenue dans cette direction, quand bien même le ballon aurait un peu tourné sur lui-même. Le ballon de l'amiral Labrousse a pu être lancé quelques jours avant la signature de l'armistice. On sait qu'il est parvenu un peu à se diriger; mais on n'a pas eu le temps d'essayer s'il eût été possible de le renvoyer de province à Paris par une brise maniable.

Nous parlerons encore du ballon qui avait été commandé à l'usine Cail par la *commission d'études* instituée au ministère des travaux publics. Ce ballon construit d'après les plans d'un ingénieur civil dont le nom nous échappe, devait être également propulsé par une hélice. Mais celle-ci était mise en mouvement par une petite machine à vapeur. Tous les calculs de l'inventeur étaient exacts, sauf celui qui concernait la chaudière. Il avait fallu donner à celle-ci de faibles dimensions pour la rendre très-légère. Aussi n'eût-elle jamais été capable de produire la quantité de vapeur suffisante pour déplacer le ballon par calme, avec une vitesse de plus d'une lieue à l'heure.

A ce point de vue, MM. Dupuy de Lôme et Labrousse étaient parfaitement dans le vrai en substituant aes hommes à une machine à vapeur, et même à toute autre espèce de machine à air ou à gaz. Jusqu'ici les machines les moins lourdes qu'on soit parvenu à construire sont encore les machines à vapeur; encore les plus légères ne pèsent pas moins de 150 kilog., chaudière et eau comprises, par cheval de Watt mesuré au frein de Prony. Il faut ajouter à cela le combustible et l'eau à emporter en approvisionnement. Dans de pareilles conditions, il est facile de calculer qu'à travail égal fourni, pour un trajet de sept à huit heures, on a tout avantage au point de vue du poids, à employer des hommes. Et comme sous le rapport de la sécurité et de la sûreté de la manœuvre, ceux-ci l'emportent de beaucoup sur une machine, la dernière invention dont nous venons de parler ne devait à tous égards avoir aucune chance de succès. Du reste l'appareil, quoique terminé avant la fin du siége, ne fut pas essayé. L'inventeur recula au dernier moment devant la tentative. Il est à peine besoin d'ajouter que personne ne voulut prendre sa place.

VIII

A propos de l'intéressante question de la direction des ballons, nous ne saurions trop dire combien est grande sur ce point, l'ignorance de la plupart des gens du monde. Il n'est pas de sujet sur lequel on rencontre plus d'idées fausses et paradoxales. D'abord on en parle sans savoir même bien exactement ce qu'on entend par *diriger un ballon*. La confusion provient du reste en partie de l'impropriété de l'expression. La question en fait doit s'entendre des moyens de *propulser les ballons*, c'est-à-dire de les faire avancer dans une direction déterminée. Dans tous les cas, le public veut toujours procéder par comparaison avec un navire ; mais il perd de vue que le navire est en partie plongé dans un fluide qui est l'eau, et en partie dans un autre qui est l'air. L'eau se trouve immobile, tandis que l'air est le plus souvent animé d'une certaine vitesse qui forme le vent. On peut alors avancer à l'opposé de celui-ci. Il suffit pour cela de pointer les voiles. L'air frappant sur ces dernières, et l'eau formant en quelque sorte glissière, le bâtiment avance en partie à l'encontre du vent. En renversant l'orientation des voiles, on dirige le navire dans une direction symétrique à la première par rapport au lit du vent. Après avoir marché dans cette nouvelle direction le même temps que dans l'autre, le navire se trouve en définitive avoir avancé droit dans ce lit ; et c'est en cela que consiste le *louvoyage*.

Pour un ballon, il n'en est plus du tout de même. Le corps à mouvoir est ici plongé dans un seul et même fluide ; et si on veut absolument conserver la comparaison avec un bâtiment, il faut imaginer ce dernier complétement immergé dans l'eau, ou au moins faire abstraction par la pensée de toute la partie qui sort du liquide. Il faut en outre admettre que l'eau puisse avoir un courant extrêmement rapide. Or, en principe, pour faire avancer un navire dans une direction différente de celle du courant, il faut avoir recours à un propul-

seur capable de lui procurer en eau calme une certaine
vitesse. — Avec une vitesse supérieure à celle du courant, on peut marcher à son opposé, le remonter en
d'autres termes. On est encore libre, dans la condition
dont il s'agit, de progresser dans une direction quel-
conque. Seulement pour que l'entrainement ait lieu dans
cette direction, il est nécessaire que la propulsion du
navire suivant son axe se fasse selon une ligne plus en
dehors du lit du courant que ladite direction. De cette
façon, le navire dérivant sous l'influence du courant en
même temps qu'il progresse sous l'action de son propulseur, prend un mouvement unique s'effectuant plus ou
moins par son travers et dans la direction voulue. La
rapidité de ce mouvement se trouve d'autant plus restreinte que la direction de la vitesse de propulsion est
obligée d'être plus éloignée du lit du courant, pour que
l'entrainement résultant ait lieu suivant la ligne con-
venue. — Avec une vitesse inférieure à celle du courant, on ne peut que reculer, en ayant toutefois la
faculté d'obliquer à droite ou à gauche. En termes plus
rigoureux, dans l'hypothèse dont il s'agit, il y a, pour
chaque vitesse, une direction limite, en dehors de
laquelle le mouvement définitif du navire ne peut
jamais avoir lieu. Cette direction limite, comme cela
saute naturellement aux yeux, ne dépasse en aucun
cas la perpendiculaire à la direction du courant. Mais
entre ces deux directions, le mouvement peut s'effectuer
suivant telle ligne qu'on voudra. Ici encore la vitesse
définitive de translation est d'autant plus restreinte,
que la direction de la vitesse de propulsion s'écarte
davantage du lit du courant. D'après ce qui précède,
il ne faudrait point, par une imitation inintelligente de
ce qu'on pratique dans la navigation à voiles, avoir
recours dans le cas qui nous occupe au *louvoyage*.
Cette opération consisterait présentement à marcher

dans une certaine direction pendant un temps donné, puis à avancer pendant le même temps dans une direction symétrique de la première par rapport au lit du courant. En manœuvrant ainsi, on ne ferait que reculer juste dans le sens de ce lit, ce qui serait arrivé tout naturellement en abandonnant le navire à lui-même sans se donner la peine de courir des bordées.

Tout ce que nous venons de dire pour un corps flottant dans l'eau est exactement applicable à un corps flottant dans l'air. Bien plus, le propulseur et la machine qui dans une eau tranquille procureraient à un corps de *formes* et de *dimensions* déterminées une certaine vitesse, donnerait dans un air calme la même vitesse à ce corps, pourvu qu'il fût à même de flotter dans l'atmosphère. Mais en laissant ce dernier point de côté pour un instant, il y a déjà une différence radicale entre les deux navigations. Cette différence provient de ce que les courants dans l'air peuvent atteindre des vitesses de 35 à 40 lieues par heure, et que même les brises maniables correspondent à une vitesse de 6 à 7 lieues. Or, les navires doués des formes les mieux conçues et nantis des meilleures machines de nos jours ne dépassent pas en calme un pareil sillage. Cependant ce serait déjà un résultat immense que de pouvoir par vent nul faire 6 à 7 lieues à l'heure; puis d'être à même par des brises moyennes de progresser dans toutes les directions. Mais à côté de cette difficulté surgit celle bien autrement capitale du flottage dans l'air. L'eau étant très-dense, peut facilement supporter le corps qu'il s'agit de mouvoir et ses engins de propulsion. Il n'en est plus de même pour la navigation aérienne. Toutefois, le but principal à obtenir étant ici jusqu'à nouvel ordre le transport d'un messager d'un point à un autre, le corps flottant doit être juste à même de supporter cet homme et les *instruments* de propulsion (manœuvres ou machines). Pour obtenir ce résultat avec des ballons, et encore dans de bien modestes conditions, on est tout de suite obligé de leur donner des dimensions énormes, ce qui leur fait présenter une grande résistance à la propulsion. Il a déjà été dit plus haut qu'eu égard au poids des machines actuelles et à l'approvisionnement qui leur est nécessaire, il vaut mieux avoir recours à des manœuvres. Si on parvenait à confectionner des machines dont le poids et l'approvisionnement seraient beaucoup moindres qu'aujourd'hui, on ne gagnerait cependant que peu de chose pour la propulsion des aérostats. Par exemple, si on parvenait à rendre les éléments dont il s'agit 15 fois plus petits, la vitesse du ballon ne deviendrait, toutes choses égales d'ailleurs, que deux fois et demie plus grande.

IX

Devant une perspective aussi bornée, se pose la question de l'*aviation*. L'*aviation* consisterait à substituer aux aérostats une coque qui se tiendrait suspendue dans l'air au moyen d'organes mus par une machine. Cette coque pourrait dès lors être réduite à de très-faibles dimensions et soumise aux formes les plus propices, de manière à offrir très-peu de résistance à la propulsion. Les organes de suspension, soit dit en passant, ne sauraient être autres que des hélices horizontales; car la supériorité de ces engins est aujourd'hui établie sans conteste par d'innombrables expériences de bateaux à vapeur. Dans tous les cas, l'appareil employé à mouvoir les organes devrait produire une force de traction d'un nombre de kilogrammes supérieur à son

poids. Malheureusement, parmi les expériences sus-
mentionnées, celles qui ont été faites avec des navires
amarrés à des dynamomètres fixes, ont prouvé que
les machines actuelles les plus légères produisent des
efforts de traction ne dépassant pas le dixième de leur
poids. Il faudrait d'ailleurs que les appareils de suspension aient, en plus de leur propre poids, à supporter
les machines de propulsion, la coque de l'*avire* et enfin
le nombre strict d'hommes nécessaire à la manœuvre
des machines.

D'après cela, on se rend compte aisément que le pro-
blème de l'*aviation* ne pourra être résolu dans des
conditions acceptables, que quand on aura trouvé
des machines environ quinze fois moins pesantes
que celles d'aujourd'hui. Il va de soi que la coque
de l'*avire* devrait être aussi légère que possible, ce
qu'on obtiendrait en la confectionnant en fanons de
baleine et en toile. Dans l'hypothèse, que nous consi-
dérons, après avoir déterminé le poids de l'*avire*, de
l'appareil de propulsion et du personnel, il suffirait de
prendre le double de ce poids, pour avoir celui de la
machine de *suspension*.

C'est là qu'est le véritable nœud de la navigation
aérienne dans des conditions sérieuses de vitesse et de
lutte contre le vent. Il ne faut pas le chercher ailleurs.
Au surplus, on ne doit pas désespérer d'atteindre ce
but. Après un mûr examen, nous estimons que c'est
du côté des machines à air chaud que les investigations
ont le plus de chances d'être heureusement dirigées.
Ces machines se prêtent à une rapidité extraordinaire
des pistons. On pourrait donc arriver à réduire les cy-
lindres moteurs à des proportions extrêmement faibles.
Quant au foyer, on parviendrait à le rendre d'une légèreté extrême en le fabriquant en aluminium.

X

A côté des ballons, et même avant eux, s'était posée la question de la correspondance par les pigeons. Quelques jours avant l'investissement, le préfet du Nord avait eu l'heureuse pensée d'envoyer à Paris 900 pigeons des sociétés colombophiles de Roubaix et de Tourcoing.

Chaque ballon emportait avec lui un certain nombre de ces oiseaux dans des cages attachées tout autour de la nacelle. Une fois parvenus en province, les pigeons étaient envoyés dans la localité non envahie la plus proche de Paris. Là on leur liait par trois fils à une des plumes de la queue, un tuyau de plume où se trouvaient roulées sur papier léger des dépêches ou des correspondances. Les oiseaux messagers étaient alors lâchés, et rentraient à Paris dans leur colombier, à moins que le froid, la brume, l'épervier ou la balle d'un Prussien, ne les arrêtât en route.

Presque en même temps qu'on inaugurait le service des pigeons voyageurs, M. d'Almeïda, professeur distingué de Paris, songea à appliquer la photographie microscopique à la réduction des dépêches. L'avis en fut aussitôt donné à Tours ; et un photographe de cette ville parvint bientôt à nous envoyer 500 dépêches par pigeon, sur un petit carré de papier de 40 millimètres de long sur 30 millimètres de haut. Mais ce n'était pas là le dernier mot de cette ingénieuse découverte. L'inventeur arrivait à faire tenir sur ce même carré de papier près de cinq mille dépêches. Pour appliquer son procédé, deux habiles photographes de Paris furent expédiés en ballon. Mais il paraîtrait que M. Steenackers, directeur des télégraphes auprès de la délégation, se trouvait satisfait du résultat obtenu jusque-là, et qu'il n'utilisa point les talents des deux artistes parisiens. Dans le courant de décembre, M. d'Almeïda, parti lui-même en aérostat pour remplir une mission, parvint enfin à faire appliquer son système dans toute sa perfection.

Quoique les pigeons nous aient rendu de bien grands services, nous n'en avons cependant pas tiré tout le parti possible à cause de la rigueur de la saison. Sur deux cents pigeons emportés par les ballons, soixante-treize seulement sont revenus au colombier. Encore sur ce nombre, cinq n'avaient pas de dépêches; trois apportaient les célèbres télégrammes apocryphes des Prussiens; et dix donnaient simplement des nouvelles de la descente des ballons qui les avaient emportés.

A propos des pigeons, il est encore un détail curieux, qu'on a longtemps caché et qu'on peut maintenant divulguer sans inconvénient. Le plus grand nombre des pigeons envoyés de Roubaix et de Tourcoing étaient arrivés tout accouplés, et on les avait aménagés dans des colombiers à Paris, ainsi que cela était nécessaire pour s'en servir comme messagers de retour. Mais quelques-uns des pigeons expédiés l'avaient été sans leurs compagnes ou compagnons, laissés exprès aux anciens colombiers. On les employa pour porter des nouvelles de Paris, lorsqu'il soufflait des vents tout à fait contraires au départ des ballons, et que le gouvernement avait une dépêche pressée à faire parvenir en province.

On songea aussi à avoir recours à la Seine pour l'échange des correspondances entre la province et Paris. Le 6 décembre, une compagnie s'était engagée avec la délégation de Bordeaux à expédier par eau les lettres ordinaires. Elle employait à cet effet des boules de

25 centimètres de diamètre, garnies d'ailettes et qui naviguaient entre deux eaux. Les lettres arrivèrent au nombre de 800, mais après l'armistice, alors que les Prussiens s'étaient relâchés de leur surveillance. — On pensa encore à se servir de petits ballons sous-marins en caoutchouc, capables de passer entre les mailles des filets tendus par les Prussiens. Mais les barrages qui coupaient la Seine et la Marne leur furent un obstacle. — Un inventeur présenta aussi à la délégation un système qui consistait en de petites boules de verres soufflées, creuses, et munies d'un petit orifice où s'introduisait la dépêche. Ces boules figuraient merveilleusement des bulles d'eau naturelles, glissaient avec une grande facilité parmi les roseaux, échappaient par leur petitesse aux mailles des filets et franchissaient aisément les barrages. Malheureusement, les glaces en rendirent l'usage impossible.

Au commencement de janvier, un individu partit de Paris par ballon avec un appareil plongeur, à l'aide duquel il comptait rentrer dans la capitale par le fond de la Seine. Mais l'armistice intervint; et naturellement ce projet ne fut pas mis à exécution. — Vers la même époque, des messagers s'offrirent pour essayer de s'échapper par les carrières souterraines de la rive gauche. Ils ne réussirent pas; l'un d'eux même mourut horriblement enlizé dans la boue. — Enfin, une dernière tentative fut faite, toujours dans le courant de janvier. On pensa à se servir de chiens de bouvier, car on sait que ces animaux sont habitués à retrouver leur chemin. Cinq chiens de l'espèce furent transportés en province par ballon. Le propriétaire devait recevoir deux cents francs par chaque dépêche rapportée. Mais est-il besoin de dire que les pauvres bêtes ne sont pas revenues; et que pour elles aussi les lignes prussiennes ont été fatales.

En terminant tout ce qui concerne la correspon-

dance avec l'extérieur pendant le siége, nous dévoile-
rons un petit stratagème dont quelques privilégiés profitèrent. Il y a d'autant moins d'inconvénient à en parler,
que von Bismarck lui-même s'en était aperçu à la
fin de décembre. La légation des États-Unis recevait
chaque semaine un courrier complet, qui était remis au
pont de Sèvres par l'intermédiaire de parlementaires.
M. de Bismarck avait imposé comme condition ex-
presse à M. Washburn de ne communiquer à qui que
ce soit aucun des documents qui lui parvenaient ainsi
de l'extérieur. Néanmoins, la valise du ministre américain renferma maintes fois des lettres adressées sous
son couvert à des yankees de distinction. Cette destination n'était souvent elle-même que fictive ; et parfois le
véritable destinataire était en définitive un Français,
qui, au grand ébahissement de nombreux amis, venait
leur lire une longue correspondance de province de
date plus ou moins ancienne. Il se gardait bien toutefois de dire à quelle fée bienfaisante il devait le précieux message.

CHAPITRE XVIII.

**Suite du tableau de Paris pendant le siége :
ambulances et brancardiers ; — alimen‑
tation ; — chauffage ; — bombardement de
la ville ; — cynisme de M. de Bismarck ; —
mortalité et misères.**

I

Dès le début de la guerre, la question des blessés prit
tout de suite une importance capitale. La fameuse con‑
vention de Genève allait pour la première fois trouver
son application dans les conditions les plus doulou‑
reuses et les plus étendues. Il se forma rapidement des
sociétés de secours aux blessés, qui se chargèrent
d'organiser des ambulances. Parmi les plus remarqua‑
bles, nous citerons d'abord l'*Internationale* (ne pas con‑
fondre avec la fameuse association ouvrière et émeu‑
tière du même nom). Cette ambulance se recruta surtout
dans le grand monde et le monde officiel. La société des
ambulances de la presse venait comme importance

après la précédente. Ainsi que son nom l'indique, elle était patronnée par tous les journaux. En moins d'un mois, elle recueillit une souscription de près d'un million. Nous mentionnerons encore *l'ambulance américaine* et *l'ambulance autrichienne*. A côté de ces sociétés importantes se voyait un grand nombre d'ambulances de quelques lits seulement installées dans des maisons particulières. Il y eut là beaucoup d'abus. Des gens sans pudeur profitaient de ce moyen pour exploiter la charité publique, et se nourrir en même temps que les blessés qu'ils recueillaient, et qu'ils soignaient du reste fort mal. Cependant, il finit par y avoir épuration ; et les ambulances particulières maintenues, offrirent des garanties sérieuses pour les malades. Beaucoup de foyers de théâtres servirent aussi d'ambulances ; mais c'étaient pour la plupart des succursales des grandes sociétés énumérées plus haut.

L'*Internationale* avait établi son quartier général au palais de l'Industrie, avec M. Nélaton pour chirurgien en chef. Cet établissement ne convenait point sous bien des rapports ; et l'ambulance fut obligée de se transporter au Grand-Hôtel, qu'on loua sur le pied de 500 fr. par jour. Le choix de ce nouveau local ne se trouva point plus heureux que le choix du premier ; car malgré l'habileté du chirurgien en chef, l'*Internationale* est une des ambulances qui a le moins bien réussi avec ses blessés.

La société des *ambulances de la presse* avait M. Demarquay pour chirurgien en chef, et M. Ricord comme premier médecin. Ses locaux furent d'abord disséminés. Mais plus tard, elle fit construire à Passy un vaste hôpital, qui ne fut achevé malheureusement qu'à la fin de décembre. On profita pour cette construction de toutes les études faites en Amérique et en Allemagne sur la question des hôpitaux sous tentes ou sous baraques. L'aspect général de la construction était celle d'un village suisse parsemé de chalets disposés symétriquement.

Dans le système adopté, chaque chalet est un immense hangar en bois de trente mètres de long sur dix de large et quatre de haut. Le centre du toit est formé d'une sorte de canal qui s'étend sur toute la longueur. Ce canal supporte une série de châssis vitrés, qui laissent pénétrer un jour splendide, auquel vient s'ajouter la lumière déversée par dix fenêtres énormes s'ouvrant sur chaque face longitudinale du chalet. Le chauffage s'obtient au moyen de deux gros poêles placés aux extrémités du local.

Les *ambulances américaines* avec M. Swiburne comme médecin en chef, avaient été organisées dans l'ex-avenue de l'Impératrice. Lors de l'exposition de 1867, on avait apporté des États-Unis tout le matériel des ambulances employées dans la guerre de sécession. Ce matériel était resté à Paris, en sorte qu'au moment du siége il n'y eut qu'à le déployer. Comme le système se compose de tentes, l'hôpital fut organisé en un jour. Les tentes sont circulaires ou rectangulaires. Elles sont formées de toile de coton enduite d'une sorte de goudron qui les rend imperméables. En dessous de la toile imperméable il en existe une seconde, de façon à avoir entre les deux un matelas d'air qui empêche le froid de pénétrer. Le chauffage se fait à l'aide de calorifères installés dans des espèces de caveaux pratiqués au-dessous du sol où reposent les tentes. L'air se renouvelle sans cesse par un système de vasistas ingénieusement disposé, et emporte toute odeur. Cette organisation a eu un succès inouï. Les *ambulances américaines* n'ont pas perdu, paraît-il, un seul homme par la pourriture d'hôpital.

Quant à l'*ambulance autrichienne*, elle était beaucoup

plus modeste que toutes celles que nous venons de citer. Elle s'était installée dans l'hôtel de la présidence de l'ex-corps législatif.

De son côté, le département de la guerre avait adjoint à ses hôpitaux, un certain nombre de vastes locaux publics et privés, ainsi qu'une série de baraques construites dans les terrains vagues de l'ancienne pépinière du Luxembourg. Ces baraques furent parfaitement organisées ; c'est au reste d'après leur plan que furent établis les chalets des ambulances de la presse décrits plus haut. Parmi les hôpitaux ressortissant à la guerre, il en est un qui avait été spécialement réservé aux varioleux : c'est l'hôpital de Bicêtre. Dès qu'un malade ou un blessé d'une ambulance était atteint de la terrible épidémie, on le transportait immédiatement à Bicêtre. Jamais salles d'hôpital ne présentèrent un plus hideux aspect. Au milieu des difficultés de toutes natures contre lesquelles elle avait à lutter, l'intendance parvenait à peine à fournir le linge nécessaire aux malades. Beaucoup d'hommes étaient là étendus sur de simples matelas dans un état horrible de décomposition. Presque tous étaient atteints de la variole noire ; et une infection épouvantable s'exhalait de tous les lits.

Au commencement de décembre, le gouvernement voyant que les hôpitaux s'emplissaient de plus en plus, surtout après les batailles des bords de la Marne, fit un appel à la population parisienne pour l'inviter à recueillir les militaires convalescents. En quatre jours, 6,430 lits furent mis à la disposition de l'administration hospitalière, qui put de cette façon faire largement face à tous les besoins. Ces besoins étaient bien impérieux ; car il y avait alors 35 mille malades, blessés ou convalescents.

Le service des hôpitaux et de beaucoup d'ambulances

était fait par des sœurs de charité aidées d'infirmiers. Il serait banal d'insister sur le dévouement traditionnel avec lequel les sœurs s'acquittèrent de leur tâche. D'autres ambulances furent desservies par une espèce d'association de dames, qui prirent le nom de *Sœurs de France*. Après quelques tirages, cette institution finit par marcher à souhait. Elle ne comprenait, du reste, que des femmes d'une moralité irréprochable, et qui appartenaient, pour la plus grande partie, à la classe moyenne et aussi à la partie la plus honorable de la gent artistique et littéraire. Elles s'engageaient à suivre certaines règles destinées à apporter dans leur service une ponctualité et une méthode sérieuses. Enfin, beaucoup de dames du grand monde servaient en volontaires dans plusieurs ambulances, sans être astreintes à aucun règlement précis.

Outre les ambulances fixes, il y avait tout un système d'ambulances mobiles pour aller chercher les blessés sur les champs de bataille. Bien entendu les grandes sociétés avaient leurs voitures. Un certain nombre de ces véhicules étaient disposés pour recevoir les blessés qui ne pouvaient être transportés que couchés. Parmi ces derniers, on distinguait ceux qui avaient été construits avec le legs de lord Herfort, et où son nom se trouvait inscrit. Mais la grande majorité des voitures d'ambulances étaient des omnibus de chemin de fer ou de simples fourgons. L'intendance avait son service spécial d'ambulances mobiles, composé de petites voitures légères et de cacolets portés à dos de mulet. Le système des cacolets, soit dit en passant, est un système détestable, qu'on ne doit employer que pour aller chercher des blessés dans les montagnes, là où les voitures ne pourraient passer. Il fatigue beaucoup les hommes ; et d'ailleurs, en plaine, le mulet qui ne porte que deux blessés, en ramènerait cinq ou six d'une

manière plus confortable s'il était attelé à une voiture.
Quand les combats devaient avoir lieu sur les bords de
la Seine ou de la Marne, l'intendance nolisait des ba-
teaux-mouches pour en faire des ambulances mobiles.
C'est ce dernier moyen de transport qui a été presque
exclusivement employé pour ramener les blessés des
batailles du 30 novembre et du 2 décembre.

Pendant quelque temps, les jours de combat, il se
mêlait aux voitures dont nous venons de parler, tout
un tohu-bohu de fiacres, de tapissières et de cabriolets.
Ces véhicules conduisaient plutôt des curieux que des
gens décidés à se rendre utiles. Souvent aussi ils
transportaient de ces misérables désignés sous le nom
de *corbeaux*, qui vont le soir sur les champs de bataille
dépouiller les morts. Toujours sous le couvert de la
croix de Genève, ces juifs de la pire espèce rentraient tranquillement à Paris leurs ignobles larcins.

Les jours de grand combat, le point de réunion des
ambulances mobiles était aux Tuileries. De bon matin, les membres des différentes sociétés organisaient là
leurs caravanes, composées de médecins, de préposés
aux vivres, d'infirmiers et de brancardiers.

II

Les brancardiers étaient formés par compagnies, du
moins à partir du milieu du siége. Ceux qui se sont fait
le plus remarquer de beaucoup et par leur zèle et par
leur dévouement, ce sont sans conteste les frères des
écoles de la doctrine chrétienne, associés aux ambulances
de la presse. Ces religieux portèrent dans l'exercice de
ces fonctions nouvelles pour eux l'esprit d'obéissance
qui est la règle de leur vie, et qui là encore leur

permit de rendre les plus précieux services. Ils s'en allaient, avec calme et méthode, sous la grêle des balles, ramasser les blessés. Puis, ils les transportaient en suivant à la lettre les moindres prescriptions du médecin. Ils ne se plaignaient jamais du manque de nourriture, dont cependant ils eurent à souffrir plusieurs fois au milieu de leur rude besogne. Les frères furent surtout admirables à Champigny. On les vit deux jours de suite procéder à l'enterrement des morts avec un soin et un respect qui remuèrent profondément le cœur des soldats des deux camps. Ils furent encore magnifiques dans la sortie du 21 décembre au Bourget. Ils allèrent au milieu même de la mêlée recueillir nos pauvres blessés. L'un d'eux paya de sa vie son véritable héroïsme. Mgr Bauer, aumônier en chef des ambulances de la presse, était à la tête de ces brancardiers. Ce prélat racheta par sa conduite pendant le siége ses obséquiosités à la cour sous l'Empire, et se fit ainsi largement pardonner le triste rôle qu'il joua auprès de l'ex-Impératrice dans son voyage en Égypte.

A la suite des frères, il y a également à signaler pour leur belle conduite les brancardiers suisses formés par des volontaires de cette nationalité. Ils ont montré aussi sur le champ de bataille un grand dévouement et une parfaite discipline. Malheureusement, tous les autres brancardiers n'ont laissé d'eux que le plus déplorable souvenir, plus particulièrement ceux que M. Jules Ferry avait eu la mauvaise idée de recruter parmi des gardes nationaux. Il se laissait encore aller à l'illusion d'avoir ainsi des hommes bien disciplinés et devant obéir avec ponctualité aux ordres des médecins. Mais au fond, il cédait à sa malheureuse manie de populacerie. Les citoyens brancardiers étaient payés sur le pied de 5 francs les jours de combat. La plupart n'étaient que des pillards et des ivrognes, qui se préoccu-

paient avant tout de savoir si l'ambulance leur fourni-
rait de bons vivres et du liquide à l'avenant. Sur les
champs de bataille, ils s'aventuraient peu ou point. Ils
passaient la moitié de leur temps à boire, à se chauffer,
et à crier comme des paons quand on tardait à leur
distribuer leur pitance. Je ne saurais assez dire mon
anxieuse indignation en voyant une fois un de ces êtres
qui venait, la bouche pâteuse et les jambes flageolantes,
me rendre compte d'un air triomphant du transport
d'un blessé. C'est parmi tous ces gens de sac et de corde
que la commune a recruté bon nombre de ses argousins.

Non-seulement le service des brancardiers n'était
satisfaisant que pour une partie de son personnel ; mais
encore la répartition des blessés entre les hôpitaux et
les ambulances à leur rentrée du champ de bataille
s'opérait d'ordinaire fort mal. Bien souvent ces malheureux furent présentés dans divers locaux avant que
de pouvoir être admis dans l'un d'eux. D'autres fois,
des soldats atteints grièvement étaient transportés
dans une ambulance privée, où il ne se trouvait pas
de médecin pour pratiquer immédiatement une ampu-
tation nécessaire, et mouraient quelque temps après
victimes du retard apporté à les opérer. Dans tout
cela, du reste, se reflétait toujours le manque de
méthode intelligente et suivie, qui a été un des traits
caractéristiques du système Trochu. L'administration
n'arriva à prendre des mesures à peu près satisfaisantes
pour la répartition des blessés que vers le milieu de
décembre.

On a constaté que, pendant le siége, la mortalité
à la suite des opérations chirurgicales, a été vraiment effrayante. Beaucoup de médecins en attribuent
la cause principale à l'ivrognerie. Cette explication
peut convenir pour beaucoup de mobiles parisiens et de
francs tireurs ; mais on ne peut l'admettre pour le reste

de l'armée. Nos pauvres soldats et nos braves matelots se bornaient pour la très-grande majorité strictement à leur ration. C'est bien plutôt la misère et les fatigues qui les avaient anémiés à un point tel, qu'il n'y avait plus assez de ressort dans leur organisme pour lutter contre les suites de la moindre blessure. Non, ces chers et dignes enfants de la France n'étaient pas vicieux. Il suffit, pour en être persuadé, de les avoir vus étendus sur leur lit de douleur avec un calme et une résignation vraiment angéliques, considérant avec ce regard ouvert et loyal du vrai Français ceux qui venaient à leur dernière heure leur apporter quelque consolation.

Mères de France, qui avez payé si largement votre dette à la patrie dans la personne de vos fils bien-aimés, cessez de pleurer de ce qu'ils ne sont plus. Ils sont morts en héros et en chrétiens, aussi bien sur les couches funèbres de nos hôpitaux que sur les champs ensanglantés de nos combats. Et même réjouissez-vous; car presque tous, en votre mémoire, portaient quelque signe distinctif de cette religion que vous leur aviez appris à aimer dès leur enfance, et qui leur a permis de rendre leur âme à Dieu avec la sérénité du juste.

Combien, en regard de nos braves soldats, étaient différents dans leurs souffrances les blessés allemands qu'on soignait à leurs côtés. Ils beuglaient à la moindre opération chirurgicale ; et toute leur reconnaissance consistait en un sourire presque bestial, ce qui tenait du reste à leur nature abrupte et matérielle.

Il est vrai qu'il y avait de bien atroces souffrances à subir. On ne saurait imaginer toutes les horribles blessures faites par les engins modernes. Là c'était un malheureux dont une balle de chassepot avait enlevé les deux yeux, en laissant le reste du visage intact. Plus loin, on en voyait un second dont les entrailles sortaient en partie à travers une affreuse déchirure causée par un éclat d'obus ; puis d'autres auxquels on avait désarticulé soit la cuisse, soit l'épaule. Quant aux bras et aux jambes coupés, cela ne se comptait point.

LII

Au début de l'investissement, le gouvernement annonçait officieusement les approvisionnements que voici :

220 mille moutons, 40 mille bœufs et 12 mille porcs parqués dans le bois de Boulogne, le Luxembourg et quelques autres parcs ; — 3 à 4 mille tonneaux (de 1,000 kil.) de viande salée ou conservée ; — une provision considérable de poisson et de sel ; — 10 mille tonneaux de riz ; — mille tonneaux de café ; — 30 mille tonneaux de farine ; — beaucoup de grains rentrés en gerbes, et d'énormes quantités de foin pour nourrir tous les bestiaux. A ce stock considérable, il faut joindre les denrées qui se trouvaient déjà dans les magasins du commerce, et les provisions de farine chez les boulangers évaluées à 20 mille tonneaux. En outre, l'industrie privée fit venir au dernier moment, par des trains directs, d'énormes quantités de victuailles, consistant surtout en viande fumée, en boîtes de conserves et en légumes secs. De son côté, le département de la marine s'était fait adresser des ports de guerre des approvisionnements considérables à l'usage des matelots attachés à la défense de Paris. Ces approvisionnements représentaient de quoi nourrir 12 mille hommes pendant trois ans.

Tout ce qu'il y a de monuments vides à Paris fut requis pour loger les vivres de siége. Dans beaucoup de cours d'hôtels appartenant à l'État, on construisit d'immenses hangars pour le même objet.

L'administration craignant que les Prussiens ne détruisissent nos aqueducs, s'était aussi mise en mesure de subvenir à l'approvisionnement d'eau nécessaire à chaque jour. Dans cette intention, on fora la couche de béton sur laquelle reposent les fondations du nouvel Opéra. Il en jaillit des flots de liquide, qui remplirent les vastes profondeurs du dernier dessous. D'autre part, le long des quais, on installa de puissantes pompes, mues par des locomobiles, et mises en communication avec les grands réservoirs qui servent à alimenter la ville.

Peu de temps après l'investissement, le public pressentit la rareté des vivres. Quelques habitants avaient, il est vrai, rempli leurs caves de provisions ; mais c'était le très-petit nombre. Dès qu'on s'aperçut que le siége serait sérieux et long, on se précipita chez les marchands de comestibles, particulièrement pour se procurer du fromage, des jambons et des boîtes de conserves, qui montèrent tout de suite à des taux élevés.

Les boucheries ne tardèrent pas non plus à se ressentir de l'investissement. Il fallut rationner le public, ce qui se fit en donnant à chaque ménage une carte de boucherie portant le nom des personnes et la quantité de viande qui leur revenait. Le rationnement journalier fut réglé sur le pied de cent grammes par adulte et de cinquante grammes par enfant ; mais les consommateurs étaient obligés de se faire servir pour trois jours. Suivant les quartiers, on s'adressait à son boucher ordinaire ou à des boucheries municipales. Tout ce service fut bien mal organisé en général. Il y eut d'abord peu de méthode, puis ensuite de fréquents changements. C'est à tout cela qu'il faut attribuer les queues que les pauvres ménagères étaient obligées de faire pendant de longues heures, et que des mesures intelligemment prises auraient certainement prévenues. Après le rationnement de la viande de boucherie, la viande de cheval continua quelque temps encore à se vendre librement. Presque tous les gens du peuple en faisaient alors fi. Mais vers la fin d'octobre, la viande de boucherie disparut, et force fut pour tout le monde de manger du cheval, qu'on rationna d'ailleurs sur le même pied que l'avait été le bœuf. A partir du 15 décembre, la ration fut réduite à trente grammes pour les adultes et à quinze grammes pour les enfants. A ce taux, on consommait encore 650 chevaux par jour pour les 2 millions d'habitants. Nous ne comprenons pas dans cette consommation celle de l'armée, qui était relativement beaucoup plus élevée ; car la ration de viande du soldat avait été maintenue à cent grammes, et fut même portée à cent cinquante grammes à l'époque où on rationna le pain. A mesure que le siége avança, on mit en réquisition les chevaux de fiacre, d'omnibus et de maître. Encore un peu plus, on mettait la main sur des chevaux de course qui avaient remporté des prix sur plusieurs turfs. Comme on payait les chevaux au poids, on comprend avec quelle ardeur les propriétaires de ces coursiers firent des démarches pour échapper à une si onéreuse sujétion. On s'était si bien habitué à manger du cheval, que sur les cent mille chevaux qui existaient au moment de l'investissement, il y en eut 77 mille de consommés pendant le siége.

A partir du 20 décembre, on ne distribua plus que du pain bis. Le 15 janvier, on arrivait au pain noir et au rationnement de 300 grammes pour les adultes et de 150 grammes pour les enfants. Déjà depuis le commencement du mois, le stock de farine était épuisé. C'étaient les moulins à vapeur installés à l'usine Cail et dans diverses gares de chemins de fer qui fournissaient chaque jour la farine nécessaire au lendemain. Cette farine était confectionnée avec les grains des magasins de l'État et ceux qu'on avait réquisitionnés chez les particuliers, en poussant la rigueur jusqu'aux grains de semence. Quand le pain devint noir, la farine se composait de 30 p. c. de blé, — 30 p. c. de riz, — 20 p. c. de seigle, — 20 p. c. d'avoine.

L'administration de la guerre et celle de la marine furent obligées de venir au secours de la ville de Paris, en lui cédant une quantité considérable de denrées. Nous citerons entre autres 8,000 tonneaux de blé, — 4,100 tonneaux de riz, — 3,200 tonneaux de pommes de terre, — 26,600 tonneaux de farine, — 470 tonneaux de viande salée et conservée, — 430 tonneaux de hareng et de morue, etc., etc. Ces importantes cessions prouvent peu en faveur de la prévoyance et de l'activité de l'administration civile.

Pour compléter le tableau de l'alimentation de Paris pendant le siége, nous donnerons les prix courants de diverses denrées chez les marchands de comestibles, au milieu du siége, puis à la fin.

	Vers le 15 nov.	Vers le 20 janv.
Cheval (le kilo)	2 fr. 50	8 fr.
Ane et mulet (le kilo)	6 fr.	10 fr.
Chien (le kilo)	—	8 fr.
Dinde	55 fr.	180 fr.
Oie	25 fr.	125 fr.
Lapin	18 fr.	60 fr.
Poulet	15 fr.	35 fr.
Rat	—	3 fr.
Œuf (la pièce)	0 fr. 50	3 fr.
Chou (la pièce)	1 fr. 50	10 fr.
Beurre (le kilo)	30 fr.	80 fr.
Pommes de terre (le boisseau) .	12 fr.	30 fr.

La viande de cheval, d'âne et de mulet cotée ci-dessus se vendait en cachette; car le gouvernement avait mis en réquisition ceux de ces animaux qui devaient être livrés à la consommation générale. Aux étaux publics, ces viandes ont été vendues au prix taxé de 2 fr. 10 le kilo pendant tout le siége. Au demeurant, sous le rapport de la viande, les personnes qui avaient de l'argent ont toujours pu se procurer leur consommation habituelle. Les amateurs qui ont mangé du rat, l'ont plutôt fait par fantaisie que par nécessité. Il en est de même pour les dégustateurs d'hippopotame, d'ours, de girafe, etc. Ces derniers animaux furent débités aux gourmets à des prix fous. Ils provenaient du Jardin d'acclimatation et non du Jardin des Plantes, comme le bruit en courut. Le dernier de ces établissements fit seulement quelques échanges de sujets avec le premier, avant que celui-ci mit en vente ses pensionnaires.

Le pain, blanc, bis ou noir, fut payé tout le temps du siége au prix taxé de 50 cent. le kilo. A partir du rationnement, il n'y eut plus moyen de se procurer du pain blanc à n'importe quel prix. Quelques rares personnes approvisionnées de farine, purent s'en faire faire en cachette par les boulangers autorisés à fabriquer du pain de gruau pour les hôpitaux et les malades.

Les pommes de terre, le poisson, le riz, etc., détenus par l'État, ne furent délivrés à la population que de temps à autre, et en proportions déterminées chaque fois. Les distributions se faisaient dans les boucheries sur le vu des cartes de ration dont nous avons parlé.

IV

A partir de la fin de novembre, la question du chauffage ne fut pas une des moins difficiles à résoudre. Vers cette époque, il n'y avait plus de houille, plus de coke, plus de bois. Les marchands profitèrent naturellement de l'occasion pour vendre leur réserve fort cher. L'administration surprise encore dans son imprévoyance, prit à la hâte quelques mesures pour remédier à cette terrible pénurie. Tout ce qu'elle put faire, fut d'ordonner des coupes dans les bois de Boulogne et de Vincennes, et sur les grandes routes. C'était là une bien médiocre solution, car le bois vert fume beaucoup et chauffe peu. On le délivrait par lots de 25 kilos au prix de 2 fr., ce qui était à peu près une fois et demie le prix du bois sec en temps ordinaire. L'administration mit aussi en réquisition les bois de charpente, et les fit débiter au prix de 10 fr., les 100 kilos.

Au mois de décembre, le charbon de bois pour les cuisines se trouvait épuisé depuis bien longtemps. C'était encore là une misère sérieuse pour les ménages. On était obligé d'y substituer du brasier fumeux. Quant à la houille et au coke, le gouvernement l'avait réquisitionné pour les besoins de la défense, et même d'une manière si stricte que les poussiers aussi devaient lui être livrés. Devant ces difficultés de toutes sortes pour se chauffer, bien des pauvres restaient au lit une partie de la journée. Beaucoup de mères de famille en étaient venues à brûler des meubles relativement précieux pour elles, afin de ne pas laisser succomber au froid de pauvres petits enfants. La nuit des maraudeurs s'en allaient par bandes dévaster les clôtures et les baraquements établis pour loger les gardes mobiles et les bestiaux au début du siége. Grâce à la garde nationale, on parvint à empêcher ces déprédations de prendre des proportions considérables.

Une des conséquences encore de la privation de chauffage fut l'impossibilité pour les établissements de bains de rester ouverts. Pendant plus d'un mois à Paris, il fut impossible de se baigner.

Nous terminerons le tableau de Paris pendant le siége, par le récit succinct du bombardement de la ville et des misères de la population. Ainsi que nous l'avons vu au chap. XIII, ce bombardement commença le 5 janvier, et dura jusqu'au 27 à onze heures du soir. Il avait presque toujours lieu de dix heures du soir à huit heures du matin, à raison en moyenne d'un obus toutes les deux minutes les nuits de grand branle-bas. C'est pour ainsi dire par exception qu'il se produisit quelquefois dans le jour. Ce sont les batteries allemandes établies pour bombarder nos forts du sud, qui étaient chargées, en surcroît de besogne, de lancer des obus sur la ville.

Le premier obus qui a franchi l'enceinte est entré en arrière du fort de Vanves dans l'après-midi du 5. Les projectiles qui sont allés le plus loin dans Paris ont atteint le quartier des Invalides, le ministère du commerce, la direction générale des télégraphes. Un obus est même tombé dans la Seine à la hauteur de la rue des Grands-Augustins. Ces projectiles furent lancés par les batteries prussiennes de Châtillon et de Clamart, qui ont ainsi porté à 8 mille mètres environ. Les obus employés par les Prussiens étaient de trois espèces; les uns de 22 centimètres de diamètre sur 55 centimètres de hauteur pesaient 94 kil., et apparaissaient pour la première fois dans l'histoire des siéges; les autres du calibre de 14 et 12 cent pesaient 20 et 12 kil. Toutefois les gros obus n'éclataient que rarement; et les petits n'ayant qu'une masse peu considérable, occasionnaient très-peu de dégâts. Mais les obus de 14 cent. produisaient des effets effrayants par leur éclatement qui ne manquait presque jamais. Je ne sache pas de bruit plus sinistre que le sifflement de ces terribles projectiles, qui précédait leur chute à peine d'une seconde. Celle-ci se produisait avec un fracas épouvantable, auquel ne répondait dans le silence de nos rues que l'aboiement furieux des chiens errants ou le cri douloureux de quelque victime. Quant aux Krupp qui lançaient les obus ennemis, on ne les a jamais entendus. C'est à peine si des forts eux-mêmes on pouvait percevoir les détonations. Encore fallait-il pour cela que le vent portât. Cet effet tient à la qualité de la poudre employée par les Prussiens, et qui est peu explosible. Tous les bruits de cannonade qu'on entendait dans l'intérieur de Paris provenaient un peu de nos forts, mais surtout des pièces de l'enceinte. Leur bruit devenait formidable quand le vent portait. D'ailleurs, elle ne s'entendait que rarement la nuit, parce qu'en général nous ne tirions que le jour.

Les Prussiens ne lancèrent sur Paris aucune bombe au pétrole ; non par ménagement, mais bien parce qu'il leur aurait fallu employer des mortiers, dont la portée trop restreinte n'eût point permis d'atteindre l'intérieur de la ville. En réalité, il n'y a pas eu de dégâts matériels considérables. Le plus souvent il ne se produisait qu'un simple effondrement d'une partie de toit, l'écornement d'un pan de mur ou d'un balcon. Dans les cas les plus graves, il y avait explosion d'une ou deux chambres.

Le bombardement a déterminé peu d'incendies. Les plus importants se sont déclarés aux abattoirs de Grenelle et à l'Entrepôt. Mais on s'en est facilement rendu maître En résumé, il n'y a pas eu de maisons ni de quartiers bombardés dans la véritable acception du mot, tel

que cela s'est présenté à Saint-Denis et encore bien
plus à Strasbourg. De pareils effets ne peuvent s'obtenir que par des convergences de feux, et en outre
dans les villes où les quartiers sont compactes et les
maisons bâties moins solidement qu'à Paris. Les
Prussiens n'auraient pu bombarder véritablement
la ville qu'en étant maîtres de plusieurs de nos
forts.

Le gouvernement avait fourni aux gens des quartiers
menacés toutes les facilités pour déménager. On avait
mis à leur disposition des casernes et des appartements
d'habitants absents. Mais l'émigration fut beaucoup
moins considérable qu'on n'aurait pu le croire : beaucoup de gens préférèrent rester dans leurs logements et
courir le risque d'être atteints. D'autres se bornèrent à
se réfugier dans les caves. Enfin une troisième catégorie assez nombreuse était celle des découcheurs. On
s'en allait passer la nuit chez un ami suffisamment
éloigné des quartiers bombardés, et on regagnait le
matin son logis. La population s'habitua peu à peu
au bombardement. Cependant, les premiers obus, il ne
faut pas le dissimuler, produisirent une véritable ter-
reur, surtout pendant la nuit, où ils empêchaient souvent de dormir même les plus résolus. Mais le caractère
français, impressionnable au début de tout événement,
se ploie ensuite si vite aux circonstances, que la
population finit au bout de quelques jours par mener
sa vie ordinaire au milieu des obus. Bien plus, les gamins couraient après les projectiles, non-seulement
dans les rues, mais même en arrière des remparts
bombardés où il en pleuvait. Là, à peine un obus
était-il tombé, qu'une myriade de vagabonds se préci-
pitaient pour s'en disputer les morceaux. Quand le projectile arrivait intact à terre, c'était une véritable lutte
pour savoir qui en deviendrait possesseur ; car les

obus entiers se vendaient fort cher comme souvenir de siége à bien des amateurs. Cette manie causa plusieurs accidents très-graves; plus d'un obus prussien éclata entre les mains des imprudents qui avaient entrepris la périlleuse besogne de le décharger.

Grâce à Dieu, les victimes du bombardement n'ont pas été très-nombreuses, eu égard à la grande quantité de projectiles lancés. Il n'y a eu en tout que 383 personnes d'atteintes, dont 115 femmes et 67 enfants. Malheureusement, sur ce nombre, on compte trente pour cent de tués.

VI

Le bombardement n'a été terminé, nous l'avons dit, que le 27 à onze heures du soir, par conséquent quelques heures seulement avant la signature de l'armistice. Pendant les négociations, von Bismarck se serait bien gardé de faire suspendre par humanité son procédé psychologique. Il voulait nous imposer ses volontés *unguibus et rostro*, jusqu'à la dernière heure.

Oui, à ce moment il y avait une véritable barbarie à tirer sur une population inoffensive, alors que la reddition de Paris était en quelque sorte un fait accompli. Ce n'est pas qu'en matière de guerre, il faille faire de la sensiblerie à l'instar de M. Jules Favre. Quand une ville ne veut pas être bombardée, elle n'a qu'à se rendre; et en fait, c'est le droit de l'ennemi d'accélérer la reddition d'une place par tous les moyens possibles. Néanmoins nous sommes loin d'adopter toutes les doctrines émises par von Bismarck dans sa réponse du 17 janvier à la réclamation que lui avaient adressée les membres du corps diplomatique et consulaire restés à Paris. Ces résidents lui demandaient de s'entendre avec les autorités militaires françaises, pour mettre à l'abri les personnes et les biens de leurs nationaux pendant le cours du bombardement.

Dans ce document, le chancelier prétend que la résolution unique dans l'histoire de transformer en forteresse la capitale d'un grand pays et de faire de ses environs un vaste camp fortifié, renfermant plus de 2 millions d'habitants, a créé pour ces derniers un état de choses pénible et extrêmement regrettable. Nous acceptons cet argument; et nous aimons à croire que dans l'avenir les villes fortes disparaîtront, et seront remplacées par d'immenses camps retranchés, avec fortifications en terre, où il n'y aura que des combattants, et où ni femmes, ni enfants, ni vieillards, ne pourront plus devenir un impédiment pour la défense. Mais quand le Machiavel germanique ajoute : « la responsabilité de » cet état de choses doit retomber *exclusivement* sur » ceux qui ont choisi une capitale pour en faire une » forteresse et un champ de bataille, » je l'arrête; et le regardant en face, je lui dis : « Tu es un misérable; la » responsabilité de cette agression repose en entier sur » tes sataniques projets d'écraser la France à tout » jamais. » Enivré par son triomphe, von Bismarck n'a même pas craint d'avouer ces projets avec désinvolture, dans un récent discours au Parlement de l'Empire. Au lendemain de Sedan, s'il n'avait pas eu l'âme d'un Méphistophélès et pour complice un vieux Faust, il aurait loyalement traité de la paix avec un pays qui, par tradition, n'a jamais pratiqué que la générosité envers ses ennemis vaincus. Du reste, dans sa criminelle ambition, il ne se préoccupait guère non plus du sang allemand qu'il allait faire couler à torrents. N'a-t-il pas cyniquement avoué qu'il lui importait peu que pour une année ce fut le fer et le feu, au lieu de l'émigration, qui enlevât au sol germanique une centaine de mille de ses enfants.

Et, pour en revenir au document qui nous occupe, quand le chancelier parle de la difficulté « d'éviter que » des édifices qu'il désirerait épargner, ne soient endom- » magés par hasard », nous répondrons : *mensonge*. Les monuments publics et hospitaliers ont été *systémati- quement* bombardés. J'ai pointé en rouge sur une carte la plupart des obus tombés à Paris. Après ce travail, on distinguait comme une longue traînée de sang des lignes presque mathématiques dans la direction des principaux hôpitaux, maisons d'asile, églises et autres édifices publics de la rive gauche.

Du reste, après cette fausse excuse, indigne d'un di- plomate qui se respecte, le chancelier finit par déclarer que « l'assiégé ne saurait préserver sa forteresse prin- » cipale de la reddition, en invoquant les égards de » l'ennemi pour les hôpitaux qui s'y trouvent, et à » l'abri desquels ses troupes pourraient après chaque » attaque en préparer d'autres. »

Il y a une preuve non moins concluante de l'inten- tion bien arrêtée qu'avait l'ennemi de bombarder les édifices dont nous venons de parler. Lorsque M. de Bismarck fut avisé qu'on avait transporté les blessés allemands au Val-de-Grâce, et que l'état-major prus- sien aurait dès lors à prendre ses précautions pour ne pas tirer sur ses nationaux, les projectiles se détour- nèrent désormais de ce point avec la même docilité qu'ils mettaient auparavant à s'y diriger.

Non, non, c'était bien là un de ces fameux *facteurs* sur lesquels vous comptiez, ô type raffiné de la perfidie moderne ! Mais songez-y bien, vous êtes au déclin de la vie, et votre impérial complice a déjà un pied dans la tombe. L'un et l'autre vous comparaîtrez bientôt devant celui qui ne se paye pas de paradoxes diplomatiques et ne se laisse point apaiser par les bulletins mystiques de sanglantes victoires. Et, sachez-le, dans la balance de l'éternelle justice, l'âme pure du petit enfant d'un jour, victime de vos implacables projets, aura plus de poids que le sceptre du plus puissant empereur du monde, et les armes de ses quatorze cent mille soldats.

VII

Si le bombardement n'a pas été très-meurtrier, en revanche les douleurs, les souffrances, les privations, rendaient souvent mortelles de simples indispositions. Ces cruelles circonstances jointes aux résultats des combats et à l'épidémie de variole, ont amené à Paris une effrayante mortalité pendant le siége. Ainsi, en 1869-70, du 18 septembre au 24 février, le nombre des décès a été de 22,000 ; et dans la même période de temps, en 1870-71, il a atteint 64,200. L'avant-dernière semaine précédant l'armistice, a été la plus meurtrière. Il y a eu dans cette semaine près de 5,500 personnes décédées, soit le quadruple du taux normal. On comptait là-dessus 900 enfants au-dessous d'un an, 1,500 de un an à quinze ans ; le reste comprenait des grandes personnes et des vieillards.

Comme les chevaux manquaient pour les corbillards, l'administration des pompes funèbres avait fait confectionner des brancards spéciaux ; et on enterrait nuit et jour pour venir à bout de la besogne. Il est vrai que la population et l'armée formaient un total de 2 millions d'habitants. Ce total est un peu plus élevé que l'effectif habituel, qui avait été plus augmenté par la rentrée à Paris des populations suburbaines et la présence des troupes, que diminué par le départ d'un grand nombre de fuyards.

Chose singulière, il n'y a eu que cinq suicides pendant tout le siége ; ce qui semble prouver que l'homme tient d'autant plus à la vie qu'il est plus exposé à la perdre. Mais en revanche, la folie a fait bon nombre de victimes.

Au milieu de ces misères sans nombre et inénarrables, la population en général a été d'une résignation au-dessus de tout éloge. Mais il faut bien le dire, ceux qui ont le plus souffert, ce sont les petits bourgeois, et les simples boutiquiers dont le commerce n'avait pas trait à la nourriture ou au vêtement. Leurs ressources furent bientôt taries. Ceux qui, par délicatesse ou fausse honte, ne voulurent pas s'adresser aux sociétés charitables, ou toucher l'indemnité de garde national quand ils y avaient droit, menèrent une vie remplie des plus cruelles privations. C'est encore cette malheureuse classe qui a pâti le plus dans la guerre communeuse et l'affreuse dévastation de Paris. Les réfugiés de la banlieue étaient aussi pour la plupart dans une bien triste situation. On les avait logés dans les maisons fraîchement construites. Ils n'avaient là souvent ni vêtements, ni couvertures, pour se garantir du froid et de l'humidité des murs. Quant aux hommes du peuple, ils ont peu ou point enduré de privations, pas plus pendant le siége que sous le régime de la commune. Beaucoup de ces gens, pleins d'égoïsme et d'insouciance, peu sensibles aux maux de leurs familles, se trouvaient très-heureux de mener une vie de bohème. Ils gagnaient moins, il est vrai, avec leur indemnité de garde national qu'en temps ordinaire. Mais en revanche, ils s'amusaient toute la journée, à l'abri du danger, au milieu des cantines des remparts. Là, ils se livraient à de copieuses libations ; et l'usage d'un café succulent qui n'a jamais fait défaut, remplaça dans leur alimentation à la fin du siége le pain dont le rationnement les privait.

De leur côté, les pauvres proprement dits, n'ont relativement pas plus souffert que le reste de la population. Il s'organisa beaucoup de cantines municipales et un grand nombre de sociétés de secours. La générosité des classes aisées de Paris, si admirable en tout temps, s'était encore décuplée en cette circonstance. En outre, des secours en argent étaient accordés par les mairies et le gouvernement à toutes les mères et femmes des soldats et mobiles sous les drapeaux. Enfin, des dons abondants en nature et en numéraire furent faits par de riches capitalistes, tels que MM. de Rothschild, ou de généreux étrangers comme sir Richard Wallace.

La plus belle page de l'histoire du siége de Paris doit être réservée sans conteste à nos soldats et à nos marins, qui ont subi avec constance les épreuves les plus cruelles d'une campagne d'hiver. Après eux, honneur aux femmes de toutes les classes. Toutes ont été admirables. Celles des classes aisées se sont données corps et âme aux œuvres charitables, depuis les ambulances jusqu'aux vestiaires pour les pauvres. De leur côté, les femmes du peuple avaient tout le poids du jour à supporter : soucis du ménage ; — queues incessantes aux boucheries, aux boulangeries, aux cantines, et cela en plein air, et le plus souvent les pieds dans une boue glaciale ; — soins à donner à leurs enfants presque tous malades à la fin du siége par suite de privations ; — enfin, manque fréquent de ressources dû à l'égoïsme de maris qui gardaient pour leur usage personnel, nonseulement leur indemnité propre de garde national, mais en partie ou en totalité celle de leur famille. Et, sous cet écrasant fardeau de misères, pas un mot de plainte, pas même la pensée de demander la capitulation ; parfois quelques larmes furtives, mais aussitôt essuyées d'une main généreuse.

Pourquoi faut-il qu'une conduite si admirable, qu'un

pareil héroïsme, disons le mot, se trouve aujourd'hui
noyé dans les flots de sang et les torrents de flammes
que l'infâme guerre civile des communeux a répandu
dans la grande cité? Par quel singulier boulever-
sement dans les idées, toutes ces femmes du peuple
qui avaient montré un si magnifique patriotisme,
n'ont-elles pas retenu énergiquement leurs maris et
leurs fils sur la pente de leurs infâmes convoitises, en
face de l'étranger qui guettait comme sa proie de nouveaux lambeaux de la France? Je ne doute pas cependant que beaucoup d'entre elles n'aient fait de grands
efforts pour empêcher les leurs de suivre le torrent de
l'insurrection. Malheureusement, il en est beaucoup
d'autres qui ont plutôt poussé que retenu les émeutiers,
et se sont associées d'abord à leurs criminelles espérances de partage et à la fin à leur monstrueuse vengeance, dans la lutte inique qu'ils ont entreprise contre
la société, la justice et le droit.

CHAPITRE XIX.

Élections de Paris à l'assemblée nationale; partis politiques en présence : historique de l'Internationale. — Ravitaillement.

I

Après la signature de l'armistice, il y eut chez tous les Parisiens un affaissement complet des forces morales et une distension des nerfs trop longtemps surexcités. Ce qui restait au fond du cœur, n'était plus qu'une sourde rage contre le destin, une morne douleur d'une aussi triste fin, et aussi quelque chose comme l'amer soulagement qu'on éprouve à la mort d'un être chéri, qui s'éteint après une longue et douloureuse maladie, et dont les incessantes souffrances étaient pour lui comme pour les siens un supplice de chaque heure.

Aussi l'armistice n'excita-t-il pas les désordres qu'on pouvait craindre. Comme les clubs étaient fermés depuis le 23 janvier, et ne se trouvaient pas encore réouverts pour les réunions électorales, les conciliabules où on discutait la question de l'armistice, se tenaient en plein vent tout le long des boulevards, particulièrement au coin de la rue Drouot. En somme, tout se passait avec calme. Il y eut bien quelques braillards des faubourgs qui allaient criant partout « *à la trahison* », alors que pour être dans le vrai ils auraient dû crier « *à l'incapacité.* »

Un officier de marine, professeur à l'École polytechnique, crut utile aussi, pour se ménager les votes des criards et des mécontents aux prochaines élections, de publier une lettre dans laquelle il déclarait qu'au 28 janvier les ressources de la place et des marchands étaient encore immenses. Cette lettre dénotait de l'ineptie ou de la mauvaise foi de la part de son auteur; car tout homme sérieusement au courant des choses à Paris savait parfaitement que les magasins de l'État étaient vides. Quant aux provisions accumulées chez les marchands, elles étaient non moins bien fondues. Il suffisait de jeter un coup d'œil sur les vitrines des boutiques les mieux achalandées, pour voir qu'elles restaient absolument nues et vides. Elles ne se garnissaient plus subitement de victuailles, comme au commencement de novembre, où l'espoir d'une paix prochaine avait fait sortir comme par enchantement toutes sortes de vivres des caves et des cachettes.

Enfin, quelques bataillons de la garde nationale voulurent quand même marcher à l'ennemi. Ces fanfarons de la dernière heure avaient mis à leur tête le chef de bataillon Brunel, qui devait devenir quelques jours plus tard le généralissime très-éphémère de l'émeute du 18 mars. Ils sonnèrent le tocsin dans plusieurs églises pour se grouper, et courir sus aux Prussiens en cohorte serrée. Mais ils ne se précipitèrent, bien entendu, que contre les comptoirs des marchands de vin; et le sieur Brunel fut incarcéré pour son zèle intempestif.

On a prêté aussi à divers officiers de marine le projet de se faire tuer dans leurs forts, plutôt que de les rendre. Mais tous ces bruits étaient de la pure fantaisie Il en était bien fini de Paris ; il n'y avait plus qu'à courber la tête.

II

Grâce à cette frivolité qui est un des traits saillants du caractère français, les idées prirent bientôt un autre cours. Les élections pour l'assemblée nationale étaient décrétées le 29 janvier ; et les réunions électorales allaient donner un aliment à l'activité publique. Et puis la question d'un ravitaillement prompt et abondant devint tout de suite le thème des conversations les plus sérieuses. On a beau avoir l'âme navrée et le cœur gros, il arrive toujours un moment où la bête reprend le dessus et vous souffle à l'oreille qu'*après tout il faut vivre.*

Les nouvelles de la province demeuraient presque aussi rares que pendant le siége. Naturellement les racontars allaient leur train. Un jour, on annonçait à la Bourse que Gambetta s'était tué. Le lendemain on disait qu'il s'était refugié à Lille avec Faidherbe, où il était bloqué par les Prussiens. D'autres affirmaient qu'il n'était ni suicidé ni bloqué ; mais qu'il avait adressé à Trochu un télégramme ainsi conçu : « *Votre inaction a perdu la France, soyez maudit.* » Cette dernière assertion ne paraissait pas improbable ; et dans tous les cas, on pouvait en dire : *Se non è vero, è ben trovato.* De leur côté, les profonds politiques assuraient qu'un nouveau gouvernement était installé en province sous la présidence de M. Thiers ; et que ce dernier, accompagné de lord Lyons et de M. Grévy, avait assisté à Versailles M. Jules Favre dans les conférences avec von Bismarck.

Un autre bruit, malheureusement trop fondé, ne tarda pas à circuler. On donnait comme certain le suicide de Bourbaki, à la suite de la retraite désastreuse de son armée. Et effectivement, le gouvernement recevait par un dernier pigeon des dépêches de Bordeaux du 22 et du 27 janvier. Ces dépêches confirmaient ce que nous avions déjà appris de la défaite de Saint-Quentin et de la retraite de l'armée de l'Est par le journal prussien de Versailles au moment des négociations de l'armistice, et annonçaient la tentative de suicide de Bourbaki. Dans une proclamation à la France insérée à l'*Officiel* du 5 février, et qui, soit dit en passant, n'était encore qu'un long plaidoyer devant le pays pour se disculper de son incapacité, le gouvernement ne craignit pas d'appeler cette tentative l'*acte d'un généreux désespoir*. C'était encore bien digne de ces gens chez lesquels les fibres morales étaient aussi relâchées que l'énergie physique, de venir qualifier ainsi le crime le plus grand qu'un général puisse commettre en face de l'ennemi. Oui, un chef qui attente à sa vie au milieu d'une déroute, commet une lâcheté qu'on ne saurait trop flétrir; car il compromet le salut et l'existence de milliers de soldats, dont il était responsable devant le pays. L'homme public ou privé n'a pas le droit de quitter, quoi qu'il advienne, ce monde d'épreuves, tant que la main qui l'y a placé ne l'en rappelle pas. Il faut bien se garder d'enseigner aux masses des doctrines opposées. Il importe, au contraire, de leur apprendre que la vertu suprême au milieu des plus grandes infortunes, doit être l'indomptable espérance d'en triompher, ou sinon l'inflexible courage de sombrer à son poste. Tout ce que nos gouvernants pouvaient dire pour excuser le général Bourbaki, c'était qu'il avait cédé, dans un moment de délire, à un excès de désespoir. — Heureusement que ce général, qui dans sa longue carrière avait illustré l'armée française par sa bravoure, n'a pas succombé à sa funeste tentative. Il est revenu à la santé ; et un de ses premiers actes quand il eut recouvré la raison, fut de reconnaître avec noblesse son moment d'oubli et de vertige.

III

Le dimanche 20 au matin, l'armistice commençait à recevoir son application. Nous évacuions nos forts, et toutes les troupes à l'extérieur de l'enceinte rentraient à Paris. Ce fut encore là un moment dur à passer. Quel spectacle navrant que celui de nos pauvres soldats qui affluaient sans armes dans la grande ville. Tous ces malheureux, sauf les marins et quelques régiments modèles, étaient sales et déguenillés. Ils ne dissimulaient pas, surtout les mobiles, la satisfaction de voir la guerre finie. Ce même dimanche, dès 2 heures, les Allemands occupaient tous nos forts ; et à onze heures du soir, ils prenaient possession de Saint-Denis.

Les forts furent évacués avec une précipitation et un désordre inouïs. Soit par manque de méthode, soit par défaut de moyens de transport, ils ne purent être vidés complétement des munitions que nous avions le droit d'emporter. Il s'ensuivit un gaspillage sans nom ; et sous prétexte de soustraire de la poudre aux Prussiens, il en fut distribué en grande quantité à des gardes nationaux des faubourgs accourus à la curée, comme s'ils s'étaient donné le mot. Ce fut là pour les émeutiers de la commune un premier approvisionnement de munitions, en attendant que de nouvelles incuries de la part de l'autorité leur en aient fourni bien d'autres, ainsi que nous le verrons dans la suite.

Les soldats allemands avaient l'ordre de ne pas s'approcher de nos fortifications. Mais aussi il leur était enjoint de ne laisser aucun Français franchir les nouveaux avant-postes. Il fallait pour cela avoir un laissez-passer établi dans les formes arrêtées entre les autorités prussiennes et françaises.

A ce moment, tous ceux qui purent obtenir le bienheureux laissez-passer, s'empressèrent de quitter Paris avec enthousiasme. Mais cet enthousiasme se refroidissait bien vite, quand il s'agissait de mettre en pratique son *desideratum*. — Il avait été convenu avec les autorités allemandes qu'il n'y aurait pas de trains de voyageurs au départ de Paris pendant toute la durée de l'armistice, tous les convois devant être réservés au ravitaillement, à moins de nouvelles conventions. Aussi dans les premiers jours, il fallut presque de l'héroïsme pour affronter toutes les péripéties de la sortie. Ceux qui connaissaient quelque personnage influent dans les compagnies de chemins de fer, obtenaient de monter à Paris dans un wagon à titre de colis. Mais il fallait s'attendre à subir tous les inconvénients des trains de marchandises. On mettait 14 heures à faire les trajets que les express parcourent d'ordinaire en moins de 2 heures, et tout le reste à l'avenant. Quant au commun des martyrs, il était bel et bien obligé de faire route à pied ou dans un modeste coche, soit pour gagner son lieu de destination s'il n'était pas trop éloigné, soit pour rejoindre les gares où les Prussiens avaient établi à leur bénéfice des convois de voyageurs. Mais encore, était bien heureux qui pouvait subir toutes ces tribulations; car il fallait avant tout avoir pu obtenir le précieux sauf-conduit.

Il avait été convenu que les laissez-passer ne seraient accordés qu'aux personnes ayant des intérêts sérieux en province et aux candidats à l'Assemblée nationale. Tous ceux qui n'avaient pas de bonnes raisons à donner, se rejetèrent avec empressement sur ce dernier motif; et il y eut dès le premier jour 25 mille demandes de saufs-conduits pour candidatures à ladite assemblée.

IV

Pour les candidats sérieux, aussi bien de province que de Paris, il n'y avait pas une minute à perdre. Les collèges électoraux étaient convoqués pour le 5 février dans le département de la Seine, et pour le 8 dans les autres départements. Cette différence de dates, soit dit en passant, ne s'expliquait en aucune façon, et dénotait encore la légèreté d'esprit de nos gouvernants. Elle dut être abolie au dernier moment, à cause de l'impossibilité pour les mairies de Paris d'avoir les listes électorales prêtes en temps utile.

Paris avait à élire quarante-trois députés. Comme les élections devaient être faites au scrutin de liste, ce n'était pas chose facile pour chaque parti politique un peu tranché que d'arriver à une entente, de façon à présenter, avec plus ou moins d'ensemble, une série de noms aussi longue et susceptible de rallier la majorité des suffrages.

Du reste, ce mode d'élections présente des inconvénients de toutes natures, sans compter celui qui résulte du pointage d'un nombre considérable de votes dans les grandes villes, et que nous signalons ci-après d'une manière explicite pour Paris. D'abord dans les départements, les électeurs ne connaissent en général qu'un ou deux des candidats de la liste qui leur est proposée. Pour le reste ils votent à l'aveugle, et tout à fait de confiance, sous l'inspiration du comité qui patronne la liste. D'un autre côté, dans le système qui nous occupe, le vote des villes est la plupart du temps noyé par celui des campagnes. Donc pour ces deux motifs, ce système ne se prête pas à la véritable expression de l'opinion publique. A un autre point de vue, il rend presque impossible aux hommes jeunes et encore inconnus qui peuvent avoir une valeur réelle, de se faire apprécier en se mettant directement en relations avec les électeurs. Tous ceux qui n'appartiennent pas à une coterie assez puissante pour faire les frais d'une élection ne peuvent songer à se présenter avec quelque chance de succès. En résumé, pour obtenir un bon recrutement de représentants du peuple, laissant le champ libre aux jeunes et aux nouveaux dont on a tant besoin, il faut absolument en revenir au vote individuel et par circonscriptions électorales. Les griefs précédents ne sont pas applicables aux élections municipales. Là au contraire le vote ne concernant qu'une même ville ou commune, il y a tout avantage à employer le scrutin de liste.

A Paris, il se forma de toutes parts des comités électoraux pour préparer des listes. Mais avant de parler de ces comités, il importe de bien préciser les partis politiques en présence, du moins à l'époque où nous sommes ; car l'insurrection communeuse n'aura pas été sans exercer une influence marquée sur les opinions des habitants, et cette influence ne pourra s'apprécier qu'à des élections générales après que le calme sera revenu.

A cette époque donc, il y avait à Paris quatre partis en présence : les *républicains modérés*, les *radicaux*, les *internationaux* et les *communeux*.

Les *républicains modérés* rappellaient par leurs tendances et leurs vues les anciens girondins. Ils comptaient dans leurs rangs Dufaure, Victor Lefranc, et la plupart des hommes du 4 septembre, anciens doctrinaires du républicanisme, mais devenus moins absolus par l'expérience. Leur principe fondamental était que la France ne trouverait une grandeur et un repos durables qu'à l'abri d'institutions franchement républicaines, également hostiles aux expédients et aux violences du despotisme ou de la démagogie et protégeant toutes les libertés noblement comprises. Cependant, par esprit de conciliation, ils se déclaraient prêts à s'incliner au besoin devant le choix bien nettement exprimé par la majorité de la France d'une monarchie parlementaire ; car leur seul mobile était l'intérêt du pays. Cette doctrine ralliait naturellement à Paris tous les hommes d'ordre. Les plus conservateurs eux-mêmes, par le seul fait de leur présence au sein de la grande cité· et à toucher le foyer des concupiscences socialistes, ne se faisaient pas illusion, comme les braves gens de province. Pour le plus grand bien de la France, ils croyaient fermement que le salut du pays était exclusivement dans l'organisation sincère d'une république sérieuse. Ainsi toutes les classes aisées et intelligentes de Paris, même celles qui étaient monarchistes par principe ou par sympathie, appartenaient de fait, au mois de février, au parti républicain modéré.

A la suite de ce parti venaient les *radicaux*, dont toute la doctrine se résume encore en ces mots : « La République est un gouvernement de droit absolu, et par conséquent au-dessus du suffrage universel. » Les radicaux avaient à leur tête Louis Blanc, Victor Hugo, Henri Martin, Edgar Quinet, et dans le lointain le vieux fantoche de Garibaldi, mélange d'idées généreuses et bouffonnes, et que les masses idiotes sont seules aujourd'hui à prendre au sérieux. Au demeurant, ces radicaux étaient plutôt des girondins renforcés que des montagnards exaltés, à en juger par leur abstention marquée dans tous les troubles qui avaient agité Paris depuis le 4 septembre, et leur attitude en faveur de l'ordre et du respect des lois. Le parti républicain radical a peut-être encore aujourd'hui des partisans parmi les jeunes gens des écoles, mais plus guère dans le peuple. Il ne faut pas se le dissimuler, Babœuf a remplacé Armand Carrel dans la direction des masses. Ce sont les internationaux et les jacobins dont nous allons parler, qui tiennent aujourd'hui le haut du pavé. Cette influence, j'en ai le ferme espoir, n'est que passagère : l'horrible guerre civile que nous venons de traverser et les agissements de la Commune, auront dessillé bien des yeux dans les classes ouvrières.

V

Après les radicaux, nous arrivons au grand parti de l'*Internationale*. Les membres de cette immense corporation ne sont autres que des socialistes, dont les grands chefs sont en général intelligents, ou plutôt roués et méthodiques. C'est par l'organisation de comités ouvriers plus ou moins occultes qu'ils exercent et centralisent leur action. Les internationaux forment aujourd'hui une vaste société cosmopolite, qui prend le nom de *trade-union* en Angleterre. C'est un embauchage à grande échelle du prolétariat et de l'ouvrier des villes. Les paysans néanmoins l'ont jusqu'à ce jour tenue en défiance. Sa propagande est extrêmement active; et certainement elle avait déjà porté des fruits dans l'armée avant la guerre de Prusse. Heureusement que chez le soldat ces théories nébuleuses sont bientôt oubliées ; et que son *internationalisation* s'envole plus vite qu'elle n'est venue. Mais auprès de l'ouvrier des villes, les doctrines de l'Internationale ont bien plus d'action ; car elles flattent ses penchants et ses appétences. C'est cette société qui a été la promotrice de toutes les grandes grèves des dernières années. L'idée première de sa création appartient à Mazzini. Au début, elle n'était qu'une association pour l'étude des questions économiques ; et elle se déclarait étrangère à la politique militante. Mais elle est devenue bientôt une immense école d'application des théories socialistes. Enfin, dans sa troisième phase, elle s'est transformée en une société d'action à la fois politique et socialiste.— Son origine n'est pas très-lointaine ; et chose curieuse, c'est le sire de Sedan qui, *nolens volens*, en a été le créateur, ou du moins en a singulièrement facilité l'établissement sur des bases solides. D'abord, il a donné une extension considérable aux sociétés de secours mutuels. Or, beaucoup d'anciens insurgés de juin et d'intrigants du parti avancé, s'introduisirent dans ces sociétés pour profiter, en ayant l'air de subir le patronage impérial, des groupements d'ouvriers qui se trouvaient ainsi tout effectués. Puis, ledit sire, sollicité par *Plombplomb* qui tenait à faire de la popularité, envoya à l'exposition de Londres en 1862, un grand nombre d'ouvriers aux frais de l'État, afin de les mettre à même d'étudier les progrès de l'industrie. Mais ils n'eurent rien de plus pressé que d'utiliser leur voyage d'agrément en s'abouchant avec des meneurs anglais. Deux ans après, le 28 septembre 1864, la société jetait les bases de sa constitution dans un meeting tenu à Londres. Il fut convenu qu'un conseil central siégerait dans cette ville, et se composerait d'ouvriers représentant les diverses nations chez lesquelles l'Association serait propagée. On devait dans chaque pays constituer des sections par centre industriel ; les sections d'un même

centre étaient appelées à se grouper autour d'un comité
central, et chacun de ces comités devait relever du
conseil suprême de Londres. Le comité central des
sections de Paris fonctionna dès le commencement de
l'année 1865. Il avait son siége rue des Gravilliers dans
le quartier du Temple. C'est là que s'organisait la propagande et qu'on recevait les adhésions. En outre on y
préparait et soutenait les grèves qu'on vit éclater à
partir de 1865. Lyon et Rouen ne tardèrent pas à
imiter Paris et à constituer deux sections importantes.
En septembre 1866 eut lieu à Genève le premier congrès de l'Association. Une nouvelle occasion de conso-
lider son organisation se présenta pour l'Internationale
à l'exposition de Paris en 1867. Le gouvernement impérial facilita aux frères et amis de toutes les nations
une excursion commode et presque gratuite, dont ils
profitèrent habilement. Il en résulta en septembre de
cette même année un nouveau congrès à Lausanne.
Bien plus, après 1867, ce même gouvernement ac-
cordait tacitement aux ouvriers des grands centres
l'autorisation de nommer des chambres syndicales,
qui devaient cependant faire concurrence aux sociétés de secours mutuels. Ces chambres furent établies par les purs de la gent révolutionnaire, qui ne
voulaient pas, comme beaucoup d'autres de leur
clan, préparer leurs filets, en ayant l'air de pactiser
avec le régime impérial. Napoléon III, par ces malen-
contreuses combinaisons, s'était leurré de l'espoir de
rattacher les classes ouvrières à sa dynastie, en flattant leurs goûts. Mais il comptait sans les grands chefs
de l'Internationale, qu'il croyait avoir mâtés en en faisant condamner plusieurs à la prison dans le courant
de 1868 Cette mesure ne fit au contraire que donner
plus de crédit à l'Association parmi les masses. L'Internationale prit bientôt, d'une manière occulte, la di-

rection de toutes les chambres syndicales. Elle recruta
d'ailleurs un grand nombre d'adhérents dans les sociétés
de secours mutuels, en prenant pour agents les exaltés
qui s'étaient introduits dans ces sociétés. D'un autre
côté, les membres du parti jacobin, que nous allons
définir dans un instant, voyant dans l'Internationale un
moyen d'avoir des cadres tout préparés en cas de révolution, s'empressèrent de se faire affilier à la puissante
Association. Celle-ci compta alors dans ses sections
les adhérents des sociétés de secours mutuels, ceux des
chambres syndicales et les jacobins ralliés. Les sections
s'organisèrent et se multiplièrent rapidement dans
toutes les grandes villes de France et même d'Europe
en se ramifiant toujours au grand conseil de Londres. En même temps, deux nouveaux congrès, véritables rendez-vous cosmopolites, se tinrent à une année
de distance à Bruxelles et à Bâle, en septembre 1868 et
1869. Entre ces deux congrès, l'Association sortie un
peu de l'ombre, voulut révéler plus nettement son existence sous la forme prudente et transitoire d'une fé-
dération des sociétés ouvrières de Paris. Plusieurs
réunions publiques se tinrent pour constituer cette fédé-
ration. L'autorité commença à s'apercevoir qu'elle avait
fait fausse route en tolérant, comme nous l'avons dit
plus haut, l'organisation des chambres syndicales qui
étaient bien vite devenues des groupes internationaux,
et elle s'opposa à de nouvelles réunions. D'ailleurs,
d'un congrès à l'autre, on put voir tout de suite la direction nouvelle et puissamment politique qu'avait prise
l'association. Les réfugiés français du parti rouge,
Blanqui en tête, assistèrent dès lors à Bruxelles aux
réunions principales de l'Association. D'un autre côté,
les grèves prirent des proportions inquiétantes, et
furent accompagnées de conflits sanglants. Les mu-
tuellistes, qui représentent les principes des fondateurs

de l'œuvre, étaient ainsi tout à fait débordés par les collectivistes, qui au fond sont des communistes mitigés.

Vers la fin de 1869 et au commencement de 1870, les menées de l'Internationale s'accentuent davantage à Paris et à Lyon. Elle prend une part active à deux grandes grèves qui se produisent à peu de temps d'intervalle au Creuzot. Elle ne craint pas de publier des manifestes révolutionnaires pour agiter l'opinion publique. Elle profite du droit de réunion, accordé au commencement de 1870. pour tenir des séances où les motions les plus hardies sont faites contre la société. A toutes ces séances, on acclame président honoraire un sieur Mégy, détenu comme assassin de l'agent de police Mourot, qui faisait partie d'une escouade chargée de l'arrêter. En même temps, les grands chefs, enhardis par leurs succès, annoncent pompeusement aux associés que le chiffre des membres de l'Internationale atteint 245 mille en France et 2 millions dans le monde entier. Enfin, le 24 avril, paraît dans *la Marseillaise* le grand manifeste de la Société, qui se termine par ces mots : *changement radical des impôts, plus de conscription, la république démocratique et sociale.* L'autorité voulut mettre un terme à ces agissements révolutionnaires, qui venaient s'étaler ainsi, avec une audace toujours croissante, par la presse, les réunions publiques et les grèves. Des perquisitions furent opérées au domicile des principaux affiliés de l'Internationale, et amenèrent la saisie de documents divers. Mais il était trop tard pour briser le faisceau de cette sainte Wehme du socialisme.

Quoi qu'il en soit, la doctrine actuelle de l'Internationale peut se résumer à peu près en ces termes : Quand l'Association aura assuré son triomphe universel, tous les gens de même profession, les charcutiers par exemple, non-seulement d'une même ville, d'une même province, d'une même nation, mais du monde entier, formeront une seule et immense corporation, dite corporation des charcutiers. Cette corporation s'administrera comme elle l'entendra. Elle aura son comité directeur dans la ville du globe la plus renommée pour les produits de l'espèce, à York, Mayence ou Bayonne. Tous les corps de métier se constitueront de la même façon en république spécialiste. Ces diverses républiques, avec leurs capitales particulières, fonctionneront indépendamment les unes des autres. Il y aura seulement un conseil général de tous les délégués des différentes corporations, pour régler les échanges de corps d'état à corps d'état. Quant aux gouvernements, ils seront tous supprimés, ainsi que les nationalités, les races et les religions. Dans cette magnifique organisation, les patrons et le capital deviendront inutiles. L'ouvrier sera d'ailleurs prémuni contre le chômage, la concurrence, la maladie et la vieillesse. Ce sera l'âge d'or du prolétariat; et l'humanité, délivrée de toute entrave, arrivera au terme suprême de la civilisation : l'indépendance de tout pouvoir et de tout gouvernement, c'est-à-dire *l'anarchie*. — Toute cette théorie est au demeurant assez folichonne, et ferait rire beaucoup de braves ouvriers et de bons paysans, si on la leur présentait ainsi condensée. Mais les meneurs ont bien soin de n'exposer leur objectif final qu'après avoir suscité les jalousies et les convoitises des prolétaires de toutes les classes. Ils leur démontrent d'abord que *jouir* est le dernier terme de la vie humaine. Puis par des arguments où le sophisme le dispute à la mauvaise foi la plus audacieuse, ils persuadent à leurs ignorants adeptes que l'intelligence, le labeur de l'esprit et le capital ne sont rien, que le travail manuel est tout. Donc les usines et tous les établissements industriels doivent entièrement appartenir aux ouvriers qui font marcher les outils, et le sol doit exclusivement

13.

revenir au paysan qui le cultive. Doctrine infernale, véritable programme de révolutionarisme et de jacquerie impitoyables, dont le règne créerait un effroyable abime, où les prolétaires seraient les premiers engloutis. Aucun des misérables faussaires de la démocratie qui prônent ces principes, ne saurait au fond de son âme renier la fable des Membres et de l'Estomac. Mais qu'importe à ces vils ambitieux de faire des dupes, pourvu qu'ils réalisent pour leur propre compte la doctrine de la jouissance facile et sans frein, jointe à l'âpre satisfaction de dominer même sur des brutes.

Pour être conséquents avec leurs doctrines, les chefs de l'Internationale sont partisans de la décentralisation politique à outrance. Ils ne demanderaient pas mieux que de faire réaliser sur ce point leurs idées par des lois sévèrement appliquées jusqu'à nouvel ordre. Mais ils peuvent s'apercevoir, dès à présent, que le jour où on est au pouvoir, on cesse d'être obéi par la populace. Car celle-ci, avec son esprit de méfiance, de convoitise et de révolte contre toute règle, n'a confiance qu'en ceux qui font opposition aux lois en vigueur, de quelque côté qu'elles émanent.

Les grands chefs de l'Internationale en France furent dès sa fondation, Varlin, Malon, Murat, Combault, tous quatre du comité de Paris, Dupont, délégué au conseil suprême de Londres, et les sieurs Richard et Aubry des comités de Lyon et de Rouen. Ce n'est que plus tard qu'on vit apparaître Theisz, Tolain, Pindy et Assy, qui, bien qu'arrivé un des derniers, prit tout de suite un rang élevé dans le redoutable *pandemonium*. Nous donnerons plus tard des renseignements précis sur ceux de ces personnages, complétement inconnu jusqu'alors en dehors de leur secte, qui ont joué un rôle dans l'insurrection communeuse. Ajoutons qu'en dehors de la France, les principaux chefs de l'Internationale étaient encore en 1871, Karl Marx en Angleterre, Jacobi et Diebneck en Allemagne, Yung, Eccarius, Hins, etc., dans les autres pays, y compris l'Amérique. Comme organes de publicité, la société possède le journal *l'Internationale* en Belgique et *l'Égalité* en Suisse. En France, l'association ayant été longtemps obligée d'agir dans l'ombre, n'avait pas eu de feuille à elle jusqu'à la fin de 1869. A cette époque, elle essaya de se créer une sorte de moniteur. Cet organe officiel du socialisme révolutionnaire fut justement *la Marseillaise*. On mit à la tête un sieur Millière, ancien prote ; et on prit comme rédacteur en chef Rochefort, non pas pour libeller les points de doctrine, mais pour attirer des abonnés par sa réputation et ses lazzis. Millière était chargé d'imprimer au journal son caractère socialiste à l'aide d'articles *ad hoc*, émanant des principaux scribes de l'Internationale, tels que Malon. Cette combinaison ne réussit qu'à demi et s'effondra avec *la Marseillaise*. *Le Réveil* ouvrit alors ses colonnes pour reproduire les circulaires de la Société. Dans tous les cas, il importe de noter que les journaux de l'Internationale ont surtout pour objet de faire connaître l'Association et d'en indiquer sommairement l'objet. Mais, ainsi que nous en avons déjà prévenu, les communications relatives à l'organisation même de la Société et à son but final, se font verbalement dans les sections. De cette manière, l'Association évite d'être tracassée par les gouvernements. En outre, elle conserve ainsi un certain air de société occulte, ce qui flatte tant l'imagination des ouvriers, car l'homme du peuple se croit volontiers un personnage, dès qu'on lui a glissé quelque secret de Polichinelle dans le tuyau de l'oreille.

Le dernier parti dont nous ayons à nous occuper, comprenait les *communeux proprement dits* ou *jacobins*. Ce parti était tout ce qu'on voudra : anarchie politique et morale, désordre dans les faits et dans les idées, haine et insurrection contre toute espèce de gouvernement n'étant point sa propre dictature. Et encore à l'usée, ses adeptes ne tardaient-ils pas à ne plus se souffrir eux-mêmes. Les communeux proprement dits prétendaient représenter les anciens jacobins avec leurs tendances centralisatrices et autoritaires. Mais ils oubliaient qu'ils n'avaient ni la ténacité, ni l'étoffe de leurs devanciers. Les Tyrtées de ce parti étaient en février Blanqui, Pyat, Delescluze, Rochefort, braillards émérites qui se détestaient les uns les autres. Au fond, ces personnages ne se proposaient que de battre monnaie, en faisant du scandale n'importe comment et contre n'importe qui. Les deux premiers avaient la réputation d'être très-dangereux par leur mauvaise foi. Le troisième passait s'il est possible pour moins mauvais, et au surplus posait pour l'homme à conviction. Le quatrième était un cerveau faible et fêlé, manquant par-dessus tout de jugement. On aurait pu croire avant la guerre civile qu'il était plus bête que méchant, bien qu'il passât dans la gent journaliste pour avoir de l'esprit. Mais nous verrons par sa conduite sous le régime de la commune que c'était décidément une lâche et mauvaise nature. Après ces aboyeurs, les jacobins comptaient aussi parmi leurs gros bonnets le vieux et usé Ledru-Rollin et l'enfantin Flourens. Mais tous ces chefs n'avaient qu'une armée factice, prête à se débander au premier moment et à tomber aux mains des internationaux. Ils ne ralliaient sous leur drapeau que la plèbe, la mauvaise plèbe ; et c'est, sans aucun doute, sur le compte de cette engeance bien plus que sur le compte des internationaux, qu'il faut mettre le *début* de la guerre civile.

VI

Maintenant que le lecteur est bien au courant des
partis politiques qui existaient à Paris au moment des
élections, nous pouvons l'entretenir des comités électoraux. Le plus vite organisé, au moins en apparence,
fut le comité Dufaure, qui s'intitula *comité libéral républicain*. Son programme était très-large et heureusement conçu. Ce n'était autre que le développement des
principes autour desquels se groupaient, comme nous
l'avons dit plus haut, tous les hommes d'ordre et d'intelligence à Paris. Plusieurs sous-comités se formèrent
dans les arrondissements, pour venir s'entendre avec le
comité central sur le choix des candidats. Mais quel ne
fut pas le douloureux étonnement de bien des hommes
de cœur, quand, à la première réunion générale, ils
s'aperçurent que quelques individus voulaient absorber
au profit de leur propre ambition, toute l'autorité du
comité. Ceux-ci avaient été, il est vrai, les fondateurs
de l'œuvre. Ils l'avaient même préparée depuis quelques mois, lors du projet d'armistice au commencement
de novembre. Néanmoins, on fut indigné de voir que le
comité central proposait dès l'abord une liste à lui, où
figuraient presque tous les signataires du manifeste,
sauf toutefois l'honorable M. Dufaure qui, dans tout
ceci, semble n'avoir servi que de pavillon à des ambitieux de second ordre. C'était là un mauvais début, surtout avec le peu de temps qu'on avait devant soi. Il
aurait fallu pouvoir reconstituer le comité, tout en conservant ses principes et son président, et en éliminant
de son sein les esprits étroits et égoïstes. Dans les
circonstances malheureuses que nous traversions, les

membres du comité auraient dû se recruter parmi des gens de cœur déclarant qu'ils n'accepteraient aucune candidature. Le comité aurait pu alors, avec un entier désintéressement, établir consciencieusement une liste de candidats choisis de façon à rallier le plus grand nombre des suffrages.

La première séance du comité Dufaure fut très-orageuse. D'abord il y eut un *tolle* général contre la liste préparatoire dont nous venons de parler et qui ressemblait à *une carte forcée*. Mais en outre il s'engagea une discussion très-vive au sujet de quelques places laissées vacantes sur cette liste, et que l'on comptait attribuer à divers membres du gouvernement. Malgré tous les efforts de M. Victor Lefranc, il fut décidé en principe qu'aucun de ces membres ne figurerait sur la liste Dufaure. L'incapacité avait été trop flagrante pour que le comité compromit sa liste aux yeux des masses en y mettant des noms devenus aussi impopulaires que ceux de MM. Trochu et Jules Favre. On termina la séance en convenant que la liste générale serait rectifiée de concert avec les sous-comités d'arrondissement. Après cette séance, il y en eut une autre, où on espérait que le comité, revenu à des idées plus pratiques et s'étant entendu loyalement avec les sous-comités, arriverait avec des intentions bien arrêtées de conciliation. Malheureusement, il n'en fut pas ainsi; les ambitieux dont nous avons déjà parlé, tenaient haut et ferme *pro domo suâ*. Bien des honnêtes gens se découragèrent alors; et divers sous-comités se désagrégèrent. D'autres tinrent bon cependant pour le bien du parti de l'ordre, lui sacrifiant leur dégoût pour de si mesquines manœuvres. Mais l'entente était rompue; et comme toujours les hommes d'ordre n'avaient pas su se grouper avec intelligence et générosité autour d'une liste qui eût rallié d'unanimes suffrages. Ils s'étaient divisés et allaient se faire battre par leurs adversaires, dont les habiles savent si bien embrigader les votants, en s'adressant moins à leur dévouement qu'à leurs passions. On peut répondre à cela, j'en conviens, que les masses pleines de jactance et d'idées fausses, comme celles de Paris, sont bien plus faciles à grouper que des hommes dont le jugement sain ne se paye pas de mots pour le choix de ses candidats. Cela est surtout marqué pour les élections par scrutin de liste. Ce mode de votation, où on procède par des noms marquants et tranchés, est une affaire de mot d'ordre et de discipline. Les ouvriers ne vont pas s'amuser à former laborieusement leur liste de noms triés çà et là, et groupés suivant leurs préférences personnelles. Ce travail serait trop difficile, et compromettrait d'ailleurs le succès de ce qu'ils appellent leur cause. Ils se sont querellés hier, ils se chamailleront demain; mais devant l'urne, ils font trêve et observent d'instinct cette discipline qui donne la victoire. Pendant ce temps, les hommes d'ordre, subdivisés en fractions innombrables, faisant de la délicatesse et du sentiment là où il faudrait faire de l'ensemble, multiplient à plaisir les nuances qui les séparent. C'est ainsi qu'ils éparpillent leurs voix sur des centaines de candidats, au lieu de les concentrer sur les mêmes noms, sans compter les abstentions coupables produites par l'indolence et le laisser-aller de gens qui ne veulent pas s'occuper de leurs affaires, du moins de leurs affaires politiques.

Somme toute, la liste arrêtée par le comité Dufaure devait être une liste essentiellement de fusion, comprenant des républicains modérés, des radicaux, et au besoin quelques internationaux influents, et d'ailleurs assez intelligents pour ne soutenir les prétentions de leur société que dans ce qu'elles ont de sensé et d'acceptable. Par-dessus tout, cette liste devait renfermer des candidats susceptibles d'être accueillis avec faveur par le parti de l'ordre. Voyons jusqu'à quel point le comité réussit dans son travail. Sa liste comprenait d'abord de grands noms représentant des nuances à la fois républicaines et philosophiques plus ou moins disparates : c'étaient Victor Hugo, Vitet, Louis Blanc, Quinet, etc. On n'avait voulu porter ni M. Thiers, ni M. Grévy, sous prétexte que c'était à la province qui avait pu apprécier leurs faits et gestes pendant la guerre, de les envoyer à l'assemblée nationale. Après les citoyens de renom, venaient les amiraux et généraux qui s'étaient acquis une certaine popularité pendant la guerre. Pour les amiraux, le choix se porta à l'unanimité sur MM. Saisset et Pothuau. Quant aux généraux, comme ceux de province étaient éliminés pour la même raison que MM. Thiers et Grévy, le choix devenait très-difficile. Trochu avait été écarté haut la main dès la première séance. Ducrot et Vinoy n'étaient pas trouvés assez populaires. On se rejeta alors sur le général Frébault, qui avait commandé l'artillerie avec succès aux batailles du 30 novembre et du 2 décembre. Venaient après cela divers officiers supérieurs de la garde nationale, tels que Roger du Nord, Langlois et Schœlcher, qui s'étaient distingués pendant le siége, et dont les sentiments républicains étaient bien connus. Puis on comptait quelques maires de la gent libérale, mais non communeuse, tels que Arnaud de l'Ariége, Henri Martin, Tirard, Vacherot, Desmarets, et à leur suite quelques grands industriels et administrateurs de chemins de fer. On arrivait enfin au menu fretin qui formait un fort contingent; c'était là le point délicat, par lequel précisément la liste devait pécher. Pour ne blesser personne, nous ne citerons aucun nom. Les curieux pourront retrouver les individus parmi les signataires du manifeste Dufaure.

Pour le succès de la liste, il eût fallu remplacer ces personnages par des hommes peut-être aussi ignorés, mais qui auraient été consciencieusement proposés par les sous-comités. Ceux-ci, à l'aide de concessions réciproques, auraient aisément obtenu, dans leurs arrondissements respectifs, la promesse des honnêtes gens de ratifier des choix modestes, mais arrêtés loyalement et dans l'intérêt sincère du parti de l'ordre. Nous avons dit pourquoi malheureusement il n'en fut pas ainsi. Et de fait, la liste Dufaure, qui, du reste, fut remaniée jusqu'à la dernière heure, n'a eu que très-peu d'élus parmi les candidats qui ne figuraient que sur elle seule. Les listes des autres comités dont nous allons parler, comprenaient également les noms des citoyens illustres, des officiers généraux de terre et de mer et des colonels de la garde nationale nommés plus haut. Le succès de l'élection de ces candidats ne peut donc être attribué, exclusivement du moins, à leur patronage par le comité Dufaure.

A côté de ce comité, se dressaient les deux grands comités des internationaux et des communeux. Le comité des internationaux s'était constitué place de la Corderie, dans le quartier du Temple. Il était composé de délégués des principales sections internationales et chambres syndicales de Paris, représentant en même temps de nombreux bataillons de la garde nationale. Le comité des communeux avait son quartier général à Belleville. Il était dirigé par les grands chefs jacobins déjà mentionnés. Ces deux comités choisirent leurs candidats, chacun de leur côté, avec ensemble et méthode. Mais au dernier moment ils firent fusion ; et on peut dire que c'est leur liste qui a triomphé, attendu, comme nous venons de le dire, qu'ils avaient plusieurs noms de communs avec la liste Dufaure.

Outre les comités dont nous venons de nous occuper

et dont l'action était à peine publique, fonctionnaient des réunions électorales, patronnant diverses séries de candidats. A la réunion des Folies-Bergères, on soutenait la liste Dufaure. M. Coquerel, le célèbre prédicant, qui, on se le rappelle, faisait les délices du club de la porte Saint-Martin, présidait cette réunion. Il maniait assez bien son nombreux auditoire, pour y tempérer l'agitation. — Au Casino de la rue Saint-Honoré, la réunion était présidée par M. Vrignault, encore rédacteur alors du journal *la Liberté*. Il avait sa liste à lui, commune avec celle du comité Dufaure pour les noms saillants, mais en différant essentiellement pour les noms d'appoint. — Quant aux autres réunions électorales, elles étaient tenues par les internationaux et les communeux dans leurs locaux habituels.

Les journaux, bien entendu, s'étaient mis aussi de la partie. De nouvelles feuilles communeuses reparaissaient. C'étaient le *Vengeur* avec Félix Pyat, ancien rédacteur du *Combat* supprimé le 23 janvier, et le *Mot d'ordre* avec Rochefort. Celui-ci voulut marquer sa rentrée dans le journalisme par un coup d'éclat. Il débuta, avec son inconscience et sa légèreté habituelles, par un panégyrique du régicide. Au point de vue des principes, ces journaux représentaient le parti jacobin. Mais les internationaux, qui ne tiennent pas absolument à avoir d'organes publics attitrés et dont par ailleurs les feuilles en question flattaient les penchants, prenaient là leur pâture quotidienne. Ce sont naturellement ces feuilles qui patronnaient la liste fusionnée des deux nuances du parti rouge.

Les journaux du parti de l'ordre s'entendaient peu ou point pour les candidats qu'ils préconisaient, sauf toutefois pour les noms saillants qui se trouvaient en tête de toutes les listes.

Nous mentionnerons encore, pour en finir avec la

.utte électorale du mois de février, quelques boniments individuels. La plupart de ces circulaires étaient ridicules, et s'étalaient sans vergogne à tous les coins de rue.

VII

Les élections se firent le 8 février, avec beaucoup de calme. Mais il fallut plusieurs jours pour en connaitre le résultat définitif, à cause des difficultés provenant du dépouillement des bulletins. Car en évaluant à 350,000 le nombre des citoyens ayant usé de leurs droits électoraux, les scrutateurs eurent à dépouiller pareil nombre de listes portant quarante-trois noms chacune, ce qui revint à lire à haute voix, à pointer, recenser et contrôler le chiffre énorme de 14 millions de votes. Ceci constitue bien encore, comme nous l'avons avancé plus haut, un inconvénient majeur pour le vote par scrutin de liste.

Les noms des élus ne purent être publiés que le 15 février. Les républicains radicaux Louis Blanc, Victor Hugo, Garibaldi, Quinet, Gambetta, obtinrent chacun environ 200 mille voix sur 545 mille électeurs inscrits. Cette énorme majorité était due à ce que beaucoup de conservateurs avaient joint pour ces noms leurs voix à celles des communeux et des internationaux. Ce n'était pas par sympathie que les meneurs de ces derniers avaient porté sur leur liste la plupart de ces personnages, mais simplement par tactique électorale, afin de rallier des voix sous le couvert do noms populaires. On a vu au 26 mars avec quel empressement ils les ont relégués aux oubliettes, en prouvant ainsi que ce n'étaient pas là leurs hommes. — Les amiraux Saisset et Pothuau obtinrent chacun près de

150 mille voix. Puis, les conservateurs demeurés en dehors du comité Dufaure, nommèrent par gratitude M. Thiers, et aussi Jules Favre, dont ils voulaient récompenser sinon la capacité, du moins la bonne volonté. M. Dorian fut également élu nonobstant le comité, en partie par des conservateurs et en partie par des ouvriers, qui avaient été satisfaits de son activité pendant le siége. On voyait figurer ensuite, sur la liste des élus, les maires les plus estimés dans leurs quartiers respectifs, tels que Vacherot, Arnaud de l'Ariège, Tirard, républicains modérés qui atteignirent 80 à 90 mille voix. Parmi les publicistes, Delescluze, Félix Pyat et Rochefort tenaient la tête. Venaient ensuite Lockroy, espèce de Rochefort en sous-ordre, écrivain du *Rappel;* Cournet, rédacteur au *Réveil* avant sa suppression, et Millière, l'ancien prote devenu directeur et rédacteur de la *Marseillaise* lors de sa fondation. Peyrat, de l'*Avenir national*, radical mitigé, n'arrivait qu'avec 72 mille voix, presque juste le nombre indispensable pour être proclamé, c'est à-dire le huitième du chiffre des électeurs inscrits. Tous les autres élus étaient ou des républicains occupant le second rang dans le parti radical, à savoir : Langlois, Clémenceau, Schœlcher, Ranc, les avocats Floquet et Brisson, adjoints d'Étienne Arago à la mairie de Paris avant le 31 octobre, Ed. Adam, successeur éphémère de Kératry à la préfecture de police; — ou des communeux, comme Ledru-Rollin, Gambon, Greppo, Razoua, chef de bataillon de la garde nationale avant la journée du 31 octobre dont il fut l'un des promoteurs; — ou enfin des internationaux, tels que Tolain et Malon. La liste était close par le lieutenant de vaisseau Farcy, qui devait toute sa réputation à la canonnière de son invention qu'il commandait pendant le siége.

A la suite des élus, on comptait une trentaine de candidats se suivant d'assez près, et ayant obtenu entre 60 et 40 mille voix. Au nombre de ces derniers se trouvaient beaucoup d'internationaux ou de communeux, entre autres Assy, Varlin, qui devaient devenir les chefs de l'émeute du 18 mars, et Lefrançais, le peintre Courbet, Murat, Johannard, Tridon, etc., qui firent plus tard partie de la commune. Aucun de ces hommes n'avait encore acquis au mois de février assez de popularité pour être élu. Quant à Blanqui et Flourens, ils n'obtinrent que le chiffre modeste de 40 mille voix environ.

Du reste, cette pauvre députation de Paris ne fut bientôt plus que faiblement représentée au sein de l'assemblée nationale. A la fin d'avril, sur quarante-trois députés élus, douze avaient déjà donné leur démission ; et six avaient opté pour d'autres départements.

VIII

En même temps que les élections se faisaient à Paris, nos soldats rentrés tous à l'intérieur de la ville se promenaient sur les boulevards, oisifs, ennuyés, mécontents. On se demandait avec un certain effroi ce que pourraient sur ces âmes déjà ébranlées les funestes conseils de l'oisiveté. D'autre part, on s'occupait de la remise des armes stipulée dans les conditions de l'armistice. Les canons avaient été groupés au Champ de Mars, pour être dirigés de là sur Sevran, petit village en arrière de Bondy et de Montfermeil, où devait s'effectuer cette remise. Quel douloureux et navrant spectacle que celui de ces six cents magnifiques pièces d'artillerie, que nous avions eu tant de peine à organiser pendant les quatre mois de siége, et qui, sans nous avoir presque servi, allaient devenir le butin de nos ennemis! De leur côté, les canons des forts, au nombre de 1,360, furent délivrés sur place aux Prussiens.

Aux remparts, la vue n'était pas plus gaie. Là où peu de jours auparavant régnait une activité sans égale, on ne rencontrait plus que quelques factionnaires près des pièces renversées de leurs affûts, conformément aux termes de l'armistice.

Mais ce qui affligeait encore davantage, c'était l'empressement d'une partie de la population à s'en aller aux avant-postes prussiens acheter des vivres. Une foule énorme se pressait là, tendant les mains, les uns pour accepter l'aumône de quelques bouchées de pain blanc, les autres pour acheter des victuailles. Et quel tableau à briser le cœur que celui de cette tourbe affamée, au milieu des soldats allemands gros et gras, impertinents et gouailleurs à travers la fumée de leurs pipes.

Jusqu'à la mi-février, les communications avec la province furent presque aussi difficiles que pendant le siége. Les Prussiens toléraient bien la sortie des lettres et des personnes. Mais ils ne laissaient rien ou presque rien rentrer. Était-ce pour prévenir entre Paris et la province un courant d'idées qui aurait poussé à la guerre à outrance; ou bien encore, au moins en ce qui concerne les personnes, voulaient-ils empêcher les voies de communication de s'obstruer par une circulation trop promptement rétablie? Le peu de nouvelles qui nous parvenaient étaient plutôt propres à jeter l'anxiété et la consternation dans les cœurs qu'à y relever l'espérance. On apprenait que Gambetta, sans se soucier du gouvernement dont il était le délegué, promulguait un décret déclarant inéligibles tous les ministres, sénateurs, conseillers d'État, préfets ou

candidats officiels sous l'empire. Ce décret qui donnait
un fâcheux exemple d'autoritarisme, fut annulé le
4 février par le gouvernement de Paris, qui s'était, du
reste, empressé d'envoyer de nouveaux délégués à
Bordeaux, pour établir une entente suivie entre les
gouvernants de cette ville et ceux de la capitale.
Gambetta, après avoir été ainsi désapprouvé, donna sa
démission, et fut remplacé par Emmanuel Arago, qui
arrivait de Paris. Le nouveau ministre de l'intérieur
n'eut rien de plus pressé, lui aussi, que de légiférer de
son chef sur la matière électorale. Il rendit un décret
oiseux qui frappait d'inéligibilité les Bonaparte, afin de
les mettre sur le même pied que le comte de Chambord
et les princes d'Orléans, privés de leurs droits de
citoyens par les lois de 1832 et de 1848.

Au milieu de ces divers incidents, les élections se
firent le 8 février en province, aussi paisiblement qu'à
Paris C'est seulement à compter de cette époque que
le blocus cessa complétement.

IX

Pendant tout le cours des événements que nous venons de rapporter, le ravitaillement s'effectuait. Dès
le 29 janvier, le ministre des travaux publics et les
directeurs des principales voies ferrées s'étaient rendus à Versailles, en compagnie de M. Jules Favre. Il
s'agissait d'arrêter avec la commission des chemins de
fer allemands les conditions pour l'arrivage des marchandises destinées au ravitaillement Aussitôt après
les signatures échangées, le ministre des affaires étrangères expédiait au chargé d'affaires à Londres un télégramme, par lequel il lui enjoignait d'acheminer d'ur-

gence vers Dieppe tout ce qu'il trouverait de disponible en farine, blé, viande et combustible.

A Londres, l'opinion s'était vivement émue de l'état de Paris ; et dès le 25 janvier, le lord-maire avait invité tous les marchands à se préoccuper du ravitaillement de cette ville. A Bruxelles aussi une grande accumulation de vivres avait été faite. Enfin des approvisionnements immenses concentrés en Auvergne par le gouvernement de Bordeaux, étaient prêts à être expédiés par la voie de Nevers.

Malgré le zèle apporté par tout le monde au ravitaillement de Paris, il ne s'effectua pas aussi vite qu'on l'eût désiré. Les premiers trains de farine n'arrivèrent pas avant le 1er février. Le 3, il entrait dans la gare de la Chapelle un magnifique train de 50 wagons, portant en inscription : « *Don de la ville de Londres à la ville de Paris.* » Ce n'était que le préliminaire d'autres envois qui furent faits généreusement par l'Angleterre à la population parisienne. Les maires et les adjoints de Paris remercièrent plus tard, au nom de leurs concitoyens, le lord-maire et le peuple de Londres pour leurs sincères témoignages de sympathie envers la France. Malheureusement, une grande partie de la population parisienne devait se montrer bientôt indigne de ces témoignages, en découvrant à l'Europe indignée les instincts du plus brutal et du plus grossier égoïsme dans la perpétration d'une guerre civile engagée sans motif comme sans but avouable, et terminée au milieu des plus abominables forfaits. Au lieu de se laisser entraîner par quelques meneurs et quelques bandits, elle eût dû comprendre qu'en dehors d'autres devoirs bien plus impérieux encore qu'elle foulait indignement aux pieds, la meilleure manière de payer sa dette de reconnaissance à l'Angleterre eût été de se remettre avec cœur au travail, afin de donner au commerce entre les deux pays un élan qui lui manquait depuis de longs mois.

Une fois le roulement des trains bien établi, il en arriva presque chaque jour de tous les côtés, tant du nord que du sud et de l'ouest.

La réouverture des halles ne s'était pas fait attendre ; elle eut lieu le 1ᵉʳ février. Mais cette inauguration ne fut pas heureuse. Un pavillon fut mis au pillage par quelques misérables de la lie du peuple. La police ne se mêla point de cette incartade ; et ce fut certainement un encouragement pour les autres scènes de désordre bien autrement graves qui allaient se produire sous peu. Les halles furent fermées le lendemain de cet événement ; elles se rouvrirent ensuite sous la surveillance de la garde nationale Les denrées alimentaires après avoir baissé un instant, remontèrent tout d'un coup à des prix impossibles, à la suite des dires de quelques journaux sur les difficultés du ravitaillement. Les marchandises vendues aux halles les premiers jours, provenaient en partie de réserves enfouies dans des caves. Mais il y avait surtout beaucoup de comestibles achetés aux avant-postes prussiens, ou venues des environs de Paris, soit sur des chariots, soit simplement dans des malles ou des paniers, que des campagnards parvenaient à grand'peine à faire passer à travers les lignes allemandes. Une fois échappés aux Germains, ces braves ravitailleurs à petite échelle n'étaient pas encore à l'abri de tout danger. Ils étaient exposés à rencontrer des rôdeurs de barrière, qui, postés entre les forts et les remparts, les dévalisaient en totalité ou en partie, au nom de la fraternité.

On peut considérer que le ravitaillement fut terminé le 9 février. A partir de ce jour-là, toute espèce de rationnement était supprimé ; et on livrait à la consommation la quantité de victuailles que Paris absorbe en temps ordinaire. Il n'est pas sans intérêt de citer ici quelle est cette consommation en chiffres ronds, établie d'après la moyenne de trois années 1867-1869 pour les besoins de chaque jour :

800 mille kilog. de farine, et par suite un million de kilog. de pain ;

357 mille kilog. de viande de bœuf, vache ou mouton;

66 mille kilog. de porc ou de charcuterie;

13 mille kilog. de fromage ;

912 mille francs de beurre ;

63 mille francs d'œufs;

71 mille francs de poisson.

Au 9 février, le pain était taxé à 25 cent. la livre. Le bœuf valait 2 fr. 25 à 2 fr. 50 le kilog. ; le mouton, 3 fr. à 3 fr. 50 ; le porc et le veau, 4 fr. Les pommes de terre se payaient 4 à 5 francs le boisseau ; le raisin frais, 3 à 4 fr. le kilog. Les oies étaient redescendues à 40 fr. la paire ; et une dinde valait 25 fr. — Le poisson abondait aussi dès cette époque. Il en était arrivé 47 mille kilogrammes. Néanmoins le prix en demeura élevé pendant quelque temps. Une belle truite saumonée de 3 livres était vendue 14 fr. ; les turbots et les barbues de 2 livres, 7 fr. ; les soles, 4 à 5 fr. la paire. Les harengs ont joué un rôle important dans le ravitaillement de Paris. C'est par millions qu'il faut compter ceux qui furent vendus dans le premier mois. Ils valaient 1 fr. 25 pièce au commencement de février. Mais ils tombèrent bientôt à 10 centimes.

Une fois le ravitaillement bien établi, il fallait l'entretenir sur un bon pied. Cela fut d'autant plus facile qu'aux transports par chemins de fer s'ajoutèrent bientôt les arrivages par la Seine, dont la navigation depuis Rouen jusqu'à Paris venait d'être rétablie par les soins des ponts et chaussées. Les navires chargés à Londres purent ainsi arriver directement au quai du Louvre.

On peut juger de l'activité avec laquelle les vivres furent dirigés vers Paris par le tableau suivant, des entrées qui ont eu lieu du 2 au 20 février :

16,720 bœufs; 16,130 moutons; 1,920 vaches; 4,956 porcs; 44,706 tonneaux de blé; 41,585 tonneaux de farine; 10,248 tonneaux de biscuits; 2,602 tonneaux de conserves de bœuf; 1,053 tonneaux de conserves de mouton; 6,604 tonneaux de lard; 3,220 tonneaux de salaisons diverses; 9,904 tonneaux de légumes divers; 1,046 tonneaux de beurre; 698 tonneaux de fromage; 2,780 tonneaux de morue; 220 tonneaux marée; 252,000 hectolitres de vin et bière; 4,200 hectolitres d'alcool; 181,000 hect. d'huile; 2,265 tonneaux de fourrage.

Le ravitaillement en combustible suivit de près le ravitaillement en victuailles. Il donna lieu au début à quelques tripotages de la part de négociants qui étaient parvenus à obtenir du gouvernement une réquisition de près de trois mille wagons, sous prétexte de ravitailler les ambulances et les hôpitaux. Ils envoyèrent bien un peu de charbon à ces établissements; mais ils vendirent la plus grande partie aux consommateurs à des prix exorbitants. L'autorité eut connaissance du fait; et pour mettre un terme à cette spéculation, elle taxa le charbon pendant quelques jours. Le 20 février, il était entré depuis le commencement du mois vingt-trois mille tonneaux de houille et trois mille tonneaux d'autres combustibles, ce qui permit de supprimer la taxe.

L'éclairage au gaz ne se rétablit que lentement. Ce n'est que dans le commencement de mars que tous les becs des rues furent allumés. Et même les particuliers, les établissements publics et les théâtres, furent encore obligés de se contenter de pétrole pendant près d'une semaine.

Le service des omnibus reprit vite sur toutes les lignes où il avait cessé, et sur celles où il avait été réduit. Mais les voitures de place demeurèrent très-rares. Elles ne dépassaient pas à la mi-février le nombre de cinq cents pour toute la ville de Paris. Et comme la guerre civile éclata bientôt après, ce service n'eut pas le temps de reprendre son activité des temps prospères.

CHAPITRE XX.

Paris et l'Assemblée nationale depuis les élections jusqu'à l'évacuation de la ville par les Prussiens. — Traité des préliminaires de paix.

I

Dès le 10 février, les Compagnies des chemins de fer d'Orléans et de Lyon avaient repris complétement le service des voyageurs. Mais le parcours du côté de Lille, après avoir fonctionné à cette même époque, fut suspendu quelques jours, à cause de l'encombrement des transports de vivres.

Grâce au rétablissement complet des communications, Paris pouvait désormais connaître tout ce qui se passait en province. Il apprit bientôt que les départements avaient envoyé à l'Assemblée nationale un grand nombre d'ultra-conservateurs, la plupart gens âgés et à sentiments peu ou point républicains. C'était un mélange d'orléanistes et de légitimistes, et de quelques rares bonapartistes. Les départements envahis avaient par contre élu beaucoup de députés du parti républicain. C'était assez dire qu'ils désiraient voir voter pour la continuation de la lutte, ou au moins pour la revendication énergique de l'intégrité du territoire. On voyait aussi figurer parmi les députés de la province, le général Trochu, élu par dix départements, qui avaient conservé sur le compte de ce pauvre homme leurs illusions des beaux jours. Le général Ducrot était également envoyé à la Chambre par la province ; et les Prussiens eurent le bon goût de le laisser tranquillement venir siéger à l'Assemblée nationale, sans lui chercher noise pour son évasion de Pont-à-Mousson. En définitive, le vote des départements avait été en désaccord presque complet avec celui de Paris. Ce résultat n'était pas absolument rassurant pour la mission si délicate que l'Assemblée nationale avait à remplir. Outre la question de paix ou de guerre, elle devait s'occuper de la situation financière et de la rédaction de quelques lois fondamentales, sinon constitutionnelles, devant jouer un grand rôle dans la réorganisation du pays, telles que les lois relatives aux conseils municipaux et généraux.

On craignait beaucoup de cette réunion multiple, composée en partie d'ambitions provinciales acharnées à la poursuite des monopoles, et d'un bon nombre de médiocrités à vues étroites, qui s'étaient glissées sur les listes de scrutin par de petites intrigues. Le plus grand nombre des députés apparaissaient pour la première fois sur le turf parlementaire ; car il se trouvait à peine cent membres des anciennes assemblées dans la nouvelle. On appréhendait la défaillance de caractère et l'incapacité de gens qui avaient usurpé des mandats au-dessus de leurs forces. On redoutait non moins l'emportement de personnages inexpérimentés, dont l'horizon se limite au point de vue du clocher. Ces braves gens transportés sans initiation sur le terrain politique, semblaient peu capables d'embrasser d'un coup d'œil élevé la véritable situation intérieure et extérieure de la France. Enfin, on apercevait dans le lointain des noms qui n'avaient plus donné signe de vie depuis 48, et même de véritables *incunables* parlementaires remontant aux beaux jours de la monarchie de juillet.

Heureusement toutefois qu'on distinguait quelques lueurs, quelques sentiments désintéressés, qui, groupés sous la direction d'un habile *leader*, étaient de nature à devenir une lumière et à créer une force sérieuse pour la direction des affaires.

II

D'après le décret relatif aux élections pour l'Assemblée nationale, cette Assemblée devait se réunir à Bordeaux le 12 février. Le grand théâtre avait été disposé à cet effet.

250 à 300 députés seulement se trouvèrent présents le jour de l'ouverture, sur les 753 représentants que tous les départements avaient eu à élire. Cela tenait à la difficulté des communications et au petit nombre de jours qui séparaient les élections de la première réunion de l'Assemblée. M. Benoist d'Azy prit place comme doyen d'âge au fauteuil de la présidence. Il déclara que les circonstances exigeaient la constitution immédiate de l'Assemblée. Le lendemain 13 février, il proposa que la Chambre fût régie par le règlement de 49, et, par conséquent, divisée en quinze bureaux. A cette séance, M. Jules Favre déposa, au nom de ses collègues de Paris et de Bordeaux, les pouvoirs du gouvernement de la défense nationale. Il prévint d'ail-

leurs que le gouvernement resterait à son poste pour maintenir le respect des lois jusqu'à la constitution du pouvoir exécutif.

Le même jour, un incident fâcheux se produisit. Garibaldi, après avoir donné sa démission de député, comme ne voulant pas abdiquer la nationalité italienne, demanda la parole au moment de la clôture. La majorité la lui refusa sous prétexte qu'il était démissionnaire. Il s'ensuivit dans les tribunes un tumulte indécent. Le président fut obligé de se couvrir et de faire évacuer la salle. Ce refus de la droite, pour ainsi dire brutal, n'était guère politique, et dénotait des idées d'intolérance réactionnaire, qui devaient avoir une influence fâcheuse sur l'esprit de la population parisienne. La Chambre ne se serait guère compromise en laissant parler le héros de Caprera. Garibaldi est un grand enfant. qui recherche volontiers les idolâtres sympathies des foules, mais qui ne les suit pas dans leurs extravagances, quand elles dépassent certaines bornes. Il l'a prouvé, après l'émeute du 18 mars, en refusant catégoriquement, bien qu'avec euphémisme, de se rendre aux pressants appels du comité de la garde nationale, qui voulait le mettre à la tête des bataillons insurrectionnels. Du reste, il a flairé là un danger pour son auréole de popularité. En moins de huit jours, les gardes nationaux de Paris, insatiables dévoreurs d'hommes, s'en seraient lassés comme il se sont lassés de tant d'autres. Au surplus, quoi qu'on ait dit de la valeur et plus encore du mobile des services que Garibaldi nous a rendus pendant la guerre, il n'en est pas moins vrai que lui vieillard, souffrant d'une ancienne blessure, a fait preuve d'un véritable dévouement en venant combattre nos envahisseurs. Il ne demandait qu'à être remercié ou plutôt congédié poliment. Sans compromettre sa dignité, l'Assemblée eût été très-habile en laissant le vieux

saltimbanque italien emporter d'elle plutôt une pensée
de gratitude qu'un souvenir de haine Et pour en finir
avec Garibaldi, je ne puis mieux le dépeindre, lorsque
je l'entends crier contre la *prêtraille*, qu'en le comparant
à ces bons gros chiens campagnards qui aboient à la
vue des gens bien vêtus, mais qu'une simple caresse
apprivoise tout de suite.

III

Sur ces entrefaites, la contribution de guerre de
200 millions imposée à la ville de Paris, était versée
entre les mains de M. de Bismarck. Pour nous témoigner sa satisfaction de l'acquit de cette dette, le chancelier nous autorisa dès ce moment à clore nos lettres,
que jusque-là la poste allemande n'avait admises que
décachetées. Mais en même temps il nous faisait pressentir l'entrée des Allemands à Paris.

Le général Trochu, consulté au sujet de cette entrée
par le journal *la Liberté*, répondit que cette prétention
de l'ennemi était tout à fait en dehors des traditions et
des règles de la guerre, qui sont les titres de noblesse
des vainqueurs et des vaincus. D'après ces règles, disait-il, l'ennemi ne doit pas pénétrer dans une ville,
quand il n'a forcé aucun des points de l'enceinte, pris
d'assaut aucun des forts détachés, enlevé aucune des lignes extérieures de la défense. Néanmoins, les journaux,
avec beaucoup de bon sens, commencèrent une campagne pour conseiller à la population de rester calme
et digne devant une pareille éventualité.

On apprenait d'autre part que les Prussiens ne se
gênaient pas pour continuer des exactions de toutes
sortes dans les provinces qu'ils occupaient. Puis bientôt

on savait qu'un armistice avait enfin été conclu pour les départements du Jura, du Doubs et de la Côte-d'Or. L'une des conditions de cet armistice était la capitulation de Belfort, mais avec les honneurs de la guerre. La garnison sortit avec armes et bagages, ayant à sa tête le brave colonel Denfert, qui l'avait si vaillamment commandée pendant tout le siége. Cette capitulation terminait le cours des événements militaires; et l'armistice pour les armées de l'Est coïncidait avec une prolongation de cinq jours de l'armistice général.

Le gouvernement de la défense nationale avait sollicité une prolongation plus longue, pour aller jusqu'à la conclusion de la paix. Mais M. de Bismarck s'était inflexiblement tenu à ce court terme, en motivant sa résolution par l'appel de notre classe de 72 et les armements activement poursuivis dans les départements du Midi. De fait, en abrégeant le délai, le chancelier de la Confédération avait voulu forcer la main à l'Assemblée nationale, non pas qu'il craignît aucune opposition de la part de la majorité, qu'il savait composée de capitulards à outrance, mais afin de ne pas laisser le temps à des discussions orageuses de se produire.

IV

Entre-temps, l'Assemblée nationale procédait activement à la vérification des pouvoirs. A la séance du 15 février, il y avait déjà 300 élections de validées. Le lendemain, M. Grévy était élu président avec la majorité imposante de 519 voix sur 538 votants.

Le vendredi 17 février eut lieu la mémorable séance où la Chambre nomma presque à l'unanimité M. Thiers chef du pouvoir exécutif de la République, sous le con-

trôle de l'Assemblée, mais avec faculté de choisir lui-
même les ministres. L'acclamation nationale qui venait
de porter M. Thiers à la tête du pouvoir exécutif était
avant tout un cri patriotique. Dans le suprême naufrage de la patrie, toutes les passions et toutes les dissensions devaient s'effacer devant une idée unique.
C'était donc parce que M. Thiers est par excellence un
Français, qu'il représente pour ainsi dire l'incarnation
du mot de patrie, que le suffrage universel se portait
sur lui avec bien plus d'éclat encore qu'il ne l'avait fait
en lui confiant le mandat de député dans un grand nombre de départements. Du reste à un autre point de vue,
quel homme d'État offrait plus de mesure dans le caractère et les actes pour mener à bonne fin la conclusion de
la paix. Malgré toutes ces raisons, bien des gens ne
pouvaient s'expliquer cette quasi-unanimité en faveur de
M. Thiers, dans une assemblée composée d'éléments si
hétérogènes, et qui comptait des ennemis politiques
acharnés de l'ancien ministre de la monarchie de juillet. Ce qui étonnait non moins, c'était l'acceptation du
mot de *République* dans la proposition de nommer
M. Thiers chef du pouvoir exécutif.—Toutefois ce n'était
pas sans tirage qu'on était arrivé à cette heureuse solution. Les conservateurs provinciaux n'ayant pas d'homme
à eux étaient bien obligés de se jeter dans les bras de
M. Thiers; mais ils l'auraient voulu sans la république.
De leur côté, les républicains, surtout les radicaux,
auraient bien désiré la république sans M. Thiers.
Mais vu la gravité des circonstances, tout le monde
comprit qu'avant tout il fallait penser à sauver le pays.
L'immense majorité se rallia dans un compromis autour de l'homme qui était sans conteste le plus capable
de sauvegarder les intérêts de la France. Il n'y eut
d'opposants que quelques bonapartistes qui se trouvaient en face d'un adversaire indomptable, et tous les

ultra-démocrates formalistes de l'école de Delescluze, qui professaient la maxime : « En dehors de nous, pas de salut. »

Le choix de M. Thiers comme chef du gouvernement, et celui de M. Grévy comme président de l'Assemblée, furent accueillis très-favorablement à Paris. Tous les journaux, à l'exception des organes communeux, approuvèrent ces choix.

Indépendamment de la nomination du chef du pouvoir exécutif, une très-importante délibération occupa cette séance du 17 février. Les députés du Haut et du Bas-Rhin, de la Moselle et de la Meurthe, envoyèrent à l'Assemblée une protestation contre la cession de ces départements à l'Allemagne. La Chambre se borna à prendre acte de cette protestation, en évitant de se lier quant aux suites à y donner. Cette réserve était commandée par la situation infiniment délicate où se trouvait la France à la veille des pourparlers de paix. Si l'Assemblée s'en fût départie, elle eût couru le risque de compromettre toute négociation.

Le dimanche 19 février, M. Thiers, dans un bref discours, annonçait à l'Assemblée qu'il acceptait les fonctions de président du gouvernement ; et il faisait connaître la constitution de son ministère. C'était un cabinet de fusion pris dans toutes les nuances politiques et uniquement choisis, disait le chef du pouvoir exécutif, à raison de la capacité des hommes et de l'estime publique qui les entourait. MM. Jules Favre, Dufaure, Picard et Jules Simon, chargés des affaires étrangères, de la justice, de l'intérieur et de l'instruction publique, représentaient dans ce cabinet les républicains modérés. Venait ensuite M. Lambrecht au commerce, libéral à souvenirs orléanistes, mais acceptant la forme républicaine. Un légitimiste très-influent dans le Midi de la France, M. de Larcy, représentait dans le cabinet les traditions de l'ancienne monarchie, avec des tendances très-atténuées par les malheurs des temps; il était chargé des travaux publics. Le général Le Flô restait à la tête du département de la guerre. Le portefeuille de la marine était donné à l'amiral Pothuau, que Paris, on se le rappelle, avait envoyé à l'Assemblée nationale en reconnaissance de sa brillante conduite pendant le siége. Enfin le ministère des finances devait être dévolu à M. Buffet. Mais il déclina cet honneur par crainte des susceptibilités que pouvaient éveiller ses anciennes fonctions de ministre sous l'empire, quoiqu'elles se fussent exercées pendant la période de libéralisme. M. Pouyer-Quertier, l'ancien député de Rouen, bien connu pour ses discours pleins d'*humour* et de loyauté dans l'avant-dernière législature, fut désigné à ce poste quelques jours après. M. Thiers, à la fin de son discours, déterminait nettement quelle était, selon lui, la mission de l'Assemblée : *pacifier; réorganiser ; relever le crédit; ranimer le travail; reformer par l'élection les conseils municipaux dissous;* et puis après avoir fermé les plaies de la France, *relever ses forces, la rendre à elle-même.* En un mot, il indiquait clairement qu'aussitôt l'œuvre de réparation terminée, l'Assemblée nationale devait se dissoudre pour faire place à une Constituante. Cette conclusion n'était pas absolument du goût de l'extrême droite; mais enfin sous la pression des circonstances, elle sembla l'accepter.

A la même séance, M. Jules Favre demanda à la Chambre de se faire représenter par une commission de quinze membres qui se rendrait à Paris, et à laquelle tous les incidents des négociations de la paix seraient communiqués. Après avoir nommé cette commission, l'Assemblée adopta encore deux autres propositions. La première demandait l'ouverture d'un crédit de

100 millions pour la défense militaire et stipulait qu'aucune dépense ne serait faite à l'avenir sans un vote de la Chambre. La seconde réclamait la constitution d'une commission d'enquête, chargée de constater les ressources militaires qui restaient au pays. Cette nouvelle commission fut nommée séance tenante. Pour tous ceux qui connaissaient l'état réel des choses, ce n'était là qu'une simple satisfaction donnée à l'opinion qui demandait la guerre à outrance. Ils savaient d'avance que cette commission n'aurait à constater qu'un terrible désarroi parmi les quelques lambeaux d'armée qui nous restaient encore

V

Ce même dimanche soir, 19 février, MM. Thiers, Jules Favre et Picard, partaient pour Paris, afin d'entrer immédiatement en négociations définitives avec Versailles. Dès leur arrivée, ils se mirent en rapport avec le chancelier de l'empire d'Allemagne et lui demandèrent une entrevue pour le lendemain. A ce moment, on eut l'illusion à Paris de considérer la paix comme déjà signée. Il ne restait plus à discuter, croyait-on, que le chiffre de l'indemnité, qui, un jour, était de quatre milliards, et le lendemain de huit milliards. On s'imaginait que la question territoriale serait tranchée dans le sens le plus favorable aux intérêts français, et en sauvegardant complétement l'honneur national. Mais pour les hommes politiques, c'étaient là de plaisantes interprétations. Ils n'ignoraient pas les exigences de l'Allemagne et la ténacité du chancelier. D'ailleurs, afin d'appuyer ses rigoureuses prétentions, ce dernier continuait à faire arriver en France de nombreuses troupes, comme si la campagne devait reprendre avec une nouvelle vigueur. Sans compter que les Prussiens avaient remis en état dans chacun de nos forts les fronts du côté de la ville, et qu'ils les avaient armés avec leurs Krupp de siége.

Quant à l'intervention des puissances neutres en notre faveur, il ne fallait pas plus y songer maintenant que par le passé. Tout au plus pouvions-nous espérer quelques paroles de condoléance. Pendant deux jours rien ne perça que des conjectures au sujet des conditions mises en avant par la Prusse pour la conclusion de la paix. Tout ce qu'on voyait de plus clair, c'était l'ensemble et l'énergie avec laquelle toute la presse germanique affirmait la volonté absolue de l'Allemagne de n'admettre aucune intervention des neutres entre les belligérants. En outre le bruit de l'entrée de l'armée allemande ou au moins d'une partie de cette armée dans Paris, reprenait avec plus d'intensité que jamais. On prétendait que M. Thiers insistait pour qu'elle n'eût pas lieu, mais que selon toutes les probabilités il n'obtiendrait pas gain de cause. Le chef du pouvoir exécutif avait fait ressortir en vain, disait-on, les grands dangers qui pourraient en résulter, et la grave responsabilité qui pèserait sur les autorités prussiennes, si elles persistaient dans un projet aussi dangereux. Toutefois ce point ne semblait pas devoir entraîner une rupture ; car l'armistice qui se terminait le 24 à midi, était prolongé jusqu'au dimanche 26 à minuit.

Entretemps, nous parvenaient des départements occupés des lettres annonçant que les réquisitions prenaient le caractère de véritable pillage. Les officiers et les soldats ennemis se permettaient de mettre la main sur des meubles et des objets précieux ; et sans plus de façons les envoyaient en Allemagne ou les revendaient à des juifs.

Tout à coup, alors que tout doute semblait avoir

disparu sur la signature imminente de la paix, on apprit dans la journée du 24 que sa conclusion n'avait jamais été aussi incertaine Nos négociateurs ne voulaient pas accepter les conditions de M. de Bismarck; et ce dernier refusait toute prolongation d'armistice, à moins d'avoir la certitude que ses propositions ne seraient pas rejetées au dernier moment. On annonçait même que divers corps allemands avaient déjà fait des mouvements en vue d'une reprise des opérations militaires Et de fait, on a appris depuis qu'il y eut un moment où les relations devinrent extrêmement tendues, surtout à une certaine séance, où M. de Bismarck, sous l'influence d'une de ses violentes crises de névrose, fut très-cassant et mit presque le marché à la main. Heureusement que grâce à la ténacité et à l'habileté de M. Thiers, tout finit par s'arranger et être conclu définitivement. Le chef du pouvoir exécutif avait eu à lutter non-seulement contre M. de Bismarck, mais un instant aussi contre l'entêtement de l'empereur Guillaume, qui exigeait absolument et Belfort et l'entrée des Prussiens à Paris. M. de Moltke s'interposa, dit-on; et invoquant son amour pour la patrie allemande, il finit par fléchir l'empereur, qui se décida à renoncer à la possession de Belfort. Les négociations commencées le lundi 20 février ne furent terminées que le samedi 25 à dix heures du soir, et le dimanche 26 au matin le traité fut enfin signé à Versailles.

Au milieu de ces alternatives, l'opinion publique commençait à se faire à l'idée d'une entrée des troupes allemandes à Paris. On espérait d'ailleurs que l'occupation ne serait que partielle et de courte durée.

VI

Sur ces entrefaites, on apprenait de Bordeaux que le duc d'Aumale et le prince de Joinville, déjà à Libourne, s'étaient mis en route pour le siége actuel de l'Assemblée. Ils avaient été élus dans deux départements à une grande majorité; et la Chambre avait remis à plus tard la validation de leur élection. Ils désiraient probablement accélérer par leur présence la solution qui les concernait.

Dès que M. Thiers fut prévenu de cette nouvelle démarche intempestive de leur part, il leur fit déclarer que leur présence en France, contraire à la loi, lui imposerait l'obligation de les expulser, ou de se démettre de ses fonctions. Les princes avaient oublié cette maxime de M. de Talleyrand : *« surtout pas de zèle. »* Ils venaient encore de faire école. Ils prirent néanmoins la résolution d'attendre loyalement la décision de l'Assemblée, et en avisèrent par lettre le président M. Grévy.

Vers la même époque, le duc de Broglie, qui venait d'être nommé ambassadeur à Londres, se rendait à son poste pour prendre part aux dernières conférences relatives au traité de 1856, ou plutôt pour apposer simplement sa signature au bas d'un acte que la France était obligée de subir, et auquel l'Angleterre elle-même, par suite de sa politique égoïste, n'avait pu même songer à faire opposition.

On avait aussi connaissance à Paris d'un message du président Grant au Sénat de Washington, demandant à élever le représentant diplomatique des États-Unis à Berlin, devenu capitale de l'empire allemand, au même rang que les envoyés accrédités à Paris et à Londres. Le message faisait un éloge pompeux de l'Allemagne et de ses institutions. Tous nos bons doctrinaires du républicanisme firent du rapport présidentiel tout un événement. Ils crièrent presque à la trahison. Mais, au demeurant, ils avaient grand tort de s'étonner de l'esprit dans lequel ce document avait été rédigé. Ils ne comprenaient pas que les Yankee sont patriotes avant d'être républicains, et que la forme du gouvernement des États-Unis n'a été adoptée après la guerre de l'indépendance que comme le système s'adaptant le mieux aux besoins et aux aspirations du pays. En un mot, en Amérique l'intérêt de l'État prime les sympathies platoniques. On aurait dû cependant être édifié depuis longtemps sur ce point par les amicales relations que le gouvernement de l'Union entretient depuis bon nombre d'années avec l'autocrate de toutes les Russies. En ce qui concerne la Confédération germanique, les pouvoirs publics à Washington désirent avant tout tenir compte de la puissance politique dont disposent les colons que l'Allemagne a déversés sur le territoire américain depuis plus d'un quart de siècle. La proclamation de la République et nos malheurs, ont bien pu raviver les sympathies très-ardentes des États-Unis pour la France avant la guerre du Mexique. Mais ce revirement n'a pas eu l'intensité qu'on a pu lui attribuer à Paris, ni porter atteinte à l'intimité et à la cordialité des relations établies déjà avant la guerre entre les cabinets de Washington et de Berlin.

Je me rappelle, à ce sujet, quelle est la profonde ignorance de la population parisienne pour les choses sérieuses; et combien ses grands prêtres la laissent, comme à plaisir, plongée dans la sombre ornière de leurs théories subversives et insensées.

Le lendemain du 4 septembre ne s'imaginait-elle pas
que la proclamation de la République allait nous procurer immédiatement l'alliance armée de l'Amérique.

VII

Le dimanche 26 février, Paris était enfin tiré d'incerti-
tude sur la question de la paix. Il apprenait qu'un traité
de préliminaires venait d'être signé, et que M. Thiers
allait repartir aussitôt pour Bordeaux, afin d'en soumettre les conditions à l'Assemblée nationale et de les faire
ratifier à bref délai. L'armistice était du reste prolongé jusqu'après cette ratification. Ces conditions comprenaient
en substance une indemnité de guerre de 5 milliards, la
cession de l'Alsace et de Metz; mais Belfort restait à la
France, à la condition toutefois que les Allemands occuperaient quelques quartiers de Paris jusqu'à la ratification des préliminaires de paix par l'Assemblée
nationale. Ces conditions, par trop léonines, produisirent une émotion profonde et une douleur poignante
dans tout Paris. Tous les journaux, même les plus calmes, s'écriaient que nos ennemis poussaient le droit de
la force jusqu'au delà des limites qui pouvaient laisser
entre les deux peuples quelque espoir de réconciliation.
On criait bien haut que c'était une véritable paix de
Mohicans, la trêve de l'Indien qui s'adosse un instant à
l'arbre voisin pour respirer et prendre le temps de
s'élancer de nouveau sur son ennemi. En même temps,
les négociants s'empressaient de former des ligues pour
exclure désormais les Allemands des maisons de commerce. Mais cette grande animosité, plus superficielle
que profonde, ne devait guère se prolonger. Les
Prussiens du dedans sont devenus, par leur criminelle

guerre civile, bien plus odieux que les Prussiens du dehors, qui, en somme, ont fait la guerre d'étranger à
étranger, et non celle de Français à Français. Aussi la
haine et l'indignation de tous les honnêtes gens contre
les communeux, a déjà laissé bien en arrière leur anti-
pathie contre les Allemands.

Le dimanche où nous sommes fut pour Paris comme
le prélude des jours de désolation qui allaient bientôt
survenir. La signature de la paix, la nouvelle de l'entrée des Prussiens, le message du Président des États-
Unis, tout cela avait jeté une grande animation dans
les esprits. La population était toute en fièvre.

Les rouges, sans cesse à l'affût d'une occasion, se
hâtèrent de profiter de la surexcitation générale pour
sonder le terrain. Bien des scènes déplorables se produisirent ce jour-là, grâce à leurs adeptes. Il y eut
d'abord un affreux assassinat commis sur la place de la
Bastille. Un inspecteur de police eut une altercation
avec un passant, qui l'avait vu prendre des notes au
crayon. Il fut aussitôt accusé par la foule d'avoir blessé
d'un coup de casse-tête son interlocuteur. Mais il a été
prouvé plus tard que ce malheureux n'avait sur lui qu'un
porte-monnaie, une montre et une carte d'inspecteur de
police. Toujours est-il qu'il fut saisi par quelques misérables, appartenant à cette lie parisienne dont nous verrons dans la suite se dérouler les infâmes exploits.
Parmi eux se trouvaient de jeunes chasseurs à pied,
très-probablement des recrues de 1870 levées à Paris
pendant le siége. Après avoir cruellement maltraité
leur victime, ils la garrottèrent et la jetèrent impi-
toyablement dans la Seine à la hauteur du quai
Henri IV. Le pilote d'un bateau-mouche s'était approché
pour lancer la bouée de sauvetage à l'endroit où il avait
vu tourbillonner l'eau. Mais, soit qu'il eût peur des menaces que lui adressait la populace, soit plutôt, nous

l'espérons, qu'il ne comprit pas ce dont il s'agissait, il finit par s'éloigner. Cette scène de cannibales s'accomplit en plein jour et devant des milliers de spectateurs. L'immense majorité réprouvait cet acte de barbarie, à peine quelques centaines de gredins, parmi lesquels bon nombre d'affreux gamins de Paris, s'y associaient par leurs cris. Cependant cette majorité eut l'insigne lâcheté de laisser commettre un tel forfait sous ses yeux sans s'y opposer. Ah! que ce sont bien là ceux qu'on appelle les honnêtes gens, gens sans courage et sans initiative, qui devaient, pour les mêmes motifs, subir à peu de temps de là le joug honteux de la Commune. Cet événement odieux fut suivi quelques jours après d'un attentat moins meurtrier, quoique aussi barbare, contre trois autres agents de police. Mais ces faits soulevèrent peu ou point l'indignation publique. Ce fut ainsi un triste encouragement pour les fauteurs de ces crimes. Ils y puisèrent la conviction que la faiblesse et l'indifférence des hommes d'ordre laisseraient le champ libre à leurs forfaits.

Au récit de ces infamies, bon nombre de placides bourgeois se disaient : Après tout ce ne sont que des agents de police. Ils oubliaient que la fureur de la populace contre ces agents n'est en définitive que la haine contre la loi, la morale et la propriété, toutes choses que le misérable sans conscience foule criminellement aux pieds en toute occasion, et que les soi-disant conservateurs abandonnent, au premier péril, avec une mollesse, une lâcheté même, qui n'a d'égale que leur manque de jugement sur les conséquences de leur défection.

Quel plus funeste exemple pour encourager le public dans ce détestable ordre d'idées, que l'exemple donné par le gouvernement du 4 septembre, lorsqu'il eut l'inique faiblesse de faire relâcher au lendemain de la révolution deux assassins qui devaient jouer plus tard un rôle important dans l'insurrection communeuse. Nous voulons parler de Mégy, alors détenu au bagne de Toulon pour le meurtre d'un exécuteur de la loi dans l'exercice de ses fonctions, et du sieur Eudes, qui quelques jours avant le 4 septembre avait tué un pompier à la Villette dans une tentative d'émeute.

Oui, il est temps, si le régime sérieux de la République, qui est celui du respect des lois avant tout, s'établit en France, que les hommes d'ordre au moins cessent de considérer l'agent de police comme un être méprisable et déclassé, qu'on doit craindre quand il est le plus fort et écraser quand il est le plus faible. J'en conviens, l'Empire avait fait des sergents de ville les instruments de son despotisme, au lieu d'en faire les instruments de la loi. Il ne leur laissait le choix qu'entre la misère ou l'accomplissement d'ordres souvent illégaux. Du reste, ils obéissaient la plupart du temps sans avoir conscience de l'arbitraire des actes qu'on exigeait d'eux. J'ai appris à estimer ces pauvres gens quand je les ai vus payer bravement de leur personne pendant le siége. Après leur licenciement, un grand nombre d'entre eux furent groupés en un corps spécial, qu'on engagea souvent dans les sorties, et qui se battit vaillamment.

Pour l'avenir le rôle du gouvernement est tout tracé à l'égard des agents de police : qu'il ne mette à leur tête que des gens honorables, incapables de jamais faire violer la loi en faveur de qui ou de quoi que ce soit ; et le respect ne tardera pas à entourer ceux qui ne seront plus désormais que les fidèles gardiens de la sécurité et de la morale publiques.

VIII

En même temps que s'accomplissait le crime barbare que nous venons de relater, on construisait des barricades dans les faubourgs, sous le prétexte de s'opposer à l'occupation de Paris par les Prussiens. De nombreux bataillons de la garde nationale commençaient sous ce même prétexte et aussi afin de célébrer l'anniversaire de la révolution de 48, une série de promenades militaires ayant pour objectif la place de la Bastille. Ils défilaient précédés d'insignes peu rassurants, et avec une allure fanfaronne et provocatrice. Ce qui était encore plus inquiétant que ces défilés mêmes, c'était le mélange de gardes mobiles parisiens, de zouaves et de francs tireurs en tenue débraillée, qu'on remarquait au milieu des bataillons.

La soirée ne fut pas plus calme que la journée. Le rappel, la générale, le tocsin, retentissaient de tous côtés. Bientôt une multitude en armes à laquelle s'étaient jointes des femmes, se ruait sur le parc d'artillerie de la garde nationale, transporté depuis peu à la place Wagram, et s'en emparait, en prétendant empêcher ainsi le parc d'être livré à l'ennemi. Ce motif semblait du reste assez plausible, si on songe que l'autorité laissait justement sans aucune raison les canons tout près des quartiers que les Prussiens devaient occuper pendant leur séjour à Paris.

Pièces d'artillerie et mitrailleuses furent emmenées triomphalement, partie à Montmartre, partie place des Vosges (ex-place Royale). On ne songea pas un instant à les faire enlever par quelques régiments de ligne, ou même par quelque bon bataillon de la garde nationale, qui aurait pu s'interposer, convenir que les pièces seraient conduites dans un lieu central, pour être réparties dans le plus bref délai entre les divers arrondissements.

Le lendemain, lundi, pour compléter la fête, les émeutiers pillaient une poudrière à la Villette. Ils allaient ensuite tranquillement délivrer à Mazas le chef de bataillon Brunel, qui avait été incarcéré, on se le rappelle, à la suite de sa plaisante prétention de prendre le commandement d'une sortie générale contre les Prussiens après la signature de l'armistice. D'un autre côté, une bande de gardes nationaux se rendait à la caserne de la Pépinière, afin d'exciter les marins à venir se joindre à eux pour une manifestation. Quelques matelots y consentirent ; mais tous les entraînés, à l'exception de huit, rentrèrent le soir même à la caserne. MM. de l'Internationale se faisaient ainsi la main pour l'embauchage des troupes quelques jours après.

Le gouvernement avait accepté temporairement le système de laisser libre cours aux manifestations, de subir même certains abus de force dans les quartiers excentriques, le tout afin de ne pas provoquer une collision devant les Prussiens, qui auraient pu s'en autoriser pour s'emparer complétement de la ville. D'ailleurs l'autorité sentait bien que les moyens lui manquaient pour se faire respecter. Elle n'avait à sa disposition, on s'en souvient, qu'une division de 12 mille hommes fatigués et dégoûtés. Quant à la garde nationale, elle n'avait plus de commandant en chef. Clément Thomas s'était retiré ; et le général Vinoy avait été obligé de s'en charger transitoirement, comme d'ailleurs de tout l'ensemble de Paris, car la plupart des gouvernants du 4 septembre avaient pris la route de Bordeaux. On essaya bien de faire diriger la garde nationale par les chefs de secteur pour le maintien de la tranquillité. Mais cette combinaison ne réussit pas. Depuis plusieurs jours déjà, la dislocation des secteurs existait moralement, sinon de fait. Dès le 18 février, on avait eu l'inexplicable et malencontreuse idée de substituer des généraux de l'armée de terre aux amiraux qui les dirigeaient depuis le commencement du siége. Bien plus les locaux des états-majors furent changés de place, sous prétexte de les rapprocher du centre de Paris. Quelque temps après, les nouveaux commandants furent à leur tour remplacés par des colonels. Enfin, ceux-ci cédèrent la place à des officiers supérieurs de la garde nationale. En un mot, de ce côté encore, il y eût une véritable débandade. L'attention de M. Jules Favre fut cependant appelée sur l'importante question des secteurs. Des amis sincères et bien au courant de l'état des choses à Paris, l'avaient supplié de faire maintenir *intégralement* cette excellente organisation, jusqu'à ce que les affaires aient repris leur cours, et que tous les ouvriers fussent rentrés dans leurs ateliers. Si on eût suivi ce conseil, les scènes de désordre que nous venons de décrire, l'anarchie qui a précédé l'émeute du 18 mars, et conséquemment cette émeute elle-même et la guerre civile qui l'a suivie, n'auraient certainement pas eu lieu. Avant la désorganisation des secteurs, le service de la garde nationale s'y trouvait centralisé par double arrondissement. Leurs commandants primitifs avaient depuis de longs mois d'excellentes relations avec les chefs de bataillon et les officiers. Ils étaient accoutumés à leur donner des ordres et à les réunir rapidement dans des locaux bien connus. Ils auraient pu parfaitement s'entendre avec eux pour faire répartir également les canons de la garde nationale entre les divers bataillons. En second lieu, rien n'eût été plus facile que de constituer régulièrement des comités qui, sous la présidence de ces mêmes commandants, auraient débattu les intérêts des gardes nationaux. De cette façon, le faisceau qui s'est formé plus tard entre des bataillons ou plutôt des fractions de bataillons appartenant à des secteurs différents, n'auraient eu aucun motif ni aucune facilité pour se constituer. Enfin comme les hommes de chaque bataillon avaient servi ensemble pendant le siége, soit sur les remparts, soit aux tranchées, il s'était établi entre eux une certaine fraternité d'armes. Cette fraternité eût certainement empêché les exaltés de rompre en visière avec leurs compagnons, surtout dans l'intention de se battre ensuite contre eux. Ni le gouvernement, ni le général Vinoy, ne songèrent à aucune de ces considérations. Et qui pis est, ils ne pensèrent pas davantage aux dépôts de poudre et de munitions qui existaient dans chaque secteur. Il n'en fut fait que remise partielle à l'artillerie. Celle-ci renmagasina toutes ces remises à l'École d'état-major, rue de Grenelle, dans les caveaux du Panthéon et les poudrières du fort de Vincennes, qui lui servaient de dépôts centraux. Au moment de l'émeute du 18 mars, la dislocation complète du service des secteurs fit que personne ne songea à noyer les poudres dans les magasins particuliers ; pas plus du reste que l'artillerie ne s'occupa de ses dépôts centraux, dont elle aurait dû, d'ailleurs, aussitôt après la paix, faire diriger le contenu en province. Les émeutiers eux, se souvinrent bien de ces nombreuses réserves. Ils y trouvèrent des munitions toutes préparées et en quantité effrayante. — A la vue de ces nouvelles fautes, on demeure atterré devant une aussi fatale et mystérieuse série d'imprévoyances et d'oublis.

IX

L'entrée des Prussiens, d'abord annoncée pour le 27 février, fut remise au 1er mars. Une communication signée de M. Picard, resté à Paris avec M. Jules Favre pour y représenter le gouvernement, l'annonçait officiellement le lundi matin.

Si Paris peut être consolé de l'entrée des Prussiens, disait-on, c'est par la pensée que cette souffrance assure au pays la restitution de Belfort, tant de fois et naguère encore illustré par la défense de nos soldats. Les troupes allemandes, au nombre de 30 mille hommes, devaient occuper l'espace compris entre la Seine et le faubourg Saint-Honoré d'une part, la place de la Concorde et le secteur de Passy de l'autre. La communication de M. Picard se terminait par un appel au patriotisme des habitants de Paris. Il les conjurait de rester calmes, unis dans le malheur et dans l'honneur.

Tous les journaux, même les ultra-radicaux, furent unanimes pour donner au peuple le même conseil. Ils annoncèrent qu'ils ne paraîtraient pas pendant la durée de l'occupation. La Bourse et les théâtres devaient, de leur côté, rester fermés. Il était convenu du reste que les Allemands ne pourraient sortir du quartier qu'ils occuperaient, et que tous les abords en seraient gardés par des troupes françaises. Les boutiquiers et les commerçants de Passy, des Ternes, des Champs-Élysées et du faubourg Saint-Honoré, se donnaient le mot pour fermer leurs établissements. Les familles de ces quartiers faisaient des provisions pour quelques jours, afin de ne pas être obligées de sortir.

Le mercredi matin 1er mars, plusieurs bataillons prussiens, réunis dès la veille au bois de Boulogne, firent leur entrée à Paris par l'avenue de la Grande-Armée. Mais ce n'est qu'à midi que le corps d'occupation, sous les ordres du général Kamecke, pénétra par la même voie dans la ville, après avoir été passé en revue par l'Empereur au champ de courses du bois de Boulogne. Au moment de l'entrée de ce corps, une foule de gamins allèrent s'empiler sous l'arc de triomphe de l'Étoile. Grimpés partout, ils couvraient le monument presque en entier. La cavalerie allemande arriva au galop, sabre en l'air, pour passer sous l'arc de triomphe. Les gamins ne bougèrent pas plus que les pierres de l'édifice. Il y eut hésitation chez les cavaliers ; mais un officier supérieur accourut et fit signe aux troupes de passer à droite et à gauche. Alors cris de triomphe et huées des enfants. Sur le reste du parcours, on voyait à peine quelques curieux appartenant du reste à la classe des rôdeurs de barrière.

A la suite de la cavalerie, les colonnes s'avançaient musique en tête et enseignes déployées. On était frappé de la cadence accélérée des soldats, et de la tenue superbe de cette magnifique armée. Tous, chevaux compris, étaient florissants de santé, grâce à l'habileté et à la méthode des chefs, qui avaient su dans toute cette longue campagne assurer à leurs hommes et à leurs bêtes non-seulement le nécessaire, mais même le confort. Quel contraste avec cette pauvre armée de Paris, délabrée et épuisée par le manque de soins et de prévoyance ! Après la première division venait l'état-major général, le prince royal de Prusse, plusieurs princes allemands et von Bismarck. Il n'y eut nulle part ni cris ni démonstrations. Les quartiers occupés étaient presque déserts ; tout y était fermé, boutiques, portes et fenêtres.

Les troupes allemandes furent logées en partie au palais de l'Industrie, au Cirque et au Panorama, en partie dans les maisons particulières. L'état-major s'installa au palais de l'Élysée. L'autorité militaire prussienne prit d'ailleurs les précautions les plus minutieuses pour maintenir la discipline et empêcher toute cause de conflit avec les habitants.

De même que dans les quartiers envahis, on avait, dans tout le reste de Paris, fermé les magasins. Comme les boutiquiers se trouvaient ainsi oisifs, les boulevards et les principales rues non occupées par les Allemands, furent bientôt remplis d'une foule immense de promeneurs à l'air triste et consterné. Des drapeaux noirs étaient arborés à beaucoup de maisons. Aux abords des lignes prussiennes, on apercevait quelques curieux, surtout des femmes et des enfants, poussés de ce côté par l'effet d'une invincible curiosité. Un assez grand nombre d'étrangers, Anglais pour la plupart, s'empressaient d'aller faire le tour des quartiers occupés. Sur divers points, on insulta ou maltraita comme espions les personnes qu'on avait vues causer trop familièrement avec les Allemands. Mais, somme toute, la population demeura calme et digne. Les journaux tinrent leur parole : tous, sauf l'*Officiel*, s'abstinrent de paraître.

Heureusement que cet état de choses ne dura pas longtemps. Comme nous le verrons tout à l'heure, M. Thiers avait mené les choses militairement à Bordeaux. Mercredi soir 1er mars, le vote en faveur des préliminaires de paix était enlevé d'emblée. Le jeudi matin l'*Officiel* nous l'annonçait, et il prévenait que le ministre des affaires étrangères allait à Versailles pour obtenir dès le lendemain l'évacuation de Paris.

Le jeudi, même jeu que la veille de la part de la population parisienne. Il y eut toutefois un peu d'agitation aux portes du Louvre et du Carrousel. Les Allemands s'y promenaient, comme cela avait été convenu entre les autorités françaises et prussiennes. C'était là, soit dit en passant, une singulière distraction qu'on avait ménagée à nos vainqueurs. Les tableaux du Musée du Louvre et les objets curieux étaient déménagés depuis le commencement du siége, et les fenêtres étaient encore bouchées par les sacs à terre placés comme pare-à-bombes. Mais enfin ils voulaient pouvoir dire qu'ils avaient visité les monuments de Paris. Dès que la foule les eut aperçus, leur triste et piteuse visite fut troublée par les insultes des gamins. Ceux-ci accoururent le long des grilles qu'on avait fermées ; et ils se mirent à jeter, à travers les barreaux, des bouchées de pain aux soldats alliés, comme aux animaux du Jardin des Plantes, le tout accompagné de cris et de coups de sifflet. On fut obligé de placer des toiles devant les grilles pour dérober au public la vue des ennemis, ce qui fit dire plus tard aux étrangers qui détestent la morgue germanique, qu'on avait mis ces bons Teutons sous toile.

Sur la place de la Concorde, plusieurs soldats allemands s'approchèrent des gardes nationaux qui surveillaient la ligne de démarcation des quartiers occupés. Ils demandèrent, le sourire aux lèvres, des renseignements sur les monuments. On ne leur répondit pas un mot. Dans d'autres endroits, quelques Prussiens voulurent tendre la main aux habitants, en leur disant : « maintenant la paix est conclue ; nous sommes amis. » Mais là ils ne furent pas mieux reçus. Enfin, divers officiers déguisés ayant eu l'imprudence de pénétrer dans la ville, furent reconnus par la population, et ne durent

leur salut qu'à la protection de quelques chefs énergiques de la garde nationale.

Enfin, suivant la promesse de l'*Officiel*, le vendredi
à la pointe du jour, l'évacuation commençait; et le dernier Germain passait à dix heures devant l'Arc de
Triomphe. A midi avait lieu au bois de Boulogne une
revue de 100 mille hommes par l'empereur Guillaume.

Dès ce moment, Paris était rendu à lui-même; les
journaux reparaissaient, et la vie normale se rétablis-
sait. La conduite des Parisiens avait témoigné hautement de leur cœur et de leur profond chagrin dans cette
dure épreuve. Néanmoins, on voyait encore poindre au
fond de tout cela la détestable vanité de cette population légère et véritablement débauchée par le dévergondage des idées les plus fausses. Après l'évacuation
des Allemands, les rues ne cessèrent d'être remplies
de gens du peuple en uniforme, se promenant avec
une jactance qui n'était dépassée que par leur malpropreté.

Pour rendre justice à chacun, nous déclarerons volontiers que la conduite des Allemands a été irréprochable pendant l'occupation de Paris, et que leur inflexible discipline a prévenu tout conflit. Mais on se
demande vraiment comment von Bismarck, avec son
habileté consommée, a pu exiger une aussi mesquine
occupation. Il ne pouvait espérer de cette façon donner
à la grande Allemagne, au *Vaterland*, une glorieuse
satisfaction, après une campagne signalée par tant de
victoires, et sans égale dans les fastes de l'histoire par le
nombre des envahisseurs qui fut de près de 1,400 mille.
On ne comprend pas que, pour faire tant que d'avoir
outre-passé son droit strict, le chancelier de la Confédération n'ait pas exigé une véritable entrée triomphale,
dans laquelle l'armée allemande aurait traversé tout
Paris, bannières et enseignes déployées. S'il a craint de

terribles conflits dans les rues entre ses soldats et ceux qu'il appelle les *gentilshommes du pavé*, que n'a-t-il franchement renoncé à toute occupation. Il y aurait eu au moins une apparence de générosité ; et il n'aurait pas exposé ses troupes au rôle vraiment ridicule qu'elles ont joué pendant deux jours à Paris. Tout cela ne peut s'expliquer que par l'entêtement du roi Guillaume, qui mit le marché en main à M. Thiers, en l'obligeant à opter entre l'entrée des Prussiens à Paris ou la cession de Belfort. L'Empereur se serait écrié : « Mon armée et la nation allemande tout entière demandent l'entrée à Paris, comme une revanche de l'entrée triomphale des Français à Berlin en 1810. » Une entrée triomphale, c'était bel et bon à dire ; mais comme il fallait concilier cela avec la prudence habituelle des Prussiens, qui n'aiment pas s'exposer à découvert, Guillaume se résigna au compromis d'une courte et mesquine occupation de quelques quartiers.

XI

Revenons un peu sur nos pas ; et voyons ce qui s'était passé à Bordeaux depuis la signature du traité des préliminaires de paix à Versailles. Aussitôt après cette signature, M. Thiers rejoignit le siége de l'Assemblée avec la commission qui avait été désignée pour suivre les négociations. Dès son arrivée, cette commission fut chargée de l'examen du projet de loi relatif au traité en question. Je n'ai pas besoin de dire qu'elle était unanimement favorable à l'adoption du projet, d'autant que l'enquête faite, plutôt pour la forme que pour le fond, sur l'état de nos ressources militaires pour la continuation de la guerre, avait démontré l'impérieuse nécessité de cesser la lutte.

Le mercredi 1ᵉʳ mars, la séance de l'Assemblée fut ouverte à une heure. Il y fut donné lecture du rapport du comité concluant à l'acceptation des préliminaires de paix. Ce rapport exprimait l'espoir qu'aucun membre de la Chambre ne chercherait à se mettre à l'abri en s'abstenant de voter, ce qui eût été déserter ses devoirs et abdiquer toute responsabilité. La lecture du rapport fut interrompue à divers intervalles par des protestations et des exclamations ironiques poussées principalement par les ultra-radicaux. Ceux-ci plus verbeux que pratiques, et pour la plupart peu ou point fortunés, ne se préoccupaient que médiocrement des gens que pouvait ruiner la continuation de la guerre, pourvu que par leurs criailleries ils missent à couvert leur véreuse popularité.

Un député de la Moselle, pour un motif bien plus digne, adjure l'Assemblée de repousser les conditions proposées. Il termine son discours en déclarant qu'un seul homme doit signer un tel traité, et que cet homme c'est Napoléon III. A ces paroles, une grande agitation se produit dans toute la Chambre. Les quelques députés bonapartistes protestent avec énergie. M. Conti, ex-chef du cabinet de l'Empereur, monte à la tribune, pour justifier son maître.

Au moment où il énonce une pareille prétention, le désordre devient indescriptible. Victor Hugo se rue comme un sanglier sur la tribune. Schœlcher vient à la rescousse. Conti tient tête à l'orage pendant quelques instants. Mais après plusieurs phrases décousues et sans suite, prononcées au milieu du tumulte, il se décide à regagner sa place au milieu des cris de : « La déchéance ! La déchéance ! » poussés de tous les coins de l'Assemblée. Après la retraite de M. Conti, le calme ne se rétablissant pas, le président se couvre et suspend la séance. Elle est reprise une demi-heure après ; et un membre dépose d'urgence une motion pour que l'Assemblée nationale close l'incident, et confirme en face de protestations et de réserves inattendues la déchéance de Napoléon III et de sa dynastie. Les bonapartistes cherchent à lutter pendant quelques instants contre la prise en considération de cette motion. M. Thiers monte alors à la tribune au milieu d'applaudissements frénétiques. Après quelques paroles où il flétrit avec calme et dignité le régime impérial, il déclare hautement que, malgré les protestations des partisans du régime déchu, l'Assemblée est souveraine, et que trois soi-disant plébiscites solennels ne peuvent primer le droit national exprimé pour la première fois depuis vingt ans par des élections parfaitement libres. Il demande ensuite la clôture de l'incident dans les termes où elle a été proposée. La clôture est mise aux voix et adoptée à une très-grande majorité. Quelques membres seulement se lèvent à la contre-épreuve ; quelques autres s'abstiennent.

Eh bien, en historien consciencieux, je ne puis m'empêcher de rendre justice au courage, digne d'une meilleure cause, qu'a déployé en cette circonstance M. Conti. Je dirai même qu'il n'a fait qu'accomplir son devoir d'homme de cœur, si toutefois la cassette impériale ne joue plus aucun rôle dans ses convictions. Oui, j'aime à lui rendre cette justice ; car pour qui connaît les masques, combien parmi toutes ces bonnes gens de province qui ont surenchéri sur le *tolle* poussé par la gauche, combien y en a-t-il qui n'étaient que les très-humbles serviteurs des préfets de l'empire ! Beaucoup d'entre eux auraient dû se rappeler qu'ils avaient été jadis candidats officiels au conseil général de leur département ; et que s'ils n'avaient pu obtenir de l'être pour le Corps législatif, ce n'était pas faute d'envie ni de démarches.

Je le veux bien, vous avez fait là votre *meâ culpâ*, mes honorables.; mais il fallait le faire moins bruyamment et avec plus de dignité. Ne deviez-vous pas vous taire d'abord ; puis au moment du vote pour prononcer la déchéance, vous lever avec calme en baissant la tête au souvenir de vos défaillances?

XII

Après la clôture de l'incident, Victor Hugo embouche la trompette pour protester poétiquement contre la seule solution pratique que l'assemblée pouvait adopter.

Ce lyrique flagorneur des masses, — qui en somme avait assisté au siége les pieds dans sa chancelière — déclare pompeusement : « qu'il a vécu pendant » cinq mois de la même vie que Paris, Paris qui » depuis cinq mois combat et fait l'étonnement du » monde. Ces cinq mois de république ont été cinq » mois d'héroïsme. Paris a fait face à toute l'Alle- » magne; une ville a tenu en échec une invasion de » dix peuples coalisés. 300 mille pères de famille se » sont improvisés soldats dans cette ville qu'aucune » n'égale dans l'histoire, majestueuse comme Rome, » stoïque comme Sparte, etc. » Et toutes ces inepties, qui n'avaient pour elles que le style ronflant et sonore du grand poëte, étaient couvertes de bravos, auxquels prenait part la bonne droite elle-même, ébahie par des phrases aussi brillantes que vides de sens. L'assemblée oubliait ainsi que la politique ne consiste pas dans les figures et les tropes animés à l'usage des clubs, mais que c'est en mettant les moyens en rapport avec le but qu'on fait habilement les affaires d'un pays.

Ah ! monsieur Victor Hugo, parlez-moi de votre Paris, parlez-moi de vos gardes nationaux devenus soldats ! Vous appelez cela de l'héroïsme parce qu'ils ont mangé quelques biftecks de cheval, et que la plupart d'entre eux ont joué pendant quatre mois au bouchon et plus encore à la bouteille, au prix de fr. 1.50 par jour pour les garçons et de fr. 2.50 pour les pères de famille.

Vous me répondrez que la responsabilité de leur inaction doit retomber sur le gouvernement de la défense nationale. J'accepte cette opinion, et je l'ai même émise plus haut en stigmatisant en des termes énergiques les hommes du 4 septembre. Il n'en demeure pas moins acquis qu'on ne peut appeler des héros, sous prétexte qu'ils auraient pu faire beaucoup, des citoyens qui, pour la plupart, ont passé tout le temps du siége à se promener, préférant à tout le *farniente* et les joyeuses libations. Et au surplus, que pensez-vous aujourd'hui de ces grands patriotes de toutes les classes de la société parisienne ? les uns par leur méprisable faiblesse ou leur coupable indolence, les autres par la soif d'assouvir leurs passions socialistes, tous, par un égoïsme sans nom, ont fait subir à leur malheureux pays plus longtemps et plus durement le joug de l'étranger, et ont abandonné leur *ville sainte*, leur *centre de la civilisation et des lumières*, à toutes les horreurs d'une guerre civile sans précédent dans l'histoire. Vous n'avez pas encore exprimé votre opinion actuelle sur la première catégorie de vos héros. Mais vous venez d'écœurer le monde honnête, en prenant contre la société le parti des brigands qui ont brûlé Paris. Ah ! vieille coquette de la populace, comprenant que le public intelligent est las de considérer comme de grands citoyens les écrivains qui n'ont pour eux que la forme sans posséder l'ombre d'une idée saine, vous n'avez pas craint de

vous prostituer à la lie des communeux, et d'en rechercher, avec un cynisme sans nom, les vils applaudissements. Vous avez osé qualifier d'hommes politiques
les infâmes incendiaires de la grande cité, qui, même
avant ce dernier forfait, avaient commis un crime
odieux de lèse-patrie, en profitant de la présence de
l'ennemi sur le sol français pour faire triompher par
tous les moyens, non point leurs principes, car ils n'en
ont pas, mais leur rage satanique contre la société et
la civilisation.

Revenons à la séance. Après le défilé de toutes les
rêveries de M. Victor Hugo, agrémentées de celles de
M. Louis Blanc, M. Thiers a la parole pour poser la
question sur son véritable terrain. C'est, déclare-t-il, la
conviction absolue qu'il a de l'impossibilité de continuer
la lutte, qui le contraint à courber la tête sous la force de
l'étranger. Il demande qu'on ne l'oblige pas à exposer les
motifs de sa conviction. Il termine en disant : « Je ne
» conseille rien à l'assemblée. Je ne puis la conseiller
» que par mon exemple. Je me suis imposé une des plus
» cruelles douleurs de ma vie » (ici l'orateur est tellement
ému qu'il doit s'arrêter un instant, et l'assemblée éclate
en applaudissements). « Je demande à l'assemblée de
» faire ce que nous avons fait nous-même, et de
» voter loyalement en consultant sa conscience et son
» cœur. Mais encore une fois, pas de faux patriotisme,
» pas de faiblesse. Ayons tous le courage de ce que
» nous faisons. »

Des acclamations prolongées répondent à ces paroles
pleines de patriotisme et de jugement. Il y a bien
à la suite quelques escarmouches de la part de plusieurs
radicaux et d'un député de l'Alsace ; mais le projet de
loi est voté à la majorité de 546 voix contre 107. Parmi
ceux qui ont voté *contre* se trouvait d'abord toute la
gent du parti radical, y compris les communeux et les

internationaux. On y voyait aussi figurer quatre **géné-raux** : Chanzy, Billot, Mazure et Loisel; et puis qui encore? Emmanuel Arago! le plus infirme des infirmes du 4 septembre. Quant à savoir pourquoi ce profond politique avait voté pour la continuation de la guerre, je défie bien oncques de le deviner. Cette sorte de trombone parlementaire, qui n'est jamais arrivé à quelque chose que sous le couvert de son beau nom, appartient à la catégorie des députés incapables de se donner de l'importance, autrement que pour une opposition systématique. Tous les autres généraux et amiraux ayant pris une part active à la guerre, avaient en hommes de bon sens voté pour **le** projet.

Aussitôt la loi adoptée par la Chambre, un train express partait de Bordeaux pour porter l'instrument de paix à M. Jules Favre, appelé à le soumettre à la ratification de l'empereur d'Allemagne. Cette triste cérémonie eut lieu à Versailles le jeudi matin, 2 mars. Le télégraphe en avertit immédiatement l'impératrice Augusta à Berlin. Et le lendemain, au bruit des cloches et des salves d'artillerie, la capitale du nouvel empire entendait la lecture du télégramme impatiemment attendu par toute l'Allemagne. Ce bruit de cloches, si doux aux oreilles de nos vainqueurs, retentissait bien cruellement au fond de nos âmes. N'était-ce pas comme le glas funèbre de la France? Après s'être arraché des griffes de l'ennemi au prix des plus durs sacrifices, ce malheureux pays allait avoir à combattre l'insurrection monstrueuse d'une horde de fous révoltés contre sa souveraineté, et ne songeant qu'à profiter de l'agonie de la patrie pour tenter de s'en partager les dépouilles.

XIII

Jetons maintenant un coup d'œil rapide sur le traité des préliminaires de paix. Ce traité a été, il est vrai, annulé presque en entier par le traité de Francfort Il importe néanmoins de le faire connaître, afin qu'on puisse, en le comparant avec ce dernier document, apprécier l'aggravation des charges incombant de ce chef à la France par suite de l'insurrection communeuse.

Par l'article 1er du traité des préliminaires de paix, la France renonçait en faveur de l'empire allemand à l'Alsace, sauf Belfort, et à une partie de la Lorraine y compris Metz.

Par l'article 2, la France s'engageait à payer à l'Allemagne la somme de 5 milliards de francs. Le payement d'au moins un milliard devait avoir lieu dans le courant de 1871, et le payement du reste dans un espace de trois années à partir de la ratification des préliminaires. Nous verrons plus loin que cette clause fût modifié par le traité de paix définitif.

L'article 3 réglait les conditions de l'évacuation des troupes alliées. Ces troupes, après avoir abandonné tout le territoire de la rive gauche de la Seine, le lendemain de la ratification, demeureraient cantonnées dans les départements occupés par les Allemands à la fin de la guerre, et situés entre la rive droite du fleuve et la frontière de l'Est. De leur côté, les troupes françaises se retireraient derrière la Loire jusqu'à la signature du traité de paix définitif, à l'exception toutefois d'une garnison de 40 mille hommes pour Paris. — L'évacuation des départements occupés devait s'opérer graduellement, après la ratification du traité de paix définitif et le payement du premier demi-milliard de la contribution stipulée à l'article 2. Il était convenu qu'elle commencerait par les départements les plus rapprochés de Paris, et se continuerait au fur et à mesure que les versements de la contribution seraient effectués. Après le payement de 2 milliards, l'occupation allemande, réduite à un maximum de 50,000 hommes, ne devait plus comprendre que les départements de la Marne, des Ardennes, de la Haute-Marne, de la Meuse, des Vosges, de la Meurthe, ainsi que de la forteresse de Belfort avec son territoire, appelés à servir de gage pour les 3 milliards restants. Toutefois, la garantie territoriale pourrait être remplacée par une garantie financière, si elle était offerte dans des conditions reconnues suffisantes pour les intérêts de l'Allemagne. Enfin les trois milliards dont l'acquittement aurait été différé, porteraient intérêt à 5 p. c. à partir de la ratification des préliminaires.

D'après l'article 4, l'alimentation des troupes allemandes restant en France, incombait au gouvernement français.

L'article 5 concernait les habitants des territoires cédés par la France. Le gouvernement allemand s'engageait à n'apporter aucun obstacle à leur émigration.

L'article 6 établissait que les prisonniers de guerre seraient remis immédiatement en liberté.

D'après l'article 7, l'ouverture des négociations pour le traité de paix définitif aurait lieu à Bruxelles.

Enfin, les articles 8, 9, et 10 concernaient des questions de détail sans importance fondamentale.

On s'est beaucoup récrié en France sur la cession de territoire. Cependant si nous eussions été victorieux, et que nous laissant entraîner par une inique ambition nous fussions allé à Berlin, nous n'aurions pas raisonné autrement que ne l'a fait von Bismarck vis-à-vis de nous. Nous eussions mis plus de formes dans nos exigences; voilà tout. Il importe de remarquer que depuis 1815 les chauvins n'ont pas fait autre chose vis-à-vis de la Prusse que de vanter nos conquêtes du commencement du siècle, et de répéter à tout propos que nous reprendrions un jour les provinces rhénanes. Toutefois, le lecteur ne doit pas inférer de là que nous accordons à la Prusse le droit de garder l'Alsace et la Lorraine. Seulement, je suis convaincu que si nous eussions été les plus forts l'opinion en France eût exigé la réunion à notre pays des provinces rhénanes, ou au moins leur neutralisation, dans le cas où on n'aurait pas osé jouer du plébiscite pour obtenir l'acquiescement plus ou moins sincère des populations.

Le point capital est de savoir si l'Alsace et la Lorraine finiront à la longue par accepter leur nouvelle situation. Malheureusement, la guerre des communeux contre la France et les troubles qui menacent encore notre pauvre pays, non-seulement du côté de ces misérables, mais aussi du côté des monarchistes à vues étroites et égoïstes, feront bien vite disparaître dans le cœur des habitants des territoires cédés le regret de leur changement de nationalité. Au surplus, nous n'approuvons pas les invitations à émigrer adressées à ces habitants par divers départements et les députés d'Algérie, qui ont proposé des cessions gratuites de terrains pour le transfert des grandes usines. Selon nous, le meilleur moyen pour les Alsaciens et les Lorrains qui veulent un jour ou l'autre faire retour à la France, est de demeurer dans leur pays, d'y former clan, de n'admettre que des Français dans leurs familles, dans leurs commerces, dans leurs usines, et de maintenir haut et ferme par tous les moyens possibles dans leur intérieur l'usage de la langue maternelle. C'est certainement là la seule manière pratique d'arriver au but qu'il importe de se proposer. Ceux qui abandonneront le pays laisseront la place vacante à des Allemands ; et ces derniers ne tarderont pas à pulluler dans la contrée et à en devenir les principaux propriétaires et industriels.

L'indemnité de 5 milliards demandée à la France, surpasse de beaucoup tout ce qui s'est jamais vu en matière d'indemnité de guerre. Cette indemnité a été diversement commentée sous le rapport économique et financier. Ainsi en supposant qu'elle soit répartie d'après le chiffre de la population de l'Allemagne, chaque habitant recevrait pour sa part près de 129 francs, sans compter ce dont le pays s'est enrichi par les rapines de l'armée alliée. Au dire même des officiers de cette armée, les Allemands, après avoir commencé la guerre en soldats, l'ont fini en bandits. On est à même de s'en convaincre par le vil prix auquel on peut se procurer aujourd'hui dans les États de la Confédération germanique des vases sacrés et des ornements d'église pillés en France. On en a une autre preuve dans les objets de luxe, tels que pendules, argenterie et tableaux, qui ornementent aujourd'hui beaucoup de chaumières de ces États.

Quelque énorme que soit l'indemnité en question, elle ne surpasse cependant que de 1 milliard 154 millions les besoins annuels des budgets des armées de terre et de mer de toute l'Europe sur le pied de paix. Ajoutons, à ce propos, que la perte de travail due à l'inutilisation pour l'agriculture et le commerce des soldats de ces armées, est évaluée par les économistes à 325 millions par an. Ces chiffres renferment un véritable enseignement pour tous les États, et en particulier pour la France. Oui, il faut désormais restreindre le plus possible nos armements ; il faut que dans l'avenir notre pauvre pays reconquière son rang à la tête des nations, non par les armes du feu et du sang, mais par les armes de la prospérité matérielle et morale.

FIN DE L'HISTOIRE CRITIQUE DU SIÉGE DE PARIS.

TROISIÈME PARTIE

DE LA NÉGOCIATION DE L'ARMISTICE A L'ÉVACUATION DE PARIS PAR LES ALLEMANDS.